캐릭터의 정신분석
만화 · 문학 · 일본인

CHARACTER SEISHIN BUNSEKI: MANGA·BUNGAKU·NIHONJIN
by Tamaki Saito

Copyright © Tamaki Saito, 2014
All rights reserved.
Original Japanese edition published by Chikumashobo Ltd. Tokyo.

Korean translation copyright © 2021 by EDITUS publishing company
This Korean edition is published by arrangement with Chikumashobo Ltd.,
Tokyo in care of Tuttle-Mori Agency, Inc., Tokyo through Amo Agency, Seoul.

이 책의 한국어판 저작권은 AMO 에이전시를 통해 저작권자와 독점 계약한 에디투스에 있습니다. 저작권법에 의해 한국 내에서 보호를 받는 저작물이므로 무단 전재와 무단 복제를 금합니다.

캐릭터의 정신분석

만화 · 문학 · 일본인

사이토 타마키 지음
이정민 옮김

EDITUS

차례

들어가며
캬라란 무엇인가 7 | 캬라라는 말의 기원 10

❶ '캬라'화하는 젊은이들
교실 공간의 '캬라' 17 | 기원으로서의 '자기 탐색 계열' 22 | 이지메 소설의 '캬라' 24
캬라는 어떻게 침투했는가 27 | '캬라'는 어떠한 기능을 가지는가 30
'캬라의 재귀성'이란 무엇을 불러오는가 33 | '익명성'과 캬라 35

❷ '캬라'의 정신의학
'캬라'의 정신의학 45 | 캬라의 하나의 신체 54

❸ '캬라'의 기호론
캬라=문자 71 | 은유적 캬라, 환유적 캬라 75 | '캬라'와 결여 79 | '사랑스러운' 무표정 82

❹ 만화의 캐릭터론
캐릭터의 정의 87 | 캬라와 캐릭터 91 | '감정'의 미디어 96 | 만화의 '얼굴' 97
'얼굴' 묘사의 변천 102 | '응시'의 기능 109 | 만화 표현의 중층성 114
'가상적 오감'을 자극하다 117

❺ 소설의 캐릭터론
캐릭터와 '이야기' 125 | 오쓰카 에이지 ― 캐릭터를 어떻게 '만들' 것인가 126
신조 카즈마 ― 스토리는 '하나'가 아니다 128 | 세이료인 류스이의 다중인격 소설 131
니시오 이신 ― 소설의 시스템이란 무엇인가 139 | '캬라'는 환유다 149

❻
예술과 캬라의 관계에 대해

예술에서 캬라의 예 157 | 무라카미 타카시의 공과 158 | '슈퍼 플랫'이란 무엇인가 160
콘텍스트 166 | 캐릭터=폰트 전략 172

❼
캬라의 생성력

니세 하루나의 문제 179 | 하츠네 미쿠 현상? 181 | 센토 군 소동의 본질 185
인터넷상의 캐릭터들 187 | 의인화의 문제 191 | 캐릭터 소비의 차원 — AKB48 196

❽
캬라 '모에'의 심급 — 캐릭터와 섹슈얼리티

'모에'의 정의에 대해 203 | 모에는 페티시즘인가 205 | 리얼리티와 커뮤니케이션 208
캐릭터화의 자기장 209 | 모에와 '로리콘' 211 | '아키하바라'의 재귀성 213
'미래'의 상실 214 | '오타쿠'적 도시론 217

❾
허구로서의 캐릭터론

데이터베이스 이론 223 | 캬라의 세 가지 계 226 | 게임적 리얼리즘 229
'데이터베이스'로부터 230 | 동일성의 콘텍스트 234 | 캬라의 응시 238
세카이계 239 | 라멜라 스케이프 242

❿
캐릭터란 무엇인가

캬라화된 정신분석적 매트릭스 — 일본 문화와 캐릭터 251 | '동일성'의 콘텍스트? 254
캬라로 본 '인간의 조건' 260 | '동일성'의 기원 261 | 그 자신과 동일한 265
캬라인가, 혹은 인간인가 267

참고 문헌 272 | **후기** 277 | **문고판 후기** 281 | **해설: '캐릭터'라는 능력** 289

역자의 말

- 본서는 사이토 타마키의 2011년작 『キャラクター精神分析』(ちくま書店)의 문고판(2014년 출간)을 번역한 것이다.
- 역서에 등장하는 모든 작품은 원래의 일본어 명칭과 한국어 명칭을 병기하였다. 이미 번역되어 유통된 작품이 있을 경우 제목은 번역본의 명칭을 사용했다.
- 특별한 표시가 없는 이상 모든 각주는 저자의 것이다.
- 본서에 등장하는 용어인 '캬라(キャラ)'를 번역함에 있어, 한국의 서브컬처 커뮤니티에서는 '캐러' 혹은 '캐'라는 표현을 사용하기도 하나 용법이 보편화되어 있지 않고 한국 서브컬처의 맥락이 혼입될 수 있어 가급적 원어를 살리고자 하였다.
- 본문에서 언급되는 라캉 정신분석학의 용어는 한국에서 주로 통용되는 번역어를 따랐다. (예: まなざし→응시(regard), リアル→실재(實在))

들어가며

캬라란 무엇인가

'캐릭터'라는 말이 우리의 일상에 침투하기 시작했던 것은 언제부터일까. 원래 '인격'이나 '성격' 정도의 의미에 지나지 않았던 이 말은 어느 시기부터인가 만화와 아니메, 게임 등의 픽션에 등장하는 인물을 가리키는 말이 되었고, 나아가 예능인이나 코미디언 등에게 적용되어 지금은 현실의 인간관계 속에서도 일상적으로 쓰이는 표현이 되었다.

최근에는 인간뿐만 아니라 도구나 행성, 현[1]이나 국가 등 인간 이외의 대상에 대해서도 '캬라'[2]라는 말을 사용하고 있다. 예를 들어 소설가 니시오 이신西尾維新은 『신본격 마법소녀 리스카新本格魔法少女りすか』의 무대로 나가사키를 선택하면서 "현의 캬라가 살아 있어서"라는 이유를 대고 있다.

'캐릭터'라는 말의 원래 의미는 '특질', '성질'로, 어원은 그리

---

1 県, 한국의 도道보다 조금 작은 행정구역—역자 주.
2 원어는 'キャラ'. '캐릭터'의 줄임말로 사용되기도 하지만, 여기서 사이토는 '캐릭터'와 구분되는 특수한 성격을 가진 개념으로 사용하고 있다.—역자 주.

스어 'χαρακτήρ'다. 오다기리 히로시小田切博에 따르면, 영어권에서 이러한 의미로 'character'라는 단어가 일반화되었던 것은 1749년 헨리 필딩Henry Fielding의 『톰 존스The History of Tom Jones, a Foundling』 발표 이후라고 한다.[3] 또, 위키피디아에 따르면 일본어로 이러한 의미의 '캐릭터'라는 말이 사용된 것은 1950년대 디즈니 애니메이션 영화의 계약서에 있던 "Fanciful Character"의 번역 "공상적 캐릭터空想的キャラクター"가 최초라고 한다.

그런데 이 말은 이미 여러 의미를 담고 있으며, 원래의 의미에 새로운 요소가 다양하게 더해진 형태로 현대에 이르고 있다. 그렇기에 지금 다시 '캐릭터란 무엇인가'라는 질문에 부족함 없는 정의를 내리는 것은 매우 어려워졌다. 이 책에서는 당분간 이 말을 명확한 정의 없이 쓸 생각이다.

누구도 캐릭터라는 말에 엄밀한 정의를 내릴 수는 없다. 하지만 누구든 이 말의 의미를 막연하게나마 이해는 하고 있다. 이러한 말에 대해 검토할 때는 처음부터 정의를 내리지 말고 되도록 다양한 콘텍스트 속에서 위치를 정해 보는 것도 좋으리라. 그러한 시도 끝에 사후적으로 생성되는 말의 이미지가 존재한다. 그 이미지를 인식하고 나서 정의를 시도해야 할 것이다.

언어학자 S. I. 하야카와Samuel Ichiye Hayakawa는 '오보에Oobe'라는 말의 의미를 전혀 몰라도 그 말이 등장하는 예문을 많이 안다면 오보에가 악기라는 점이나 어떤 형태를 띠고 있는지를 어떻

---

[3] 오다기리 히로시, 『캐릭터란 무엇인가キャラクターとは何か』, ちくま書店.

게든 이해할 수 있다고 한다.[4] 같은 코드를 여러 문맥에서 반복해 사용하면 그 의미에 대한 자연적인 합의가 형성되어 간다. 우리는 이를 일상적으로 경험하는데, 오늘날의 '오타쿠'나 '히키코모리' 같은 말도 그렇게 정착되었다. 그렇게 살아 있는 말을 사로잡아 신선하게 보존하기 위해서는 먼저 충분히 풀어 놓아야만 한다. 정의 같은 것은 그때 가서 내려도 충분하다.

야나기다 쿠니오柳田國男는 오늘날의 다양한 현상을 횡단적으로 분석하여 그 현상의 역사적 변천을 분석하는 방법으로 알려진 '중출입증법重出立證法'을 창시했다. 미흡하나마 내가 시도하는 말의 정의도 기본적인 발상은 마찬가지다. 횡단적인 용법 분석을 통해 그 말의 정의부터 역사적인 변천까지를 사정거리 안에 두는 것. 그렇다. 그렇다면 가야 할 곳은 국회도서관이 아니라 임상 현장이 될 것이다.

앞서 논했던 대로 캐릭터라는 말은 여러 문맥에서 사용되고 있다. 그렇기에 당연하게도 문맥마다 의미가 미묘하게 다르다. 어찌 되었든 캐릭터 비즈니스부터 서브컬처, 소설과 예술의 영역에 이르기까지 '캐릭터'는 이미 불가결한 요소가 되었다.

반면, 캐릭터성을 전혀 허용하지 않는 영역(예술 등의 하이 컬처)도 있는데 이에 대해서는 나중에 다루도록 한다. 지금은 우리가 일상에서 어떠한 식으로 캐릭터라는 말을 쓰고 있는가, 그것부터 살펴보기로 하자.

---

4 S. I. Hayakawa, 『사고와 행동에서의 언어思考と行動における言語』, 岩波書店.

캬라라는 말의 기원

'캐릭터가 살아 있다'[5]는 말은 오늘날 당연한 듯이 통하고 있다.

아마 만화 원작자 고이케 카즈오小池一夫에 뿌리를 두고 있을 이 말은, 원래 만화의 표현 방법 중 하나로 '등장인물의 개성이 독자에게 인상적이면서 눈에 띄도록 만든다' 정도의 의미로 사용되었다.

그 말은 1980년대에 코미디 업계에서의 평가를 위해 전용되었고 나아가 TV를 통해 일반화되었다. 이즈음부터 '보케와 츳코미ボケとツッコミ'[6]라는 분류가 언급되기 시작했는데, 신조 카즈마新城カズマ는 이것이 일반인이 처음으로 인식했던 캐릭터가 아닐까라고 말한다.[7] 분명 일종의 '연기적 성격'이라는 뉘앙스를 띠고 '캐릭터'라는 말이 사용되기 시작했던 것은 이즈음부터일지도 모른다.

코미디와 캐릭터의 관계도 상당히 밀접하다. 전직 코미디언이자 대학 강사인 세누마 후미아키瀬沼文彰의 『캬라론キャラ論』(STUDIO CELLO)에는 다음과 같은 구절이 있다.

---

5 원어는 "キャラが立つ". 통상 '캐릭터가 서 있다'로 번역되기도 하지만, 여기에서는 한국어의 어감을 살리기 위해 '살아 있다'로 번역했다. ―역자 주

6 일본에서 널리 퍼진 유머 형식으로, 주로 바보 역할을 하는 이(보케)의 어리석은 행동을 츳코미 역할을 맡은 이가 타박하는 내용으로 이루어져 있다. ―역자 주.

7 신조 카즈마, 『라이트노벨 '초' 입문ライトノベル「超」入門』, ソフトバンク新書.

그 계기는 선배 연예인이나 구성작가, 사원에게서 들은 "'캐릭터'를 만들라고. 그게 잘 팔리는 지름길이야"라는 조언이었습니다. 동기와도 "그 녀석은 '캐릭터'를 별로 안 쓰네"라는 이야기를 나누거나 "어떤 '캐릭터'에 빈자리가 있을까"라는 식으로, 마치 사업가가 틈새 산업이라도 구상하는 것처럼 TV에 안 나오는 '캐릭터'를 찾고 있었지요. 즉 연예인에게는 '캐릭터'가 중요했으며, 팔리느냐 마느냐의 열쇠라고 해도 과언이 아니었습니다.

그렇다. 코미디 업계 안에서는 웃음의 소재 이상으로 연예인의 캐릭터가 살아 있는지 여부가 사활을 건 문제다.

덧붙여서 내가 이 말이 정착되었음을 실감한 것은 2007년 9월에 벌어진 자민당 총재 선거에서 아소 타로麻生太郎가 한 말이었다. 만화 문화에 조예가 깊다고 알려진 아소는 공동 기자회견에서 상대 후보였던 후쿠다 야스오福田康夫의 성격에 대한 질문을 받자 다음과 같이 대답했다. "저는 캐릭터가 지나치게 살아 있지만 후쿠다 씨는 별로 그렇지 않습니다." 또 그는 가두연설에서도 "캐릭터가 지나치게 살아 있는 바람에 옛날 자민당 분들에게 평판이 나쁜 아소 다로입니다" 하는 식으로 이야기를 시작했다고 한다(〈도쿄 신문〉 조간 2007년 9월 16일).

그러나 내 생각에 아소의 발언은 틀렸다. 인터넷에서의 인기만 놓고 말하자면 후쿠다 야스오의 캐릭터가 살아 있지 않다고 할 수는 없다. 냉소적이면서 빈정대기를 좋아하는 저격수 캐릭터로서 그의 캐릭터는 여기저기서 이용되고 있었다. 애초에 후쿠다는 아소보다 얼굴을 그리기가 더 쉽다는 점에서도 유리했다.

왜 이런 오해가 일어나게 된 것일까. 아마도 아소는 커뮤니케이티브communicative하면서 퍼포머티브performative할 만큼 자신의 캐릭터가 살아 있다고 생각했을 것이다. 그러나 예를 들어 그가 매우 좋아하는 〈고르고 13ゴルゴ13〉의 주인공 듀크 토고デューク東郷는 커뮤니케이티브한가. 이 사례만으로 부족하다면, 일본의 히어로 캐릭터 전부가 과묵하거나 말하는 데 문제를 지니고 있다는 사실을 떠올려도 좋을 것이다. 울트라맨도 그렇고 가면라이더도 마찬가지다. 나는 예전에 고이즈미 준이치로小泉純一郎 전 총리를 '울트라맨 총리'라 부른 적이 있다. 인상적인 말을 자주 하면서도 항상 설명이 부족했던 고이즈미를 기합 소리만 외치는 슈퍼히어로에 비유했던 것이다. 그들의 캐릭터에 생생함이 부족하다고 판단하는 사람은 없을 것이다.

그러한 오해야 어찌 되었든, '캐릭터'는 점점 우리의 일상에 침투하고 있다. 이를 다시 통감했던 것은 최근의 '타이거 마스크 운동'을 둘러싼 일련의 보도였다. 이 운동의 발단은 2010년 12월 25일 군마 현 마에바시前橋 시에 나타난 '다테 나오토伊達直人'였다. 그가 아동 상담소에 기부한 초등학생용 가방 열 개를 계기로 '운동'의 고리가 연쇄반응처럼 넓어졌고, 눈 깜짝할 새에 전국 규모의 현상이 되었다. '다테 나오토'란 말할 것도 없이 만화 〈타이거 마스크〉의 주인공이다. 그는 자신이 자란 고아원에 신분을 감추고 파이트머니를 기부했는데, 이 가명은 거기서 유래한 것이었다. 이 운동은 보름 가까운 기간에 거의 1,000건을 넘어 모든 행정구역으로 퍼져 갔다. 일본에서는 지속적인 자선 활동이 정착되기 어렵다고들 하지만 '축제'로서의 자선 행위는 오히려 선호된다. '타이거 마스크 운동'의 경우 연말연시라는 '자선 축제'에 어울리는 타이밍에 언론의 보도까지 집중적으로 이루어져 이중으로 '축제'화되었던 것으로 보인다.

  이 '축제'의 요소에서 특이했던 것은 당초 '다테 나오토'였던 캐릭터가 점점 확산되면서 다양화되었다는 점이다. 그 리스트에는 호시 휴마星飛雄馬[8]나 호빵맨, 디즈니나 지브리 작품의 등장인물, 스즈미야 하루히涼宮ハルヒ나 하츠네 미쿠初音ミク처럼 옛것이나 새것을 가리지 않고 다양한 캐릭터의 이름이 이어지고 있다. 이는 이미 '익명의 선의' 같은 것이 아니다. 오히려 '캐릭터의 선의'로 여겨야 할 것이다. 이 '축제'를 연쇄적으로 고조시킨 최대의 요인은 마치 '코스프레'와 같이 '자선 캐릭터'가 되고 싶다는 사람들의 욕망이 아니었을까. 실명을 내놓고 기부하는 것은 위험 부담이 크다(체면이나 비난). 익명의 기부는 결과를 알 수 없기에 보람이 적다. 하지만 캐릭터가 되어서 실천하는 기부 행위는 실명과 익명의 중간쯤 되는 선택으로, 실로 멋진 아이디어였다. 캐릭터가 반드시 '익명'인 것만은 아니다. 적어도 미디어나 소문을 통해 '그건 나다'라는 동일성이 확보된다. 이 운동은 캐릭터가 되고 싶다는 몸짓에 일본인이 얼마나 친숙한가를 다시 한번 인식시켜 주었다. 조그마한 선의의 표현 방식으로서 이 '캐

---

8 만화 『거인의 별巨人の星』의 주인공. —역자 주.

릭터 축제'는 일본인이 아니고서는 할 수 없을 멋진 '발명'이었다. 비록 한 번으로 끝났다 해도 그 가치는 자랑할 만한 것이었다고 나는 생각한다.

이러한 운동의 출현은 우리에게 '캐릭터'가 더 이상 새로운 개념이 아니라 일상적인 개념이며 이미 적용 단계에 들어갔음을 시사하고 있다. 그러나 일상에 침투한 말은 종종 의미나 용도가 흩어져 버려서 정의하거나 본질을 파악하기가 어려워지기 십상이다. 이 책은 그러한 상황에서 다시 한번 캐릭터의 본질에 대해, 사례에 기반하여 원리적으로 고찰하려는 시도다.

제1장
'캬라'화하는 젊은이들

교실 공간의 '캬라'

2010년 11월 20일자 아사히 신문 조간에 '캐릭터를 연기하는 데 지쳤다'라는 타이틀의 기사가 게재되었다. 최근 몇 년간 아이들로부터 캐릭터라는 말이 자주 들려왔는데, 아이들이 그러한 캐릭터를 연기해야만 한다는 세계에 지치기 시작했다, 라는 내용이었다. 아래에 기사를 인용해 본다.

"저는 캐릭터를 바꾸고 싶어요. 이대로라면 저 자신이 바보가 될 것 같아요." 산인山陰 지방의 어떤 중학교에 설립된 상담실. 초여름, 임상심리사인 이와미야 케이코岩宮惠子 씨에게 교복 차림의 여학생이 찾아왔다.

그녀는 친구의 괴롭힘을 막기 위해 '순진한 캐릭터를 지닌 수수께끼 같은 여자애'를 연기하고 있었지만, 진짜 자신과는 동떨어진 캐릭터를 연기하는 데 지쳐 고등학교에 입학하면서 캐릭터를 바꾸고 싶어 했다. 이외에도 '이지메당하는 캐릭터'를 연기해서 반에서 자신이 머물 자리를 찾거나, '독설 캐릭터'라 불리는 여자아이가 실은 "최근 주변에서 독설을 기대하는 데 지쳤다"고 괴로워하는 에피소드가 이어진다. 아니나 다를까 그들의 '본보기'는 버라이어티 방송의 코미디언들이 주고받는 실랑이

였다.

최근 몇 년 사이 학교 공간에서의 '캐릭터'가 얼마나 중요한지에 대해서 다양한 입장에서 지적이 이루어지기도 했다. 어느 조사에 따르면 교실에서는 학생의 수만큼 캐릭터가 존재하고, 그것들은 미묘한 차이를 보이면서 '캐릭터가 겹치지 않게' 조정되고 있다고 한다. 구체적인 예로는 '이지메당하는 캐릭터', '오타쿠 캐릭터', '순진 캐릭터' 등이 알려져 있다. 어떤 캐릭터로 인식되는가에 따라 교실 공간 내에서 그 아이의 위치가 결정된다. 평화롭고 즐거운 학교생활을 해 나가는 데 캐릭터가 없으면 안 된다는 것은 과장이 아닌 실상이다.

그렇다. 지금 교실 공간에는 '캐릭터의 생태계'라고 할 만한 양상이 나타나고 있다. 그곳에는 약육강식의 연쇄 혹은 서로의 영역을 침범하지 않기 위한 '생활권 나누기'가 존재한다. 그렇다면 교실 공간을 지배하는 '적자생존'의 원리는 어떠한 것일까.

교실에서 캐릭터가 어떻게 만들어지는가를 생각할 때 이해해야 할 배경이 두 가지 있다. '스쿨 카스트'와 '커뮤니케이션 격차'다. 먼저 스쿨 카스트부터 설명해 보고자 한다. 교실 안에는 항상 여러 그룹이 있다. 이들 그룹 사이에는 분명한 상하 관계가 있는데, 극단적인 경우 각각의 학생들은 그룹이 다르면 교류조차 하지 않는다.[1] 이러한 학생 간의 계급을 가리키는 말이 스쿨 카스트다. 유래는 물론 인도의 카스트 제도다. 초등학교 시절에

---

[1] 도이 타카요시土井隆義, 『캐릭터화하는/되는 아이들キャラ化する/される子どもたち』, 岩波ブックレット.

는 이 '신분 격차'가 그 정도로 눈에 띄지 않지만, 사춘기를 맞이하는 중학생 이후는 이러한 계층화가 급속하게 진행된다고 한다. 말하자면 이때 캐릭터 역할이 '같은 신분'의 그룹 안에서 각각의 개인을 구분한다. 이 구분은 보통 자연 발생적으로 이루어지며, 종종 자신의 의도를 뛰어넘어 결정된다. 본인이 인식하고 있는 성격적 경향과 캐릭터가 미묘하게 다른 경우도 있는데, 한번 정해진 캐릭터는 거의 바꿀 수 없다. 캐릭터에서 이탈한 행위를 하면 그것을 이유로 무시당하거나 절교당하는 등 이지메로 발전하는 경우까지 있다. 즉, 캐릭터는 실질적으로 거의 강제된다.

그리고 스쿨 카스트의 구성은 보통 다음과 같이 이루어진다. 카스트 상위(1군, 혹은 A랭크)를 차지하는 것은 다음과 같은 타입의 학생이다. 축구와 야구를 잘하는 등 운동 능력이 우수하다(다만 운동이라고 뭐든지 좋은 것은 아니다). 커뮤니케이티브하고 친구가 많으며 그 자리의 분위기를 지배하고 남을 웃길 수 있다. 스타일과 패션을 비롯하여 용모가 단정하며 이성 관계가 풍부하고 성경험도 있다. 하위 카스트의 학생을 괴롭혀서 웃음거리로 만들거나 하기 싫은 일을 강요할 수 있는 힘이 있다.

카스트 하위(3군 혹은 C랭크)는 이와 반대로 생각하면 된다. 운동을 못하거나 문화 계열 동아리 소속으로, 특출한 외모도 아니고 이성 관계에도 미숙하다. 특히 오타쿠 계열 취미를 가졌다면 최하위 카스트가 확정된 것이나 마찬가지라고 한다. '지식이 풍부하다', '공부를 잘한다'는 것은 오늘날 인망과는 전혀 관계가 없는 능력이 된 모양이다.

 2군 혹은 B랭크는 상위와 하위의 중간층으로, 대다수의 학생이 여기에 포함되는 듯하다. 이들 계층은 유동성이 거의 없으며 일단 카스트가 결정되면 적어도 1년간은 — 즉 반이 바뀔 때까지 — 안정된다. 이러한 카스트 인정 방식에 대해 모리구치 아키라森口朗는 다음과 같이 말한다.

> 아이들은 중학교나 고등학교에 입학하면서 반이 나뉠 때 각각의 커뮤니케이션 능력, 운동 능력, 외모 등을 측정하면서 처음 한두 달을 반에서 자신의 포지션을 찾는 데 할애합니다. 이때 높은 포지션을 획득하는 데 성공한 아이는 1년간 '이지메' 피해를 당할 위험에서 벗어납니다. 거꾸로 낮은 포지션밖에 얻지 못한 아이는 부득이하게 위험 부담이 큰 1년을 보내야 합니다.[2]

 여기서 특히 중요한 것이 '커뮤니케이션 편중주의'다. 다시 모리구치 아키라를 인용하자면, "스쿨 카스트를 결정하는 최대의 요인은 '커뮤니케이션 능력'으로 보인다(단, 고등학교의 경우 학교의 수준에 따라 학력이나 싸움 실력도 큰 요인이 된다, 앞의 책)."

 그렇다. 요즘 아이들의 대인 평가는 커뮤니케이션 스킬이 있는지 없는지에 따라서 거의 결정된다고 해도 과언이 아니다. 이

---

2 『이지메의 구조いじめの構造』, 新潮新書.

는 분명히 이상한 상황이다. 내가 중학생이었던 30년 정도 전의 교실에는 지금의 교사라면 반드시 '선택적 함구증Selective Mutism'[3]이나 '광범성 발달 장애Pervasive Developmental Disorder' 같은 '진단'을 내릴 만큼 말이 없는 학생이 두세 명 있었다. 아마 그들의 커뮤니케이션 스킬은 보기보다 더 낮았을지도 모른다. 그러나 그들은 말이 없어도 공을 잘 다루거나 그림을 잘 그린다는 점에서 평가를 받아 다른 학생들로부터 **인정을 받았다**. "옛날이 좋았다" 같은 속 편한 소리가 아니다. 다만 한 가지 분명하게 이야기할 수 있는 점은, 옛날에는 학생 간의 대인 평가 기준이 더 다양했다는 것이다. 요즘에는 커뮤니케이션 이외의 재능이 거의 고려되지 않는다.

예전 아이들의 사회에서 그 나름대로 의미가 있었던 "공부를 잘한다", "그림을 잘 그린다", "문학에 소질이 있다"는 재능은 대인 평가의 기준으로서는 이미 의미를 잃고 말았다. 그뿐 아니라 경우에 따라서는 이러한 재능을 보여줬다가 원래의 캐릭터에서 벗어나는 바람에 낮은 카스트로 전락하고 마는 사태도 일어날 수 있다.

---

[3] 원문은 "場面緘黙". 동일한 증상의 영문 진단명을 기준으로 한국어판 DSM-5의 진단명을 참조했다. ― 역자 주.

기원으로서의 '자기 탐색 계열'

나는 10년쯤 전에 쓴 어떤 원고를 계기로 젊은이들의 커뮤니케이션 양상이 변해 가고 있음을 실감했다. 모 잡지의 기획으로 시부야와 하라주쿠에서 샘플링한 젊은이 여러 명을 인터뷰해서 그들에게 '부족Tribe'으로서의 차이점이 있는지를 검토하려 했다.[4] 취재 결과는 상상 이상이었다. 간단하게 말하면 시부야 계열의 젊은이는 친구가 매우 많고 커뮤니케이티브했으며, 하라주쿠 계열의 젊은이는 대인 관계가 그만큼 넓지는 않지만 자신의 목표를 확실히 지니고 있다는 차이가 명확하게 나타났다. 샘플링 수가 각각 세 건밖에 안 되기 때문에 이를 필드워크의 성과라고 자칭하며 일반화하고자 하는 것은 아니다. 다만 이 인터뷰 경험은 젊은이들을 보는 하나의 구조적 시점을 가져다주었다.

그것은 이러한 사고방식이다. 현대의 젊은이들은 커뮤니케이션 능력을 기준으로 대략 두 가지 계열로 분류되는 것이 아닐까. 그것은 즉 '자기 탐색 계열'과 '히키코모리 계열'이다. 사전에 양해를 구하자면, 이 두 가지 계열은 어디까지나 가역적인 계열로 고정적인 성격 분류와는 다르다. 같은 사람이 장소에 따라 '자기 탐색 계열'처럼 행동하거나 '히키코모리' 같은 모습을 드러내기도 한다. 나 자신도 확고하게 '히키코모리 계열'임을 자인하지만, 상대나 상황에 따라서는 '자기 탐색 계열'처럼 행동하게

---

4 사이토 타마키, 『젊은이의 모든 것若者のすべて』, PHPエディターズ・グループ 수록.

되기도 한다.

'커뮤니케이션 능력'과 '자기 이미지의 안정성'은 통상 반비례의 관계에 있다. 이 경향은 특히 사춘기, 청년기에서 극단적인 형태로 나타나기 쉽다. 예컨대 '히키코모리 계열' 젊은이는 일반적으로 커뮤니케이션에 소극적이거나 그 자체에 미숙한 대신 비교적 안정된 자기 이미지를 가지고 있다. 한편 '자기 탐색 계열' 젊은이는 매우 커뮤니케이티브한 대신 자기 이미지가 불안정해지기 십상이다. 그 때문에 그들이 사회 적응에 좌절하고 낙오될 경우의 방향성도 상당히 다르다. '히키코모리 계열'은 말 그대로 틀어박혀ひきこもって 버리거나 홈리스가 되고 말 위험성이 있다. 이는 커뮤니케이션을 더욱 철저하게 차단하는 방향이다. 한편 '자기 탐색 계열'은 컬트에 빠지거나 자해 행위로 나아갈 위험성이 있다. 앞선 예와 반대로 이는 커뮤니케이션과 인간관계에 대한 의존이 폭주를 일으키는 것이라 생각된다.

'캬라'란 '자기 탐색 계열'을 위해 존재하는 듯한 말이다. 자기 이미지가 정해지지 않은, 바꿔 말하면 다른 커뮤니케이션의 공간에서 매번 그곳의 분위기를 따라 캐릭터를 만들어 내거나 미세하게 조정하는 재능은 '자기 탐색 계열'의 특징이기 때문이다. 그것은 말하자면 가면을 쓰고 하는 연기를 위한 재능이다. 이에 비해 '히키코모리 계열'의 경우, 특히 캐릭터라는 부분에서는 참패를 면하기 힘들다. 그들은 커뮤니케이션에 대한 강한 열등의식을 품고 있으며, '자기 이미지'가 확립되어 있기에 오히려 상황에 따라 캐릭터를 바꾸는 것도 서툴기 때문이다. 물론 앞에서 말했던 것처럼 과묵하기 때문에 캐릭터가 살아나는 경우도 있겠지만 그것은 꽤 예외적인 상황이다.

결과적으로 현재의 학교 공간에서 상위를 차지하는 학생들은 '자기 탐색 계열'이 압도적으로 많다. 그들은 과잉된 커뮤니케이션을 통해 손쉽게 동질 집단을 형성하고 반의 중심이 되어 지배적으로 행동한다. 한편 '히키코모리 계열'은 동질 집단으로서의 응집력이 약하고 각각이 고립되어 있어 반에서도 주변적이며 붕 떠 있는 존재가 되기 쉽다. 스쿨 카스트에서 그들의 존재는 무시되거나 커뮤니케이션의 소재로서 괴롭힘의 대상이 될 정도의 가치밖에 없다.

이지메 소설의 '캬라'

원래는 여기에 스쿨 카스트나 캬라의 사례를 들어야 했을지도 모른다. 하지만 이 책에서는 굳이 픽션 속에서 사례를 찾아보기로 한다. 과장된 표현에서야말로 캬라의 기능과 의미를 쉽게 검증할 수 있다고 생각하기 때문이다. 다만 여기서 예로 드는 세 작품은 각각 작가가 경험해 온 현실의 교실 공간에서의 정치를 리얼하게 반영한 듯 보이기에 일종의 다큐멘터리로서도 충분한 가치를 가지고 있다고 보아도 좋을 것이다(이하의 인용은 스토리의 중요 부분을 다루고 있다).

먼저 약관 15세에 문학상을 수상하고 데뷔한 여고생 작가 미

나미 나쓰三並夏의 『헤이세이 머신건스平成マシンガンズ』(河出書房新社).[5] 이 책에서는 '캬라에서 삐져나오는' 것(그 캬라에게 기대되는 말과 행동의 패턴에서 이탈하는 것)에 대한 공포가 반복해서 그려지고 있다. 주인공 도모미朋美는 우연한 계기로 친했던 그룹의 친구에게 갑자기 왕따를 당한다(무시당한다). 알리고 싶지 않았던 집안 사정에 대한 질문을 받았다가 평소에 연기하던 '수수한 애' 캬라와는 다른 반응을 보였던 것이 원인이었다. 눈에 보이지 않는 스쿨 카스트가 엄연하게 지배하는 교실 공간에서는 자신에게 배정된 '캬라'를 철저하게 연기해야만 한다. 종래의 이지메론에서는 그다지 다루어진 바 없는 부분이다.

『헤이세이 머신건스』의 초반부쯤에 소개되는 '아이자와相沢'의 에피소드는 더욱 비참하다. 계속 '이지메당하는 캬라'였던 아이자와는 다른 학생이 괴롭혀도 저항하지 않고 실실 웃기만 하던 남자였다. 그런데 그가 쓴 하이쿠가 지역 문집에 입선을 하고 말았다. 그것이 알려지게 된 후로 반의 분위기는 급변했다. 그렇다. 아이자와는 어울리지 않게도 이지메당하는 캬라를 넘어서 버렸다. 그에 대한 '벌'로 반의 학생 모두로부터 철저하게 무시당한 아이자와는 그만 학교에 나오지 않게 된다.

드라마로도 만들어졌고 베스트셀러가 된 시라이와 겐白岩玄의 소설 『노부타를 프로듀스野ブタ゚をプロデュース』(河出書房新社, 이하

---

5 한국어판은 미나미 나쓰, 전새롬 역, 『헤이세이 머신건스』, 서울: 문학동네, 2012. — 역자 주.

『노부타』[6]는 '어떻게 해야 캬라를 살릴 수 있을까'가 중심 테마다. 주인공 기리타니 슈지桐谷修二는 누구에게나 차갑고 거리를 두면서도 스쿨 카스트 상위에 있는 인기남 캬라를 유지하기 위해 밤낮을 가리지 않고 노력하는 고교생이다. 기리타니는 우연한 계기로 전형적인 '이지메당하는 캬라' 전학생인 '노부타' 고타니 신타小谷信太를 알게 되어 그를 인기 있는 사람으로 만들기 위한 계획을 세운다. 의도는 들어맞아 노부타는 일약 인기인이 되었고 괴롭힘당하는 캬라에서 사랑받는 '괴롭히는 캬라'로 승격한다. 그러나 얄궂게도 기리타니는 자신의 캬라를 유지하는 데 실패하고 부지런히 쌓아 올린 지위로부터 굴러떨어지고 만다.

실제 고교생이 휴대폰으로 쓴 소설로 화제가 된 고도 시木堂椎의 『리는 메보다 100배 무섭다りはめより100倍恐ろしい』(角川書店, 이하 『리는 메』) 또한 '캐릭터'에 대한 이야기이다. 제목은 '장난(이지리, いじり)'이 '괴롭힘(이지메, いじめ)'보다 훨씬 비참하다는 정도의 의미로 『노부타』와는 반대되는 발상인데, 이 점에 대해서는 일단 여기까지만 말해 두고자 한다. 중학교 시절 계속 '괴롭힘당하는 캬라'로 고생해 온 '나'는 평화롭고 즐거운 고교 생활을 목표로 자신의 캬라를 만들고자 노력한다. 그런 '나'의 일상은 물밑으로 펼쳐지는 끊임없는 고심과 전략의 연속이다. 자신과 상대의 캬라를 인식하고 캬라 간의 밸런스를 의식해 나가면서 캬라가 겹치거나 자신의 캬라에서 삐져나오지 않으려고 세심

---

6 한국어판은 시라이와 겐, 양억관 역, 『노부타를 프로듀스』, 서울: 황매, 2009. — 역자 주.

하게 주의를 기울여야만 한다. '나'의 전략 중 하나는 자신이 괴롭힘당하는 캬라라고 지목되기 전에 다른 표적을 만들어 두는 것이다. 고생한 보람이 있어 같은 반의 한 사람을 손쉽게 '괴롭힘당하는 캬라'로 떨어뜨리지만, 결국 그 전략이 자신의 '명줄을 끊고'만다. 『리는 메』가 재미있는 것은 고등학생 집단 내부의 캐릭터 밸런스나 생성 방식이 아주 리얼하게 그려져 있기 때문이다. 물론 픽션으로서 과장은 있겠지만, 여기에는 발표 당시 아직 고등학생이었던 저자의 리얼한 일상 감각이 반영되어 있다. 적어도 나는 그렇게 느낀다.

이상의 '사례'에서 알 수 있는 것은, 스쿨 카스트와 캬라의 생태계가 매우 밀접한 관련을 맺고 있다는 현실이다.

캬라는 어떻게 침투했는가

다시 한번 말하겠다. 커뮤니케이션 격차가 발생시키는 스쿨 카스트는 '캬라'의 생태계이기도 하다는 점을 말이다. 교실이라는 폐쇄된 공간 속에서 학생들은 각각 다양한 '캬라'를 연기하도록 강요받는다. '누군가'가 명령하는 것이 아니라 그저 '분위기'가 그렇게 명령한다.

오기우에 치키荻上チキ는 학교 공간을 "끝없는 캬라 전쟁의 무대"로 본다.

'괴롭힘당하는 비참한 아이'가 되지 않기 위해 '놀려도 되는 재미있는 캬라'로 머무는 것을 선택하면, '장난치는 캬라'에 비해 '약한' 위치에 놓여 끝없이 놀려도 되는 캬라를 연기해야 한다. 물론 캬라 전쟁에서 또다시 패배하면 '음침한 캬라(インキャラ)'나 '기분 나쁜 캬라(キモキャラ)'같이, 놀려도 되는 캬라(いじられキャラ)가 되고 더욱 '주목(目, め)'받게 됨으로써 '괴롭힘당하는 캬라(いじめられキャラ)'가 되는 경우도 생각할 수 있다(오기우에 치키, 『넷 이지메ネットいじめ』, PHP新書).

이렇게 생성된 다양한 캬라들은 일종의 불문율에 기반하여 정확히 공존한다. 예를 들어 '캬라가 겹친다(하나의 계층집단 내에서 유사한 캐릭터가 두 사람 이상 존재하는 것)'거나 '캬라에서 삐져나왔다' 같은 상황은 엄격하게 기피된다. 만약 이를 위반하게 되면 그것 자체가 새로운 이지메를 유발하게 된다. 그런 의미에서도 캬라란 실로 생존 경쟁의 법칙이나 다름없다.

학교라는 공간은 폐쇄적인 교실 안의 개인에게 캬라로서 행동하기를 요구하는 분위기를 만들어 내면서 각 캬라에게 독특한 방법으로 계급 구조를 부여한다. 학교 공간에 계속 머무는 한 그 계급으로부터는 벗어날 수 없는 듯하다. 그곳에서는 강제적으로 '강한 캬라'와 '약한 캬라'가 분류되며, '캬라가 겹치는' 경우나 좋지 않은 캬라를 부여받을 경우 '캬라 체인지', '캬라 바꾸기'를 하지 않으면 '좋은 상태'가 되기 어렵다. 그것에 실패한 자는 '이지메당하는 캬라'로 전락해 버리게 된다(앞의 책).

이와 같은 캬라화의 압력을 조장하는 것이 휴대 전화를 비롯한 인터넷 문화다. 오기우에에 따르면 초등학생의 약 30%, 중학생의 약 60%, 고등학생의 약 90%가 휴대 전화를 소유하고 있으며, 이 중 대다수는 휴대 전화의 메일이나 인터넷 기능을 이용하고 있다. 여기에 더해 초등학생의 약 60%, 중학생의 약 70%가 컴퓨터로 인터넷을 이용한 경험이 있다(앞의 책). 이들 미디어는 현실의 인간관계를 '덮어쓰는' 것과 유사한 기능을 가지고 있다. 평소 친밀한 상대와는 메일을 빈번하게 주고받으며, 교실 안의 이지메 관계도 인터넷상으로 그대로 넘어간다.

인터넷 공간이라 하면 이름 없는 불특정 다수의 상대와 가지는 유동적인 관계성이 연상될 테지만 휴대 전화는 오히려 리얼한 인간관계를 '덮어쓴다'. 그로 인해 현실 커뮤니케이션의 문턱이 내려가거나 다중화한다는 의미에서도 말이다. 1990년대 후반 이후 인터넷과 휴대 전화를 필두로 한 커뮤니케이션 네트워크의 진화와 침투는 혁명적인 변화나 다름없었다. 인프라의 발전과 함께 사회 전체가 커뮤니케이션 편중주의에 빠져들었던 것은 반쯤 필연적인 결과였다고 할 수 있으리라. 당연하겠지만 이러한 동향은 아이들의 사회에도 큰 영향을 끼쳤다.

그런 중에 커뮤니케이션의 양상도 바뀌어 갔다. 현대의 커뮤니케이션 스킬에서 호감을 살 것으로 보이는 속성은 아마 다음과 같을 것이다. 가볍고 짧은 메시지 내용, 즉각적인 댓글, 빈번하고 원활한 메시지 교환, 웃기는 요소, 이모티콘 같은 메타 메시지의 다용, 명확한 캐릭터 등이다. 그렇다면 대체 캐릭터와 커뮤니케이션은 어떠한 관계에 놓여 있을까.

'캬라'는 어떠한 기능을 가지는가

다만 현실이 이렇다 할지라도 캬라 문화가 이지메의 온상이라고 결론을 내리는 것은 너무 나이브하다. 애초에 아무 장점도 없는 문화가 이만큼 널리 수용될 수 있다고 보기는 어렵기 때문이다.

장점에 대해서는 나중에 다루고 먼저 단점에 대해 검토해 보도록 한다. 최대의 단점은 역시 캬라 문화가 이지메 관계로 이어지기 쉬운 구조를 가지고 있다는 점이다. 나이토 아사오^{内藤朝雄}는 『이지메의 사회이론^{いじめの社会理論}』(柏書房)에서 이지메가 생기는 메커니즘을 '중간집단 전체주의'라 부르고 있다. 이 중간집단은 동조하도록 압력을 가하는 다양한 행위의 온상이며 그곳에서 이지메가 생겨난다. 캬라를 분담하도록 결정하는 것도 이러한 '교실'과 '사이좋은 그룹'이라는 이름을 지닌 중간집단 내부의 역학이다. 『노부타』와 『리는 메』에 그려진 것은 이러한 집

단역동의 로직을 역으로 통제하에 두려는 시도인 셈이다.

많은 중간집단에서 이러한 캬라 분담의 역학이 작용하고 있다. 이 역학은 캬라의 다양성보다는 캬라의 정형화를 가져온다. 그 결과로 멤버 중 누군가가 정형화된 캬라인 '이지메당하는 캬라'나 '장난감 캬라'를 분담할 수밖에 없다. 이러한 캬라의 공존에 기반하는 스쿨 카스트는 교실 공간을 안정시키는 작용을 한다. 문제는 카스트의 안정이 자기목적화되는 바람에 캬라 분담이 반쯤 강제적으로 이루어지고 만다는 점일 것이다. 이때 캬라를 분담하게 만드는 집단역동 그 자체에 이미 이지메의 씨앗이 싹트고 있다. 그런 의미에서 '캬라의 분화'와 이지메 사이에는 매우 밀접한 관계가 있다고 생각된다.

다음으로 '캬라화'의 장점에 대해 생각해 보자. 최대의 장점은 원활한 커뮤니케이션이다. 상대의 캬라를 알 수 있으면 커뮤니케이션의 방법은 자동으로 정해진다. 캬라라는 코드의 편리한 점은 원래의 성격이 복잡하든 단순하든 한결같이 캬라라는 프레임으로 포섭해 버리는 힘이 있다는 것이다. 세누마 후미아키에 따르면, 타인의 캬라에 대해 자주 말하는 고등학생들에게 그 자신의 캬라를 물어보면 의외로 '잘 모르겠다'고 대답하는 모양이다(『캬라론』). 다만 이 대답은 '전혀 짐작이 안 된다'는 의미가 아닐 것이다. 혹 정말로 자신의 캬라를 이해하지 못한다면 캬라가 겹치거나 삐져나오지 않으려고 걱정할 수도 없기 때문이다. 이 '모르겠다'의 의미는 '모두가 자신을 어떤 캬라로 인지하고 있는지는 알겠지만, 그것이 자신의 성격이라는 점이 와닿지 않는다'가 아닐까.

이런 의미에서 캬라를 정체화하는 것은 이른바 성적 정체성과는 달리 자아 친화성이 낮다. 처음에 언급했던 캬라에 대한 아이들의 피로도 여기에서 기인한다. 따라서 캬라란 자발적으로 '연기하는' 것보다는 아이들의 커뮤니케이션 공간 속에서 '정체화되고', '연기하도록 강요받는' 것인 셈이다. 예를 들어 '이것이 나'라고 느끼지 못하더라도 일단 캬라의 정체화가 이루어지면 '자신이란 무엇인가'라는 물음으로부터는 해방된다. 또 '캬라를 연기하고 있는 것에 지나지 않는다'라고 생각함으로써 캬라의 배후에 있(다고 여기)는 '진정한 자신'의 존재를 믿게 만들고 또 보호까지 해줄 수 있다. 연기하는 것에 지나지 않는 캬라가 상처 받더라도 결국 그것은 거짓된 가면이기 때문에 '진정한 자신'과는 관계가 없다고 결론을 내릴 수 있다. 동시에 그것은 인생에서 누구도 피할 수 없는 '어떤 역할을 연기한다'는 행위의 예행연습도 된다.

또한 캬라라는 발명품의 좋은 점은 상대 캬라의 재귀적인 상호 확인만으로 친밀한 커뮤니케이션을 누리는 듯한 느낌을 안겨 줄 수 있다는 점이다. 나는 예전에 휴대 전화 메시지를 통한 커뮤니케이션을, 정보량이 적다는 의미에서 '짐승의 털 다듬기(그루밍)'로 비유한 적이 있다. 이는 커뮤니케이션이 실상 의미 있는 정보를 서로에게 전달하는 행위로부터 상대 캬라의 윤곽을 확인하는 듯한 행위로 바뀌어 가고 있음을 가리킨다. 장황했던 커뮤니케이션의 정보량은 한없이 제로에 가까워지는데, 새로운 정보가 적은 편이 친밀함을 확인하는 데는 좋다. 그런 의미에서 '캬라'란 어떤 종류의 커뮤니케이션 모드가 응집되어 의인화된 인격이라 생각해 볼 수도 있다. 이는 나중에 서술할 해리성 정체감 장애의 교대인격을 떠올리면 이해하기 쉬울 것이다.

해리성 정체감 장애 환자는 의도가 있든 없든 어리광 부리고 싶을 때는 유아의 교대인격을, 공격성을 발휘하고 싶을 때는 난폭한 이의 교대인격을 드러낸다. 각각의 교대인격은 보통 유형적이며 깊이가 없고 내성 능력도 충분하지 못한 경우가 많다. 그러한 의미에서 교대인격은 '원래의 인격'에 준하는 가상적인 존재라고 볼 수도 있다. 이러한 속성은 모두 '캬라'에도 들어맞는다. 여기에서 내가 연상한 것은 현대의 교실 공간이 하나의 다중인격 공간과 같이 구성되어 있지 않을까라는 가설이다. 캬라의 중복과 이탈이 용납되지 않는 것은 캬라의 생태계가 빚어내는 미묘한 밸런스에 혼동이 생기기 때문은 아닐까.

'캬라의 재귀성'이란 무엇을 불러오는가

앞서 지적했던 '캬라의 재귀성'은 캬라라는 개념의 본질과 관련될 뿐만 아니라 일종의 피드백 회로를 통해 젊은이의 멘탈리티 그 자체에도 깊은 영향을 끼치는 듯 보인다. 그것이 가장 잘 나타나는 경우가 최근 계속해서 벌어진 '묻지마 살인'[7] 사건이

---

7 원문은 "通り殺人魔". — 역자 주.

다. 특히 2008년은 묻지마 살인 사건이 잇따라 벌어진 해로 기억되고 있다. 같은 해 3월에는 쓰치우라土浦 시와 오카야마岡山 시에서, 6월에는 아키하바라秋葉原에서, 7월에는 하치오지八王子 시에서 동일 형태의 범죄가 반복해서 일어났기 때문이다. 사건의 용의자를 옹호할 의도는 털끝만큼도 없지만, 그 배경에 무엇이 있는지를 검토함으로써 '제로년대'의 '기분'을 느껴 볼 수 있을 것이다.

아키하바라 사건은 처음에 파견 노동으로 대표되는 젊은이의 불안정한 취업 문제로 인식되었다. 이 사건을 계기로 노동자 파견 제도의 개정이 진행되었음을 볼 때 그것은 명백한 일이다. 당사자의 목소리보다도 그저 하나의 사건을 계기로 정책이 바뀐다는 정부의 구태의연한 행태에는 어이가 없지만, 이는 어디까지나 여담이다. 그런데 이러한 사회적 배경만으로는 그들의 뒤틀린 나르시시즘을 이해할 수 없다. 당시의 언론 보도를 보면 그들은 일종의 '패배자負け組' 의식을 공유하고 있었으며, 이러한 패배의 각인은 운명적이라서 노력이나 기회로는 바뀌지 않는다고 확신하고 있는 듯했다. 일견 자기혐오로 보일 만큼 부정적인 의식은, 다만 그 확신을 감안할 때 '자기 부정형 나르시시즘'이라고 부를 수 있다. 이같이 뒤틀린 자의식을 단순하게 격차 사회나 자유주의의 산물이라고 보기에는 무리가 따른다. 오히려 이러한 의식의 배경에야말로 앞서 말했던 '커뮤니케이션 편중 현상'과 '캬라 문화'가 있는 것이 아니었을까.

대체 무슨 뜻인가. 묻지마 살인사건의 용의자들은 나쁜 짓을 하거나 불량 집단에 소속된 적이 없으며, 오히려 학교와 사회에서 '커뮤니케이션 약자'였을 가능성이 공통적으로 나타난다. 현대에서 '커뮤니케이션 능력'이 없다는 것은 빈곤과 장애 이상으로 불행을 의미한다. 바꾸어 말하면 개인의 불행 양상은 다양하지만 그 원인이 대부분 커뮤니케이션 문제로 수렴되어 버린다. 예를 들어 아키하바라 사건의 용의자 가토 토모히로加藤智大는 자신이 개설한 게시판에 "못생긴 녀석은 연애를 할 권리가 없다" 같은 말을 빈번하게 써 왔다. 못생김, 인기 없음이라는 말에는 자신이 결정적으로 커뮤니케이션 약자이며 그것은 어쩔 수 없는 일이라는 체념마저 담겨 있다.[8]

'익명성'과 캬라

일련의 묻지마 살인 사건에서 또 하나의 공통된 특징이 '익명성'이다. 용의자들은 어떤 사건에서든 판에 박힌 듯이 "누구라도 상관없었다"고 말하고 있다. 마치 인터넷상에서 유명한 템플

---

8 용의자 가토 토모히로는 2010년에 시작된 공판에서 "게시판에서 인기 없는 캐릭터를 연기하고 있었다"면서 실은 친구가 많았다고 하는 등, 보도를 통한 이미지와 상당히 다른 증언을 하기 시작한 모양이다. 그러나 나는 일련의 증언에서 자신의 범행 동기에 사회적 배경이 반영되는 사태를 되도록 피하고 싶어 하는 강한 편향을 느꼈다. 그는 자신이 범한 죄를 충분히 자각하고 있으며, 그것을 양육 환경이나 사회적 억압 탓으로 돌리지 않겠다는 강인한 결의를 다지고 있는 것이 아닐까.

릿(상투적 문구), "짜증이 나서 저질렀다. 상대는 누구라도 상관없었다. 지금은 반성하고 있다"를 그대로 따라하는 것처럼. 살인의 동기마저 어딘가에서 빌려온 말이라 할 수밖에 없다. 90년대의 사카키바라酒鬼薔薇 사건처럼 예전 젊은이의 흉악 범죄는 용의자의 자기표현이자 존재 증명 같은 스타일이었다. 그 특이한 범행 성명문에서도 이를 분명히 읽어 낼 수 있다. 그러나 일련의 묻지마 살인사건에서는 그러한 '표현행위'도 훨씬 희박하게 나타난다.

나는 "누구라도 상관없었다"라는 그들의 말이 피해자만을 가리킨다고는 전혀 생각하지 않는다. "누구라도 상관없었"던 건 오히려 그들 자신이 아닐까. 그렇다. 적어도 나는 분명히 "(이런 짓을 하는 건) 내가 아니라 누구라도 상관없었다"라는 중얼거림을 들었다. 그들의 범행은 공통적으로 일종의 '자폭 테러'로서 이루어졌다는 점이 드러난다. 그들은 매우 치밀한 계획을 세우면서도 범행 후의 도주 경로는 그다지 생각하지 않았다. 마치 사전에 체포되어 극형에 처해지기를 바라는 것처럼 자포자기한 상태. 그리고 그 정도의 리스크를 범하면서도 자신의 익명성으로부터 벗어날 수 있을지조차 모르기에 절망하는 것은 아닐까.

최근의 범죄는 불완전한 사회 시스템이 일정한 확률로 잉태하는 리스크 내지는 버그처럼 생겨나며, 그때마다 법과 제도에 기초하여 엄숙하게 처리(디버그)된다. 그들 또한 이러한 버그 중 하나에 지나지 않으며, 그것은 운명이나 필연성과는 무관하게 순수한 확률의 문제다. 그것이 확률의 문제인 이상 그들은 얼마든지 바뀔 수 있는 존재, 즉 익명의 존재임을 피할 수 없다. 자신이 확률화된 익명의 존재라는 자의식. 이는 꼭 '패배자'의 것만은 아니다.

윗세대는 말할 것이다. 어쨌든 한 걸음 나아가 보자, 아무것도 안 해보면 아무것도 모르지 않겠는가, 라고 말이다. 젊은이를 대신해서 내가 답해 보겠다. 지당하신 말씀입니다. 그야말로 정론이군요. 하지만 유감스럽게도 그러한 얘기는 이미 다 생각해 본 것들입니다.

막상 해보면 잘 될지도 모른다. 방법에 대한 힌트도 인터넷에 얼마든지 널려 있다. 남은 건 의지뿐이다. 우리도 그런 소리를 몇백 번이나 자기 자신에게 해 왔는지 모른다. 그래도 우리는 알게 되고 말았다. 이기는 것도 지는 것도 결국 확률의 문제일 뿐임을.

그럼 이길 확률에 기대 보는 건? 잘 모르시는 모양인데. 확률의 문제인 이상 승리든 패배든 영원히 '안심'할 수는 없지 않은가? 그러니 아무리 성공해도 나는 계속 익명으로 남아 여전히 확률의 문제를 맞이하게 될 거다.

아마도 누구에게나 '행복의 재능'이란 것이 있으리라. 우연한 성공의 경험을 필연적인 운명이라고 스스로 믿게 만드는 재능 말이다. 필연성에 대한 '신앙'이, 자신을 대체할 수 없는 고유한 존재라 간주하는 확신의 기반에 자리하고 있다. 그것을 '신앙'이라고 하는 데에는 이유가 있다. 먼저 거기에는 아무 근거가 없다는 것. 그리고 많은 젊은이들이 그 '신앙'을 버리고 있다는 것. 필연성이나 고유성의 이름으로도 익명성을 회피할 수 없다면 이미 빠져나올 길은 없는 것이 아닐까.

여기에서 '캬라'가 요청된다.

대체할 수 없는 자신, 즉 '고유성'이란 것은 따지고 보면 근거가 없다. 즉 기술記述 불가능하다. 예를 들면 정신분석은 이러한 무근거가 인간의 주체를 지탱한다고 생각한다. 이것이 이른바 '부정신학'이다. 뒤에서 논하겠지만, 이토 고伊藤剛의 지적으로 유명해진 캐릭터와 캬라의 구분을 따라 말해 보자. 캐릭터는 이러한 고유성을 어딘가에 숨기고 있다. 그러나 캬라는 그런 의미에서의 '고유성'이 희박하다. 라캉의 정신분석을 부정신학이라고 비판한 아즈마 히로키가 확률론에서 캬라의 이론화로 향했던 것은 필연적이었다. 그런데 이 확률적인 세계에서는 고유성이란 것을 믿을 수 없다. 모든 것이 우연이라는 신앙은 '이 하나뿐인 세계에서 오직 하나뿐인 자신'이라는 필연성의 신앙을 토대부터 해체한다. 그렇다. 결국 이 두 개의 신앙은 칸트 이래로 펼쳐진 '우연과 필연의 이율배반'의 문제로 귀결된다. 즉 어떤 신앙에도 근거는 없다는 것이다. 다만 현대에는 여러 가지 사정으로 인해 '모든 것은 우연'교教의 세력이 우세하다.

'모든 것은 우연'교의 세계관에서 개인은 대체할 수 있는 존재로 익명화됨과 동시에 또 하나의 중요한 변화가 일어난다. 그것은 '세계의 복수화'다. 세계의 다중화多重化라고 해도 상관없다. 이 둘은 표리일체의 관계에 있다. 개인의 익명화가 세계의 복수화를 요청하고, 세계의 복수화는 필연적으로 개인의 익명화를 불러일으킨다. 커다란 성공을 거둔 순간에 이러한 느낌을 받은 적이 있지 않은가? "아, 이번은 잘됐구나. 그런데 '다음 인생'에서도 마찬가지로 성공할 수 있을까……"라고. 고백하자면 실은 나에게도 종종 그러한 느낌이 닥쳐올 때가 있다. 그렇다. 이 순간이다. '나의 세계'가 복수화하고 '내'가 익명화되어 버리는 순간. 혹시 진심으로 '인생은 한 번뿐'이라고 믿을 수 있다면, 성공을 곰곰이 되씹고 내일의 자신감으로 이어 나갈 수 있을 것이다.

전제가 길어졌는데, 이 '모든 것은 우연'교와 캬라에는 꽤 밀접한 관계가 있다. 익명화된 개인의 마음에 고유성과는 다른 형태로 하나의 통일성을 부여해 주는 것이 '캬라'인 셈이다. 기술할 수 없는 고유성과는 달리, 캬라는 기술이 가능하다. 오히려 계속해서 기술되지 않으면 존속할 수 없는 존재가 캬라다.

또한 뒤에서 자세하게 다루겠지만, 캬라의 또 다른 특징으로 복수의 세계 어디에 있더라도 그 캬라의 동일성이 유지된다는 점이 있다(여기에서 불현듯 〈도라에몽ドラえもん〉의 타임 슬립 이야기를 떠올렸다면, 당신 생각이 옳다). 앞서 내 개인적인 느낌에 의거해서 말하자면 이번 인생에서나 '다음번 인생'에서나 캬라는 바뀌지 않는다.

그런 와중에 커뮤니케이션의 힘이 캬라를 유지시켜 준다. '대체할 수 없는 세계의, 하나뿐인 나'라는 '신앙'을 잃어버린 개인이 마음의 안정을 캬라에 위탁하고자 한다면, 캬라의 기술 = 상호확인을 가능하게 해주는 재귀적인 커뮤니케이션 속으로 계속해서 몸을 던질 수밖에 없다. 실제로 그 이외의 방법은 없다. 오직 커뮤니케이션만이 자신의 캬라 = 재귀적 동일성을 유지해 준다. 그것은 우연성과 익명성이라는 극한의 유동성에 몸을 맡기면서 간신히 자의식의 동일성과 연속성을 붙들어 맬 수 있는 거의 유일한 방법이다. 그런 의미에서 캬라를 획득하는 것은 임시대피소처럼 잠깐이라도 안심할 수 있게 해준다. 그러나 치러야 할 대가도 결코 적지 않다. 이때의 대가란 무엇일까. 먼저 캬라화는 성장과 성숙을 저해한다. 어떤 캬라라도 커뮤니케이션 속에서 기술되는 이상 캬라에서 이탈하는 일은 거의 '본능적'으로 기피된다. 그래서 한 번 자신의 캬라가 확정되어 버리면 그곳에서 '벗어나는' 것은 거의 불가능하다.

나는 예전에 완벽한 커뮤니케이션이 성장을 저해한다고 쓴 적이 있다.[9] 완벽한, 즉 오해나 노이즈를 포함하지 않는 커뮤니케이션은 완벽한 상호 이해를 발생시킴과 동시에 '거기에서 이해받은 자신' = 캬라에 대한 강한 고착 또한 일어날 수밖에 없다. 이러한 고착이야말로 개인의 변화와 성장을 방해한다. 앞서 논했던 자기 부정적인 나르시시즘 또한 분명 여기에서 유래한다. 커뮤니케이션을 통해 부정적인 자기 이미지(음침한 캬라, 매력 없는 캬라 등)에 고착되어 버린 개인은 부정적인 자기 이미지의 리얼리티(그것이 분명히 거기에 있다는 것)의 재확인을 통해서만 나르시시즘을 유지할 수 있기 때문이다.

주위 사람으로 인해 네거티브한 캬라라는 딱지가 붙었음에

---

9 『문학의 단층文学の断層』, 朝日新聞出版.

도 불구하고 그러한 캬라를 적극적으로 받아들여 연기하는 듯 보이는 개인이 적지 않은 것은 그 때문이다. 원치 않는 캬라를 떠맡게 되는 것은 괴로운 일이다. 그러나 그러한 캬라마저 잃게 된다면 과장이 아니라 '이 세계'에서 머물 곳이 사라진다. 그것은 불편한 캬라를 억지로 떠맡는 것보다 훨씬 무서운 상황이다.

이때 자해나 자기 부정이라는, 이른바 자기 자신과의 커뮤니케이션 또한 캬라를 확정하는 것과 마찬가지로 재귀성을 내포한다. 용의자 가토가 쓴 자문자답을 떠올려 보자. 정신과 의사로서 곤혹스러울 수밖에 없는 점은, 이렇게 자해적인 캬라가 설정되고 난 뒤 어떻게 긍정적인 나르시시즘을 회복시킬 것인가에 대해 확고한 답이 보이지 않는다는 것이다. 이 문제는 말하자면, '안전과 자유의 적절한 충족'과 맞바꾸어 사람들이 끝없이 익명화로 향할 수밖에 없는 현대적 추세에 저항하기 위해 굳이 '고유성'을 옹호한다는, 틀림없는 난제이다. 이는 다르게 표현한다면 사회공학적인 지식의 추세(자연과학적이라고는 할 수 없는)에 대해 어떻게 인문 지식의 포지션을 확보할 것인가라는 이야기이기도 한데, 그렇게 본다면 상황은 현재로서 절망적이기까지 하다. 이 물음에 대해 적어도 이론적으로 시원한 해답은 보일 것 같지 않다.

나르시시즘에서 가장 중요한 것은 재귀적인 커뮤니케이션에 의해 유지되는 '자기 동일성'이라는 점이다. 그것이 이미 성립된 다음에는 그 자체가 옳은지 그른지를 묻기가 어려운 일이다. 이에 대해서는 문제뿐만 아니라 그에 버금가는 장점도 생각해 볼 수 있기 때문이다. 여기서 내가 쓴 '자기 동일성'이라는 말에 특히 주의를 촉구하고자 한다. 사람들의 입에 자주 회자되는 이 말은 실은 전혀 자명한 것이 아니다. '자신이 자신이다'라는 말의 근거는 놀랄 만큼 '허무하다'. 그것은 자신이 얼마나 '해체'되기 쉬운 존재인가 하는 임상적 사실을 통해서도 엿볼 수 있다. 다음 장에서는 그에 대해 상세히 살펴보도록 한다.

제2장
'캬라'의 정신의학

'캬라'의 정신의학

'캬라'를 정신의학적으로 어떻게 생각해야 할 것인가. '인격 장애'라는 의견도 있을 수 있겠지만 나는 동의할 수 없다. 어찌되었든 거기에는 열 가지 분류밖에 없기 때문이다. 그런 빈곤한 개념으로 캬라의 풍부함을 망라할 수 있을 리 없다. 내 생각에 무엇보다 '캬라'에 가까운 존재란 해리성 정체감 장애(DID, 다중인격)의 교대인격이다. 사견이지만 이는 '캬라와 유사한' 것이 아니다. 오히려 '캬라 그 자체'다.

다중인격에는 원래의 인격에 더해 장면이나 상황에 따라 이름, 연령, 성별 등 다양한 복수의 인격이 출현한다. 픽션에 등장하는 교대인격은 저마다 자율적인 인격을 지니며 평소의 인격으로는 상상도 할 수 없는 지혜나 행동력을 발휘한다. 그러나 실제로 그만큼 확실한 자율성을 갖는 교대인격은 드물다. 적어도 나는 경험해 보지 못했다. 일반적으로 다중인격의 교대인격이란 상당히 소박하고 깊이가 없으며 그 자체로 애니메이션 캬라에 비유할 수 있을 만큼 윤곽이 확실한 인격 단위다. 한 가지 흥미로운 점은, 대부분의 경우 그들이 이름을 가지고 있긴 하지만 '성'이 없다는 점이다. 그런 이름도 '레이'나 '유이' 혹은 '마나'라는 중성적이고 무국적적인, 굳이 말하자면 애니메이션풍인 경우가 많다. 또 특징적인 것은 많은 경우에 교대인격의 연령과 성별, 취향, 기호와 성격적 경향이 매우 확실하다는 점이다. 즉 서술하기 쉬우며 윤곽이 뚜렷하다. '연령과 성별도 정해지지 않은 인격'도 때때로 존재하지만, 그것을 '수수께끼 캐릭터'나 '신비한 캐릭터'라는 설정으로 본다면 꽤 이해하기 쉽다.

옛날의 '이중인격'과는 달리 오늘날의 '다중인격'에서는 교대 인격(캬라)이 몇 명 이상인 경우가 많은데, (원래의 성별과 다른) 이성 캬라, 아이 캬라, 난폭한 캬라, 쿨한 캬라 등과 같이 단골이라 할 만한 조합이 많다. 이는 교실 혹은 그룹 내의 캬라 구분을 연상시킨다. 결코 '캬라가 겹치지 않는다(비슷한 캬라가 두 사람 이상은 없다)'는 것도 잘 생각해 보면 이상한 이야기이긴 하다. 그러고 보니 학대 경험이 있는 어느 소녀는 자신의 내면에 인구 수천 명의 '도시'가 존재한다고 했었다. 이러한 경우에는 어떻게 구분이 되어 있을까.

일전에 나는 캬라의 이러한 특징을 정신분석적으로 검토해 본 적이 있다. 그들에게 '성姓'이 결여되어 있다는 것은 바로 '아버지의 이름'의 억압 내지는 배제를 떠올리게 한다(우리의 성은 대부분 아버지 쪽의 성이다). 그런데 정신분석의 문맥에서 '아버지의 이름'은 인간을 거세하고 말을 하는 존재로 만드는 기능을 의미한다. 그렇다면 '아버지의 이름' 안에는 고유하고 유일한 자기 동일성을 보증하는 기능도 포함되어 있을 것이다. 만약 정말로 그것이 배제된다면 정신병(조현병)에 걸리고 말겠지만, 다중인격의 경우는 그 배제가 어디까지나 '상상적'인 것에 그친다는 점이 포인트다. 조금 어려운 표현이지만, 요컨대 이런 것이다. '대체할 수 없는 오직 하나뿐인 자신'이라는 존재에 외곽선을 그려 넣는 것이 '아버지의 이름'이라면 외곽선이 파괴된 상황이 정신병, 외곽선이 느슨해졌지만 파괴되지는 않은 상태가 다중인격이다.

다중인격이 발생하는 가장 많은 원인은 유아기의 성적 학대다. 이 메커니즘은 대략 다음과 같다. 부모로부터 학대받은 아이는 그 고통으로부터 도피하기 위해 무의식적으로 다른 인격을 만들어 낸다. 그것은 유체이탈처럼 학대당하는 자신을 또 다른 자신이 바깥에서 바라보는 식의 형태를 띠는 경우가 많다. 그 결과로 학대는 자신이 아니라 누군가 다른 아이에게 일어난 것처럼 느끼게 되며, 따라서 당시의 강한 고통에서 벗어날 수 있게 된다. 문제는 한번 해리를 경험하게 되면 그것을 쉬이 반복할 수 있게 된다는 점이다. 본인이 이를 꼭 원하지 않는다 해도 사소한 갈등을 피하기 위해 마음은 해리를 반복하고 그로 인해 다수의 교대인격이 탄생한다. 그렇다면 이를 어떻게 치료할 것인가. 치료자는 먼저 각각의 교대인격과 평등한 신뢰 관계를 쌓고, 최종적으로는 '인격의 통합'을 목표로 하게 된다. 곧잘 오해하는 것처럼 교대인격을 없애고 원래의 인격만을 남기지는 않는다. 구체적으로는 인격 간에 기억을 공유할 수 있도록 돕는 것을 지향한다.

여기에서 다중인격의 성립을 다른 각도에서 바라보자면, 그것은 '캬라화에 따른 고유명의 장애'라고도 생각해 볼 수 있다. 하나뿐인 고유명을 상실하고 교환 가능한 복수의 캬라가 전면으로 나오는 것. 그런데 그것은 고유명의 장애임과 동시에 고유명을 보호하는 일일 수도 있다. 아니, 오히려 방어 기제(보호를 위한 메커니즘)가 폭주해 버렸기 때문에 일어나는 장애라고 볼 수는 없을까. 마찬가지로 방어 기제로서의 '억압'이 폭주하면 결국 '신경증'이 일어나게 되는 것처럼 말이다.

그렇다. '해리'란 원래 방어 기제의 하나였다. 이제부터 이를 아주 단순하게 설명해 보도록 하겠다. 해리를 내 나름의 표현으로 이야기하자면, '마음'의 시간적, 공간적 연속성이 깨져 버리는 것이다. 분명히 해 두고자, 해리 문제의 제1인자인 퍼트넘 Frank W. Putnam의 글을 인용해 본다.[1] 그에 따르면 해리란 "정상이라면 있어야 할 형태의 지식과 체험이 통합되거나 연결되지 않는 것"이다. 해리에는 얕은 것부터 깊은 것까지 몇 가지 종류가 있다. 대표적인 것들을 가벼운 순서대로 보자면, '이인증(Depersonalization, 자기 자신을 또 한 사람의 자신이 바깥에서 보고 있는 감각)', '건망Amnesia' 혹은 '건망증(이른바 '기억상실')'이나 '둔주(Dissociative fugue, 옛날에 '증발'이라 불렸던 행동)', 그리고 해리성 정체감 장애다.

1990년대에 '해리'의 사례, 특히 다중인격이 급증했고 '해리'는 일약 정신의학의 중심적 과제로 떠올랐다. 그러나 안타깝게도 그 메커니즘은 아직 충분히 해명되지 못했다. 해리, 특히 다중인격은 상당히 상상적(이해하기 쉽다)이면서 허구적(거짓되다)인 모습이어서 진지하게 상대하지 않는 정신과 의사가 적지 않다. 해리 연구자마저도 색안경을 끼고 바라보고 있는 현실도 더

---

[1] 『해리解離』, みすず書房.

던 해명의 원인 중 하나일지도 모른다. 그러나 해리의 가설만은 이미 다양하게 나와 있다. 예를 들면 자기 최면 가설, 측두엽 기능 장애 가설, 사회적 역할 가설, 공포 조건부 반응 가설 등이 그것이다. 이 모든 가설이 난립하는 상황 그 자체가 해리 연구의 혼란한 모습을 반영하고 있다고 한다면 지나친 말일까.

퍼트넘 자신이 제안하는 것은 '이산적 행동 상태Discrete behavioral states' 모델이다. 내가 아는 한 이것은 아마도 현시점에서 가장 세련된 해리 모델일 것이다. 이는 말하자면 해리의 기초를 다지기 위한 발달 이론이다. 먼저 퍼트넘은 '인격'이라는 것을 '행동 상태'라는 모듈의 집합체라 생각한다. 이를 토대로 모듈 조합이 단순한 것에서 보다 복잡한 구조를 가진 것으로 '발달'한다고 본다. 예를 들면 신생아에게는 다섯 개의 모듈(기초적 행동 상태)이 있다고 한다. 즉 ① 상태 I 〈논 렘 수면Non-REM sleep〉, ② 상태 II 〈렘 수면REM sleep〉, ③ 상태 III 〈의식이 분명하고 활동이 없음〉, ④ 상태 IV 〈눈을 뜬 상태에서의 활동 혹은 울기 전의 상태〉, ⑤ 상태 V 〈울음〉이 그것이다. 신생아의 행동은 이 ①~⑤까지의 다섯 가지 상태를 규칙적으로 순환한다. 여기서 말하는 행동 상태 모듈이란 지각, 감정, 사고, 행동의 세트 조합과 같다. 퍼트넘의 독창성은 개인의 심리 상태 변화가 지각, 감정 혹은 행동이라는 각각의 영역으로 나뉘어서 일어나는 것이 아니라 하나의 세트로 일어나고 있다는 관점을 취했다는 것이다. 아이가 발달함에 따라 이 모듈의 수는 늘어나고 모듈 간의 관계도 복잡해진다.

하나의 행동 상태에서 다른 행동 상태로의 전환은 불연속적으로 일어난다. 또 행동 상태 간의 연결도 일방통행인지 양방 통행인지 사전에 정해져 있다. 어떤 경로를 거쳐 변화가 일어나는가에 대한 확률도 정해져 있으며, 어떤 행동 상태에서 다른 행동 상태로 이동하는 것도 보통 예측할 수 있다고 한다. 구체적으로는 '성적 흥분'이라는 행동 상태에서 '성행위'라는 행동 상태로의 이행은 예측이 가능하지만 역방향으로 진행되기는 어렵다. 반복적으로 같은 방향으로 가기 때문이다. '배변을 참는 상태'에서 '배변 행위'로의 이행에 대해서도 마찬가지로 이야기할 수 있다. 여기서 성행위에 대해 말하자면, 행동 상태의 이행이 두 사람 사이에 감염되는 과정을 관찰할 수 있을 것이다. 또 배변의 경우, 배변 연습을 통해 행동 상태 간의 이행을 제어하는 법을 학습할 수도 있을 것이다. 즉, 행동 상태란 사전에 신체를 둘러싸고 있는 개념이며 학습에 의해 발달될 수도 있다.

이리하여 행동 상태 모듈은 발달과 함께 복잡한 시스템을 형성해 간다. 따라서 그것은 '행동의 건축'이라고도 불린다. 이만큼 복잡한 시스템에는 전체를 통합하고 컨트롤하기 위한 중추적인 기능이 필요하다. 그것이 없으면 감각과 기억의 연속성이 유지되지 않기 때문이다. 어떤 상태의 기억이 다른 상태에서는 상기되지 않는다는 식으로 말이다. 이 통합 기능을 퍼트넘은 '메타 인지적 통합 기능'이라 부른다. 이 기능을 통해 "정상인의 특이한 상태 의존적 자기 감각이 서로 적절히 통합되기에 상태와 문맥을 초월해 자기의 연속적 감각을 유지할 수 있다." 즉 파편적이고 불연속적인 '행동 상태'는 앞서 말한 메타 인지적 통합 기능에 의해 통합됨으로써 '나는 나다'라는 감각이 늘 유지되는 것이다. 우리가 해리되지 않고도 구별하여 쓰는 '캬라'들과 다중인격에서 해리된 교대인격의 차이는 이 통합 기능의 유무에 있다. 퍼트넘에 따르면 이 자기 조직화된 시스템의 총체가 우리의 '인격'이다.

이상이 퍼트넘 가설의 기초 모델이었다. 이러한 모델에 기초하여 '해리'에 대해 생각해 보도록 하자. 예를 들어 트라우마와 같은 강렬한 스트레스 체험을 겪으면 그것은 종종 앞서 말한 메타 인지적 통합 기능을 파괴해 버린다. 그 결과로 '행동 상태' 모듈 간의 연결이 그만 소실되고 만다. 그렇게 되면 어떤 일이 일어날까. 그때까지 원활하게 이루어지던 '연결'이 발생하기 어려워지거나 멋대로 발생하기도 하고, 혹은 너무 자주 발생하기도 한다. 이러한 '연결'의 소실 상태가 해리 현상의 원인이라고 퍼트넘은 주장한다.

예를 들면 어떤 상황에서 행동 상태에 깊이 기억된 내용이 다른 행동 상태에서는 전혀 떠오르지 않게 되는 '연결'의 소실이 바로 '건망'이다. 그렇다면 다중인격은 어떠한 것일까. 퍼트넘을 그대로 인용하자면, 그것은 동일성이 해리적으로 흔들리면서 "자신의 기억에 접근할 수 있는 가능성, 내용 간의 차이, 정상적인 메타 인지적 통합 기능의 결여에 따라 지속적으로 생성되고 복잡화되는 상태 의존적 자기 감각의 결과"로 인해 발생하는 것으로 보인다. 행동 상태의 통합에 실패하면 자신의 기억에 접근하는 상태나 그 내용에 혼란이 생긴다. 그러한 혼란을 보상하기 위해 그때마다 상태 의존적으로 복수의 '자기 감각'이 생긴다. 즉 이 자기 감각이 교대인격인 셈이다. 명쾌하다면 명쾌한 설명이고, 설득력도 있다. 그러나 나는 이 가설에 대해 약간 '과장된' 감이 있다고 느낀다. 해리 현상만을 설명하기 위해 퍼트넘은 인간 '심적 장치'의 중심 이론을 고쳐 쓰고 있는 듯하기 때문이다. 만약 사람의 마음이 행동 상태 모듈의 통합 시스템이라면 해리를 설명하기란 무척 손쉬워진다. 그러나 이 가설로 설명할 수 있는 것은 거기까지다.

퍼트넘의 가설에서 가장 큰 문제는, 이 메커니즘으로는 예컨대 '조현병'과 다중인격의 차이를 설명할 수 없게 되고 만다는 점이다. 그것은 가정이 아니다. 우울증이나 섭식 장애 혹은 강박성 장애라는, 분명히 해리와는 관계없는 질환마저 해리의 메커니즘을 사용하지 않고는 설명하기가 곤란해진다. 무엇보다 해리성 장애를 '새로운 인간의 모델'로 삼는 이해 방식이 현재 일정 이상의 세력을 획득해 버렸다. "인격의 동일성은 중요하지 않다"고 단언하는 데렉 파핏Derek Parfit, 다차원 초고 모델(multiple drafts model, 뇌를 병렬 분산형의 거대 컴퓨터에 비유하며 의식을 이 컴퓨터에 장치된 밈 소프트라고 본다)을 제창한 대니얼 데닛Daniel Clement Dennett III, 혹은 무수한 비인격적 '에이전트'들의 작동이 의식을 구성한다고 보는 마빈 민스키Marvin Lee Minsky 등의 가설도 있다. 아즈마 히로키의 데이터베이스 이론에서 해리를 중요하게 보는 것도 이러한 논의와 친화성이 높다. 여기에 퍼트넘을 더해 일관적으로 '심리 모듈 가설'군##이라 부르기로 하자.

심리학과 뇌과학 사이에 다리를 놓고자 할 때 '심리 모듈 가설'은 안성맞춤인 이론이라 생각된다. 확실한 계층성을 가진 하드웨어로서 뇌신경계와 심리를 연결하고자 할 때 사실 이보다 나은 가설은 없다. 또 우리의 심리가 '건강'하게 작동하는 한 모듈 가설은 타당한 것처럼 여겨진다. 그러나 일단 정신 장애의 관점에서 검증을 시도하면 결국 앞서 말했던 대로 이 모델은 거의 쓸모가 없다. '심리 모듈 가설'은 정신의 중심 이론으로서는 너무 단순하다. 그것은 말하자면 뇌라는 가상적인 틀에 무리하게 심리를 끼워 맞추고 있다는 의미에서, 아무리 보아도 '프로크루스테스의 침대'적 발상이다. 적어도 100년에 걸쳐 발전해 온 정신분석의 견지를 고쳐 쓸 만한 임팩트는 아직 없다.

여기에서는 캐릭터의 문제와 직접 관계가 없기 때문에 더 깊이 들어가지 않겠지만, 나 자신은 '해리'가 어디까지나 상상적인 병리라고 생각한다. 정신분석적으로 바꾸어 말하자면 이는 '히스테리'의 문제다. 그래서 해리의 병리는 뇌신경계와는 관계가 없으며 CT나 MRI를 이용해도 해리 진단을 내릴 수 없다. 컴퓨터로 말하자면 컴퓨터 본체의 CPU나 OS는 정상이지만 응용 프로그램이 폭주하는 상태라는 비유가 가장 가깝다.

캬라의 하나의 신체

퍼트넘의 가설에서는 충분히 논지되지 않았지만, '다중인격과 신체'의 관계 검토는 매우 중요하다. 이 논점은 적어도 '캬라의 정신의학'을 고찰할 때에는 피할 수 없다. 퍼트넘은 신체를 행동 상태의 한 가지 요소로 평가하고 있지만 어떤 행동 상태의 콘텍스트가 신체와 어떻게 연관되는지에 대해서는 그리 상세히 쓰지 않았다. 그런데 다중인격 사례에서 인격이 변하면 신체의 상태도 변화한다는 것은 잘 알려져 있다. 내가 경험한 범위에서 봐도 어조나 목소리의 톤, 자세나 표정의 변화는 거의 반드시 일어난다. 다만 여기까지는 신체화라기보다는 '연기'의 범주일지도 모른다. 혹은 기호(단 것, 흡연 등)나 지각의 변화 등도 자주 관찰된다. 또 어떤 여성의 사례에서는 남성의 교대인격이 복수로 출현했지만 월경 기간에 이들 남성 인격은 출현하지 않았다. 내가 경험한 것은 아니지만 솜씨나 음식 취향, 혈압과 맥박 등의 생리적 상태 혹은 인격 교대에 따라 뇌파도 변화한다는 보고까지 있다.

여기서 조금 기묘한 것은 각각의 교대인격 모두가 개성적인 신체를 가지고 있다는 점이다. 동일한 신체를 공유하면서도 인격이 교대되면서 신체 이미지도 변화한다. 대부분의 다중인격 사례에서 자신 안에 있는 교대인격의 모습을 종종 '목격'했다는 보고가 있는데, 그것은 교대인격이 특징적인 신체를 가지고 있기 때문에 가능한 일일 것이다. 덧붙여 말하자면 인터넷상에서 다중인격 환자가 그린(그렇다고 간주되는) '교대인격의 일러스트'를 가끔 보게 되는데 그 대부분이 만화적인 캐릭터로 그려져 있다.

퍼트넘 자신도 저서에서 다중인격 사례를 소개하고 있다. 그것은 '티나'라는 15세 유럽계 미국인의 사례다. 그녀에게는 '고고 인 더 믹스'라는 이름을 가진 아프리카계 미국인 소녀의 교대인격이 있었다. 인격이 바뀌면 티나의 피부에 변화가 일어났다고 한다. "선명한 붉은 기를 띤 기미 모양 발진이 나타났다. 처음에는 목에 나타났으며 이윽고 얼굴과 팔로 퍼져 갔다. 티나가 다시 나타나면 발진은 사라졌다." 덧붙이자면 이러한 신체적 변화는 19세기에 모튼 프린스^{Morton Prince}가 쓴 다중인격의 고전 『인격의 분열^{The dissociation of a personality}』[2]에도 기록되어 있다.

그런데 여기까지 읽고서 이상하다고 느낀 사람은 없을까? 그렇다. 왜 다중인격에서조차 '하나의 신체'에 '하나의 인격'이라는 규칙이 지켜져야만 하는 것일까? 실제로 나는 하나의 신체에 복수의 인격이 공존하는 사례를 경험하지 못했고 그러한 보고를 읽어 본 적도 없다. 교대인격이란 문자 그대로 하나의 신체를 바꿔 가며 지배하는 인격이라는 뜻이다. 두 명 이상의 인격이 하나의 신체를 서로 빼앗는 상황은 자주 있다. 그러나 복수의 인격이 협력하여 하나의 신체를 통제한다는 상황은 있을 수 없다. 혹

---

[2] 여기서 사이토가 언급한 것은 일본어판 『잃어버린 나를 찾아서失われた〈私〉を求めて』, 学樹書院다. 번역 시에는 원문인 영문판의 제목으로 바꾸었다. — 역자 주.

시 앞에서 말한 바와 같은 '심리 모듈 가설'이 타당하다면 그러한 상황이 일어나도 전혀 이상하지 않다. 그러나 실제로는 그럴 수 없다. 혹은 매우 일어나기 어렵다. 이는 무엇을 의미하는 것일까.

우리는 신체만이 아니라 인격도 하나의 공간적인 이미지로 파악하는 습관이 있다. 좀 더 말하자면 인격을 어떠한 물리적인 실체를 가진 존재로서 이해하고자 하는 경향이 있다. 예컨대 캐릭터란 2차원상에 투영되며 명확한 윤곽이 주어진 인격이다. 여기서 중요한 것은 '하나의 실체적 이미지'이기 때문에, 마찬가지로 하나의 신체라는 공간을 둘 이상의 실체가 점유할 수 없다는 물리 법칙이 그만 무의식적으로 적용되었을 가능성이다. 그런 만큼 다중인격에서는 "신체를 점유하고 통제할 수 있는 것은 항상 하나의 교대인격뿐이다"라는 규칙이 엄격하게 지켜진다(어떤 인격과 그의 행동을 관찰하는 인격이 공존하는 경우는 많다). 생각해보면 이는 매우 기묘한 규칙이라고 할 수밖에 없다. 그때 신체는 마치 1인승 교통수단Vehicle과 같은 공간으로 이미지화된다. 그리고 그 이미지가 모든 교대인격에 공유된다. 다중인격이라 하면 인격의 복수성만 주목받지만, 오히려 중요한 것은 우리가 하나의 신체적 동일성이라는 유물론적 기반에서만 인격의 복수성을 표현할 수밖에 없다는 점이 아닐까. 여기서 볼 수 있는 것은 인격과 그 표현 매체로서의 신체 사이에 묶여 있는 긴밀한 관계성이다.

여기에서 두 가지 물음으로 나아가게 된다. ① 둘 이상의 교대인격이 동시에 신체를 지배하지 않는다면, 통상 어떠한 형태로 교대인격이 '공존'하는가 하는 문제, ② 교대인격이 각각의 신체성을 지니는 것은 그렇다 치고, 인격과 신체성은 어떻게 연결되는가 하는 문제. 이상에 관해 나는 예전에 '프록세믹스Proxemics'의 관점에서 검토했던 적이 있다.[3] 프록세믹스란 미국의 문화인류학자 에드워드 T. 홀Edward Twitchell Hall이 "사회적 공간과 개인적 공간, 그리고 그에 대한 인간 지각"의 문제를 다루기 위해 만들어 낸 개념이다.[4] 인간은 누구나 신체 바깥에 퍼스널 스페이스라 불리는 장벽의 공간을 두르고 있다. 그 공간성은 사회적, 문화적인 콘텍스트에 따라 늘어나고 줄어든다(참고로 후술할 '하이 콘텍스트', '로우 콘텍스트'라는 말도 홀이 창안했다). 대인 관계로 말하자면, 친밀도에 따라서도 이 공간의 넓이는 달라진다. 이후 프록세믹스는 비언어 커뮤니케이션, 공간 디자인, 건축학 등의 분야로 적용 범위를 넓히게 되었다.

홀은 사람 사이의 거리를 네 개로 분류했다. 즉 '친밀함의 거리Intimate Distance', '개인적인 거리Personal Distance', '사회적인 거리Social Distance', '공적인 거리Public Distance'다. 예를 들어 친밀함의 거리란 실제로 상대방과 접촉하거나 상대의 체온, 냄새, 숨소리 등을 느낄 수 있는 거리이며, 연인 사이와 같은 밀접한 관계에서의 공

---

3 사이토 타마키,「다중인격의 프록세믹스多重人格のプロクセミックス」,『신체에 대한 레슨身体をめぐるレッスン 1』, 岩波書店.

4 에드워드 홀,『숨겨진 차원かくれた次元』, みすず書房.
한국어판은 에드워드 홀, 최효선 역,『에드워드 홀 문화인류학 4부작 2: 숨겨진 차원』, 경기: 한길사, 2013, p.37.

간이다. 말할 것도 없이 프록세믹스는 사회적, 문화적인 요인에 큰 영향을 받는다. 예를 들면 러시아에서의 사회적인 거리가 미국에서는 친밀함의 거리라 불리는 경우가 그것이다. 즉 사람 간의 거리가 가깝다는 뜻이다.

내가 이 개념을 들고 나온 것은 신체의 외연으로서의 거리가 있다면, 이를 신체 내부에 있는 또 하나의 신체라고도 볼 수 있을 교대인격에도 적용할 수 있지 않을까 생각했기 때문이다. 교대인격이 동시에 같은 장소를 차지할 수는 없지만, 하나의 인격을 또 하나의 인격이 외부 혹은 내부에서 '관찰'하거나, 캬라의 중복을 교묘하게 회피하거나, 정형적인 캬라의 조합이 어느 정도 패턴화되거나, 캬라의 관계성에도 패턴이 보이는 등 일정한 법칙성 같은 느낌이 있다. 여기에 프록세믹스를 응용할 여지가 있다고 생각된다. 만약 그것이 가능하다면 이론을 응용함으로써 교실이나 그룹 내부에서 캬라 분포가 어떻게 발생하는가를 분석할 수 있지 않을까. 즉, 내적인 프록세믹스의 외적 응용 가능성인 셈이다.

다음 물음으로 ② 교대인격과 신체의 결합에 대해서 생각해 보고자 한다. 조현병의 환영공간론으로 알려진 정신과 의사 야스나가 히로시安永浩는 다중인격의 신체 현상에 대해 다음과 같이 말하고 있다.

최면 암시를 걸 때 피부병이나 흉터 같은 것이 실제로 생기거나 상상 임신 같은 복합적 신체 모방 현상의 영역에 다다르면 상당히 이해하기가 어려워진다. 자율 신경 기능의 변조를 거친다고 이해할 수도 있지만, 그렇다고 해도 일정한 목표를 향해 복수의 신체 과정이 일어난다는 것에 일종의 기괴함과 신비감을 느끼기도 한다. 해리의 반대편이 되는(그보다는 원인이 되는?) 국소적 긴밀화, 깊은 '몰입'이라고 봐야 할까? 상상적인 도식에서 시작할지라도, 도식은 물질 신체 그 자체를 변하게 할 만큼 깊다. 마음과 몸 사이에 통상적으로는 존재하는 '패턴'의 낙차(넓은 의미)가 단락, 접착되어 버리는 것일까? (중략) '현실'이 해리, 차단되어 있다는 조건하에 원시적인 과잉 유동이 작동하고, 환각의 설계도를 따라 신체 형성 작용이 진행될 수도 있을까?[5]

마음과 신체에 상관관계가 있다는 것은 잘 알려진 사실이다. 그러나 우리 일상에서 강한 염원을 품는 정도로는 신체에 영향을 끼칠 수 없다. 그런데 해리 상태에서는 생각한 것이 바로 신체화된다. 다중인격뿐만 아니라 최면 상태를 생각해 보면 될 것이다. '가슴이 무거워진다'든지 '신체가 경직된다'는 암시는 그대로 현실에 나타난다. 이는 그대로 다중인격에서 볼 수 있는 인격-신체의 단락과도 통하는 현상이다.

야스나가의 환영공간론은 상당히 난해한 이론인 데다 캬라

---

5 야스나가 히로시, 『"종교, 다중인격, 분열증" 그 외 4장「宗教, 多重人格, 分裂症」その他4章』, 星和書店.

론의 본질과는 거의 관계가 없기 때문에 아주 간략하게 정리하기로 한다. 먼저 야스나가에 따르면 인간의 신체 공간은 'e-E-F-f'라는 구조를 가지고 있다. 여기서 e, f는 이론적인 지점으로, e는 '현상학적 자극自極', f는 '대상극'이다. e에 대해 보충하자면, 이는 전에 말했던 퍼트넘의 '메타 인지적 통합 기능'에 해당하는 것으로 보인다. 즉 심리에서 무수한 모듈의 작동을 총괄하고 있는 중심점이라는 의미다. E는 정신분석의 ego에 해당하며 다양한 체험을 가능케 하는 자아의 그릇으로, 교대인격은 여기에 해당한다. 다중인격에서는 종종 모든 교대인격의 경험을 파악하고 있는 메타 인격적인 존재가 발견되는데 e는 이 포지션에 가깝다. 다중인격에서는 여러 개의 자아로 교대인격(E)이 출현하는데, 그 상위에 단 하나의 자기(e)가 있다는 이미지다. F는 대상의 형태와 내용 그 자체다. f는 대상의 인식과 관계를 가능케 하는 매우 추상적인 지점이다. F를 풍경이라고 생각한다면 f는 원근법의 '소실점'과 같다. 그것을 직접 볼 수는 없지만 그것이 없다면 풍경 자체가 성립하지 않는 것과 같다. 이 체험 공간은 영국의 철학자 워초프$^{O.\,S.\,Wauchope}$가 말한 이른바 '패턴' 구조를 지니고 있다. 모든 체험이 E→F라는 비대칭적 구조(패턴)를 가진다는 것이다. 즉, F(대상)가 있다면 E(자아)는 논리적 필연으로 그에 선행한다. 달리 말하자면 F의 존재에서 E는 항상 사후적으로 나타난다.

여기에 '신체'를 어떻게 위치시킬 수 있을까. 만약 신체를 자아에 일치시킨다면 신체 = E가 된다. 그러나 체험되는 신체로서 대상화한다면 신체 = F가 된다. 이른바 '신체론'은 신체를 '반성[6]'하는 것이다. '반성'이란 원래 E의 위치에 가까운 자신의 신체를 F로 대상화하는 것이다. 이때 '반성'을 통해 E를 F로 변환하기 위해서는 e가 확실히 확보되고 안정되어야만 한다. e가 안정되어 있는 '정상인'은 비교적 쉽게 반성할 수 있다. 그러나 e의 포지션을 복수의 E(교대인격)가 서로 탈취하는 다중인격 사례에서는 반성이 일어나지 않는다. 다중인격에서는 복수의 교대인격이 동시에 하나의 신체 F를 탈취하려 들기도 한다. 그 결과 어떤 일이 일어날까. 아주 단순하게 말하자면 교대인격이라는 상태에서는 'e = E = F'가 일치되어 버린다. 그렇다. 자기와 자아와 신체가 과잉적으로 단락되고 융합해 버리는 상태를 의미한다. 예를 들면 '캬라를 연기한다'는 경우에는 자기와 자아 사이에 반성적인 거리가 있다. 그러나 이전에도 이야기했던 바와 같이 다중인격의 교대인격에서는 연기를 한다는 의식이 없다. 즉, 자기와 자아 사이에 거리가 없으며 '반성'이 성립하지 않는다.

정신분석가 라캉에 따르면 자아는 원래 상상적이다. 주체는 대문자 타자와의 관계에서 결여된 상태로밖에 기술할 수 없다. 나는 조금 전에 대상극의 f를 소실점에 비유했다. 즉, 풍경 속에 존재하지 않음에도 불구하고 풍경을 성립시키는 하나의 점을 의미한다. 그와 마찬가지로 자아라는 이미지의 메타 레벨에도

---

[6] 여기의 '반성反省'이란 통상적으로 쓰이는 '과거의 잘못을 되살피다'의 의미가 아니라 '거울을 보듯이 자기 자신(혹은 자신을 구성하는 어떠한 요소)을 대상화하여 인식한다'의 철학적 의미다. – 역자 주.

일종의 소실점 e가 있으며 그것이 '결여로서의 주체'다. 이는 이미지가 아니라 이미지의 상위에서 이미지를 성립시키는 상징적인 포인트다. 주체 e의 기능으로 인해 자아 E와 신체 F는 '반성'의 대상이 된다. 생각했던 것이 바로 신체화되지 않는 것, 즉 자아와 신체를 분리시키는 거리는 주체 e의 기능으로 인해 확보된다. 이때 e = E, 즉 E의 단일성이 있는 한 신체 F는 반성과 회의의 대상이 될 수 있다. 신체를 향한 자기 소속감과 자기애, 자기혐오 등은 자아와 신체가 일치하지 않을 가능성, 즉 자아와 신체의 거리로 인해 가능해지기 때문이다. 그러나 다중인격에서는 e = E, 즉 E의 단일성에 대한 신뢰가 트라우마에 의해 파괴된다. 때문에 e는 여전히 단일함에도 불구하고 E가 복수화하고 만다. 복수화된 E는 그 존재 증명으로서 '반성(나는 생각한다)'을 할 수가 없다. 그래서 E의 복수화는 그대로 신체의 복수성으로 표현될 수밖에 없다. 이리하여 원래 이미지에 지나지 않았던 자아와 신체는 과도하게 유착되어 버린다. 인격 교대에 신체의 변화가 수반되는 것은 지금까지 보아 온 것처럼 필연적인 과정이다.

지금까지 말해 왔던 '자아 = 신체'가 유착되는 문제는 최근 늘어 가는 추세로 보인다. 이는 이미 내가 몇 번 지적했던 것처럼 사회 전체가 '해리'화하고 있다는 점과 무관하지 않다. 이 경향은 사회 전체의 조작주의화 경향과 깊은 관련성이 있다. 조작주의란 문자 그대로 어떠한 문제라도 확실한 해결책이 틀림없이 존재한다고 믿는 신앙이다. 그렇다. 예컨대 그것이 심리적 문제나 인간관계의 문제라 해도 말이다. 예를 들면 20세기 말에 유

행했던 '사회의 심리학화'가 있다. 보다 자세하게는 필자의 『심리학화하는 사회心理学化する社会』(河出文庫)를 참조하면 좋을 텐데, 이 경향도 넓은 의미에서 조작주의다. 사회 문제를 개인 심리의 문제로 환원하고, 무엇이든 심리학의 방법으로 해결 가능하다고 보는 사고방식. 이러한 발상은 필연적으로 '심리의 물질화' 내지는 '심리의 신체화'로 귀결된다.

한편 신체는 어떻게 될까. 홀의 프록세믹스가 보여주는 바와 같이 조작주의에서 신체는 보다 추상화된다. 아즈마 히로키가 지적하는 '환경 관리형 권력'은 신체를 통해 심리를 움직여 인간 행동을 관리한다. 이것과 비슷한 생각으로 행동 경제학의 '넛지 Nudge'가 있다. 신호등의 시간 표시가 무단횡단을 낮추는 것과 같이 신체를 조금씩 움직이게 함으로써 심리 상황을 변화시킨다는 것이다.

이상의 내용을 간단하게 말해 본다면 심리는 신체화되고 신체는 심리화된다는 뜻인데, 양자가 보다 쉽게 일치될 수 있는 상황에 놓이는 셈이다. 게다가 여기에 해리의 메커니즘이 더해진다면 자아 = 신체의 도식은 보다 강화된다. 여기까지 이르면 비로소 원래의 주제로 들어설 수 있겠다.

조금 전에 나는 교대인격이 캬라 그 자체라고 말했다. 그 생각은 지금도 변하지 않았다. 그리고 지금까지 해리 현상을 검증함으로써 나는 이를 보다 확신하게 되었다. 교대인격과 캬라가 몇 가지 공통점을 지닌다는 것은 이미 논한 바 있다. 그러나 아직 가장 본질적인 특징은 다루지 않았다. 그것이 '자아 = 신체'다.

교대인격도 캬라도 '내성', 즉 자기 자신을 돌아보지 않는다. 자신의 운명과 자신의 신체를 돌아보고 '이러면 안 되는데'라든지 '좀 더 다르게 살 수 있지 않을까' 하고 반성하지 않는다(코미디라면 가능하겠지만). 그렇기 때문에 이렇게 말할 수도 있을 것이다. 캬라 = 교대인격이란 그 존재의 복수성을 담보함으로써 자아 = 신체라는 단일성을 획득한 존재라고. 이는 다음 논의에 대비하여 자아 = 신체 = 스펙(성격과 능력 등)이라 생각할 수도 있겠다.

이미 논했던 바와 같이 다중인격의 교대인격에 종종 성(= 아버지의 이름)이 누락된다는 점과 스펙의 기술記述이 상당히 간단하다는 점은 캬라와 고유성의 문제를 다룰 때 매우 중요하다. 이는 단적으로 말하자면 '캬라는 고유명을 가지지 않는다'는 명제와 관련되기 때문이다. 이야기를 되돌리자면, 앞서 말한 '결여로서의 주체'를 상징하는 것이 이른바 '고유명'이다. 그것은 확정된 기술의 묶음으로 환원할 수 없는 하나의 무의미한 각인으로, 이 단독성이 주체의 위치를 결정한다. 우리 한 사람 한 사람의 고유한 생의 근원을 떠받치고 있는 것은 고유명이라는 무의미한 칼자국이라는 것이다. 이것이 정신분석적인 '인간'의 모델이다.

그러나 조작주의화의 풍조 아래에서 고유명에 대한 신앙은 급속하게 쇠약해졌다. 인간의 몸과 마음은 조작 가능성에 열려 있기에 서술 가능한 존재로서 고쳐 쓸 수도 있다. 그러나 서술 가능성에 대해 열려 있음은 고유성을 상실하고 익명성으로 향하는 것을 뜻하기도 하다. 덧붙여 말하자면 여기에는 복수화의 계기마저 포함되어 있다. 왜 그렇게 말할 수 있을까. 고유명을 상실하게 됨으로써 다중인격이라는 현상으로 귀결될 수 있기 때문이다. 교대인격들은 자신의 고유명을 상실함으로써 복수화되고 서술 가능한 몸과 마음 = 캬라를 획득했다. 그것은 원래 트라우마의 회피라는 목적을 지닌 '조작'이어야 했다. 그러나 과다하게 진행된 캬라화의 결과로 그들은 통합과 내성을 위한 관점을 상실하고 캐릭터 간의 부조화에 고통을 받는다. 다만 통합이 잘 되지 않았다 하더라도 이를 '통합실조(조현병)'라 볼 수는 없다. 정신의학적으로 정확하게 표현한다면 다중인격 같은 경우도 본질적인 의미에서의 통합은 잘 기능하고 있다고 여겨진다. 그 판단 기준은 타인과의 커뮤니케이션이 가능한가에 달려 있다. 다중인격 환자는 기억과 행동에 이어 인격의 통합을 어려워하지만 커뮤니케이션에 실패하지는 않는다.

앞서 다루었던 대로 다중인격 장애의 레벨은 '낮다'. 응용 프로그램 수준의 장애는 있을지라도 운영 체제는 정상적으로 작동하고 있다. 때문에 인터넷에는 정상적으로 접속할 수 있다. 같은 비유를 통해 말하자면 조현병은 이른바 운영 체제 단계에서의 이상이므로, 응용 프로그램은 간신히 제대로 작동하고 있어도 커뮤니케이션이 정상적으로 기능하지 않는다. 인격을 정보의 집합체로서 다루는 '심리 모듈 가설'에 일정한 한계를 느낄 수밖에 없는 것은 이러한 국면 때문이다. 또는 포스트모던적인 '주체의 복수성' 혹은 '신체의 복수성' 같은 논의에 쌍수를 들고 찬성할 수 없는 것도 같은 이유이다. '하나'보다는 '다수'가 언제나 자유롭고 풍부하다는 가치 판단이 늘 옳은 것은 아니다.

인간에게 '하나라는 것'의 의미는 의외로 크다. 다중인격이나 조현병(통합실조증)에 우리가 직관적인 이상함을 느낀다고 한다면, 그것은 적어도 '하나라는 것'이 실조를 일으켰다는 사태에 강한 위화감을 느끼기 때문인지도 모른다. 야스나가의 환영공간에 대해 논할 때 확인했던 바와 같이 고유한 신체 e가 상상적인 자아 E, 이미지로서의 신체 F와 '하나'로 일치된 상태에서 기능하는 것이 심리에서는 가장 자유로우면서 안정된 상태다. 다중인격의 치료가 교대인격의 통합을 목표로 하는 것도 그 때문이다. 우리는 무의식적으로 '하나라는 것'을 지향하며 바꿀 수 없는, 대체할 수 없는, 즉 고유한 존재라는 점에 근원적인 욕망을 가지고 있다. 이는 우리에게 고유성을 단독성이라는 형태로밖에 인식할 수 없다는 제약이 있기 때문일지도 모른다. 그러나 고유한 존재라는 것은 종종 커다란 고통을 동반한다. 자신이 고유한 존재이고자 하는 욕망의 극단적인 형태가 '히키코모리'가 아닐까 생각하는데, 그들이 매일 초조감과 절망감에 고통받고 있다는 것은 잘 알려져 있는 사실이다. 덧붙여 말하자면 트라우마조차도 그 사람의 고유성을 구성하는 요소일 수 있다. 정신분석적인 어법으로 말하자면 자신의 고유성을 극한까지 추구하고자 하는 마음은 (고통을 포함하는) 주이상스를 추구하는 욕망에 가깝다. 그러나 불편함이나 고통을 배제하고자 하는 마음은 쾌락 원칙을 추구하는 욕구에 가깝다. 말할 것도 없이 조작주의가 목표로 하는 것은 후자이며, 이를 아즈마 히로키가 말하는 동물화에 대한 지향으로도 볼 수 있을 것이다.

여기까지 논의를 쫓아 온 사람이라면 알 수도 있겠지만, 후자의 추구야말로 인격의 캬라화와 복수화로 나아가는 길이다. 책의 앞머리에서 소개했던 바와 같이 교실 공간에서는 그것이 이미 자명하게 나타났다. 캬라화된 개인이 성장하기 어려운 이유는 교대인격이 거의 성장하지 않는 것과 마찬가지일 것이다. 캬라의 스펙이 고정되어 버림으로써 신체 내부에서의 캬라의 프록세믹스가 성립하기 때문이다.

살펴본 바와 같이 인격의 올드 모델, 즉 단일하면서 고유한 주체가 단 하나의 자아를 가진 하나의 신체와 더불어 존재한다는 모델은 적어도 정신 의료에서는 건재하다. 그러나 이 장에서 중요한 것은 그러한 점이 아니다. 교대인격에서 캬라의 본질을 읽어 낼 때 자아 = 신체의 상상적인 일치를 인정하는 것, 그리고 동시에 하나의 캬라가 존재하는 공간에는 늘 복수적 캬라의 신체가 이미 잠재해 있을 가능성이 있다는 것. 이 장에서의 검토는 이러한 점을 정신의학적으로 뒷받침하기 위함이다.

제3장
'캬라'의 기호론

캬라=문자

이 장에서는 캐릭터가 가진 기호적 성질에 대해 생각해 보고자 한다. 캐릭터는 기호의 일종이다. 여기서 C. S. 퍼스Charles Sanders Peirce의 기호학을 기초로 검토해 보고자 한다. 잘 알려진 바와 같이 그는 기호를 세 가지로 분류했다. 그렇다. 그것은 심볼Symbol, 아이콘Icon, 인덱스Index다.

심볼이란 '하트'가 '평화'를 의미하는 것처럼 문화적 코드나 심리적 연합의 매개를 통해 대상과 관련을 가지는 기호다. 아이콘이란 초상화나 종교화와 같이 대상과의 유사성으로 묶인 기호다. 인덱스란 발자국과 같이 대상과 사실적으로 연결되어 그 대상에서 물리적(물질적)으로 영향을 받음으로써 기호가 되는 것을 가리킨다. 물론 이 분류에 기준을 둔다면 기호로서의 캐릭터를 담백하게 '아이콘'으로 분류할 수 있을 것이다. 그러나 실제로는 그리 단순하지 않다. '캐릭터란 유사한 기호=아이콘'이라는 규정은 사실 상당히 불확실하다. 무슨 말일까. 여기서 '미키 마우스'에 대해 생각해 보도록 하자. 미키 마우스는 말할 것도 없이 쥐를 캐릭터화한 것이다. 그렇다면 미키는 쥐의 아이콘일까? 아마 그렇지 않을 것이다.

독자는 미키가 정말로 '쥐와 똑같다!'라고 생각하는가? 나는 그렇게 생각하지 않는다. 애초에 쥐는 그렇게 귀가 크지 않다. 눈도 너무 크고 표정도 지나치게 풍부하다. 손발이 길고 두 발로 걷는, 신발이나 장갑을 낀 쥐를 독자는 본 적이 있는가. 쥐를 사실적으로 묘사한 그림이라면 '쥐의 아이콘'일 수 있다. 그러나 그러한 아이콘이 캐릭터로서 수용될 것 같지는 않다. 실은 여기에 '"닮았다"는 것은 무엇인가'라는 철학적(결코 '인지심리학적'은 아니다) 문제가 숨겨져 있지만 지금은 제쳐 두도록 하자.

  원래 대상과는 조금도 닮지 않았다. 그럼에도 불구하고 미키를 쥐라고 부른다. 그렇다면 왜 '그렇게 되는' 것일까. 원래 미키는 만화 캐릭터였다. 그리고 만화란 이른바 데포르메의 체계나 다름없다. 만화를 이해한다는 말은 즉 데포르메의 문법을 이해한다는 말이다. 예를 들면 디즈니에는 디즈니 특유의, 그리고 데즈카 오사무에게는 데즈카 고유의 데포르메 형태가 있다. 우리는 작품을 볼 때 암묵적으로 그 데포르메의 콘텍스트를 받아들임으로써 그곳에 무엇이 그려져 있는가를 정확하게 이해할 수 있다. 오리가 도널드 덕으로, 개가 구피로 변환되는 세계에서는 쥐가 미키 마우스로 바뀐다 하더라도 전혀 이상할 것이 없다.

  그러나 전혀 다르게 생각할 수도 있다. 미키는 심볼이다. 어떤 심볼인가? 말할 필요도 없이 '디즈니랜드'의 심볼이다. 심볼은 종종 크게 단순화되는데 미키도 예외가 아니다. 예를 들어 우리는 크고 검은 동그라미 두 개가 어떤 각도에 위치해 있을 때 순식간에 '미키 = 도쿄 디즈니랜드'를 연상하게 될 것이다. 그런데 미키는 또한 '인덱스'일 수 있다. 예를 들어 사냥꾼의 눈앞에 있는 발자국은 방금 지나간 사냥감을 의미한다. 마찬가지로 미키 그림이 그려진 쇼핑백을 들었거나 검은 귀가 달린 머리띠를 한 아이들이 기차에 타면 당신은 '아, 디즈니랜드에서 오는 길이

구나'라고 생각할 것이다. 이러한 경우 미키라는 기호는 인덱스로서의 기능을 수행하게 된다.

아니, 실은 이런 식으로 말꼬리를 잡는 것은 정당하지 않다. 퍼스의 기호 분류는 사실 그만큼 확고하지 않다. 실제로는 어떤 기호든 어느 콘텍스트 안에 위치하느냐에 따라 심볼이 되거나 인덱스가 되는 등의 가능성을 잉태한다. 캐릭터가 특이하다는 말은 그 분류가 상황 의존적으로 결정되기 매우 쉽다는 뜻이다. 우선 이 점에 주목해야 할 것이다.

캐릭터 외에 이만큼 상황 의존성이 높은 기호가 또 있을까. 실은 존재한다. 그것은 '문자'다. 일반적으로 생각해 보면 문자는 그것이 의미를 가질 수 있다는 점에서 '심볼'이다. 그러나 동시에 문자는 아이콘이기도 하다. 적어도 한자의 기초가 된 상형 문자는 처음에 아이콘으로 정형화되었을 것이다. 문자가 아이콘인 이유는 그뿐만이 아니다. 가령 '문자의 원형' 같은 것을 생각해 보자. 폰트도 필체도 정해지지 않은 채 구조밖에 없는 문자. 이때 모든 손 글씨는 그 원형의 아이콘으로 쓰인다고 할 수 있다. 그런데 여기에서 '필적'에 주목하면 어떻게 될까. 그렇다. 그때 문자는 그것을 쓴 개인의 인덱스가 된다. 이른바 유명인의 '사인'은 손 글씨의 인덱스 기능을 이용한 것이라 할 수 있다.

그렇다. 실은 캐릭터란 문자와 매우 유사한 기능을 가진 기호다. 둘 다 단순한 기호 분류에 섞이지 않는 다면성을 가졌으며, 높은 상황(문맥) 의존성을 지니고 있다는 점에서 그러하다. 하지만 물론 캬라 = 문자라고 할 수는 없다. 문자는 언어 체계를 배경에 두고 있지만 캐릭터에는 일단 그런 배경이 결여되어 있다. 캐릭터를 만드는 것은 매우 자유도가 높지만 문자는 꼭 그렇지만도 않다. 캐릭터가 인격적인 것의 흔적을 간직하고 있으나 문자와 인격이 반드시 관계를 맺고 있지는 않다.

문자와 캐릭터의 관계를 고찰할 때 다음과 같은 아즈마 히로키의 언설을 참조할 수 있다.

> 이상의 작업을 통해 우리는 여기에서 세 가지 '목소리'를 구별한 것이 된다. 정리해 보자. 첫째로 초월론적 시니피에-형이상학 시스템을 뒷받침하는 후설적 목소리^{phone}. 여기에서는 목소리의 지평(세계)에 회수되지 않는 것, 즉 비세계적 존재는 인정되지 않는다. 둘째로 초월론적 시니피앙-부정신학 시스템을 여는 하이데거적 부름^{Ruf}. 여기에서는 목소리의 지평에 회수되지 않는 비세계적 존재가 단 하나만 '세계' 전체 순환구조의 대응물로서 인정된다. 그리고 셋째로 형이상학 시스템과 부정신학 시스템 모두를 탈구하는 계기로서의 데리다적 호출^{appel}. (중략) 여기에서는 비세계적 존재는 복수적으로 파악된다.[1]

---

1 東浩紀, 『存在論的, 郵便的：ジャック・デリダについて』, 新潮社,
한국어 번역은 아즈마 히로키, 조영일 역, 『존재론적, 우편적』, 도서출판 b,
2015, p.199.

세계에 의미를 부여하는 비세계적 존재로서의 '하이데거적 부름'은 라캉 이론에서 '문자'의 위치에 가깝다. 상세한 설명은 다른 저작에 양보하겠지만(예를 들면 『문맥병』, 青土社 등), 문자는 '하나의 징표^{Zeichen}'로서 '대상의 통일성'을 보존하는 흔적이 된다. 즉 표상 불가능한 흔적에 대상의 전체성이 봉인되어 있다는 의미에서 문자는 '하이데거적 부름'과 유사하다.

이에 비해 '캐릭터'는 '복수로 인식되는' '비세계적 존재'로서의 '데리다적 호출'에 해당한다. 아즈마 히로키는 데뷔 이래 일관되게 '캐릭터'에 매달리고 있는데, 그것은 부정신학적인 주체에 대항하는 새로운 주체성의 형식으로서 '캐릭터'의 복수성을 상정하고 있기 때문일 것이다. 그렇지만 캐릭터와 문자의 유사성은 매우 중요한 문제이기 때문에 이 점에 대해서는 당분간 보류해 두고 다음으로 나아가도록 한다.

은유적 캬라, 환유적 캬라

다음으로 캐릭터라는 특이한 기호가 수행하고 있는 기능에 대해 검토해 보도록 하자. 먼저 캐릭터와 '인간'의 관계를 검토해 보자. 물론 '인간' 또한 일종의 심볼이라는 점은 말할 필요도 없다. 그것은 신을 원형으로 구성된 일종의 전체성을 상징하고 있다. '인간적'이라는 형용이 성립하는 것은 그 때문이다. 그렇다면 캐릭터는 '인간'의 상징일까. 그렇게 간단한 관계가 아니라는 것은 이미 확인한 바 있다. 여기에서는 이 문제에 대해 은유와 환유의 차이로 검토해 보고자 한다.

나는 예전에 디즈니와 산리오[2] 각각의 캐릭터를 비교해서 전자를 은유적, 후자를 환유적이라고 한 적이 있다. 미키를 비롯한 디즈니의 캐릭터는 매우 인간적이다. 풍부한 감정 표현과 말하는 능력을 가지고 있는 그들은 동물적인 외견을 빼면 인간 그 자체이다. 그 때문에 디즈니 캐릭터에 대해서 말하자면 디즈니랜드의 인형들이 '진짜'인 셈이다. 항상 '속에 사람이 들어 있는' 캐릭터, 그것이 디즈니의 캐릭터다.

이에 비해 산리오의 캐릭터는 이러한 인간 느낌이 나지 않는다. 이는 오로지 산리오 캐릭터의 표정이 빈곤한 데에서 기인한다. 헬로 키티나 마이 멜로디도 디즈니의 캐릭터와 비교하면 놀랄 만큼 표정이 없다. 물론 일정한 의인화가 이루어져 있기는 하지만, 이쪽은 인간보다 훨씬 동물에 가까운 인상이다. 이 차이는 매우 결정적이다. 일본인들은 대개 유럽 혹은 미국의 캐릭터가 사랑스럽다고 생각하지 않는다. 그에 비해 산리오 캐릭터는 사랑스럽다고 느낀다. 아마 그 이유는 단순하게 '인간미'와 '사랑스러움'이 — 어떤 지점까지는 — 반비례하기 때문일 것이다.

인간미가 있는 디즈니의 캐릭터가 은유적이며, 사랑스러운 산리오의 캐릭터가 환유적이라는 것은 무슨 말일까. 우선 은유와 환유의 기능에 대해 간략하게나마 논해 두기로 하자. 일반적으로 은유는 대상의 추상적인 특징에 주목하며, 환유는 대상에

---

2 '헬로 키티'를 만든 일본의 캐릭터 전문 기업. — 역자 주.

근접한 사물에 주목한다. 이때 '비슷하다'는 것 또한 '근접성'에 포함된다. 예를 들어 '여우처럼 교활하다'라든지 '불꽃같은 정열'이라는 표현은 은유적이다. 한편 '의사'를 '청진기'로 표현하거나 '범선'을 '돛'으로 표현하는 것은 환유적이다. 눈치챌 수 있겠지만 은유와 환유의 관계는 '심볼'과 '아이콘'의 관계와 유사하다.

덧붙여 말하자면 '캐릭터가 살아 있다'는 말은 환유적으로 눈에 띄는 특징을 가지고 있다는 뜻이다. 즉 그것을 떠올리기만 해도 캐릭터 자체를 표상하는 것과 마찬가지인, 그러한 특징과 특이성을 의미한다. 구체적으로는 '아톰의 머리 모양'이나 '호시 휴마의 눈' 등과 같다. 반대로 말하자면 캐릭터가 잘 살아 있기만 하면, 그 뒤로는 그것을 반복하기만 해도 살아남을 수 있다. 요시모토 흥업 코미디언 대부분의 미니멀리즘 같은 반복 개그도 캐릭터 살리기에 의존하는 문화적 배경 없이는 생각하기 어렵다. '캐릭터'보다 '캬라' 혹은 '살아 있는 캐릭터'가 중시되는 일본 문화의 특성을 생각한다면, 그 본질에서 환유적인 것을 읽어 낸다 해도 큰 무리는 없을 것이다.

그런데 이미 확인한 것처럼 은유는 대상의 본질과 관계를 맺는다. 디즈니 캐릭터의 매력은 그들이 어디까지나 인간적이라는 점에서 성립한다. 그런 의미에서 '인간의 은유'라 할 수 있다. 인간의 은유이기 때문에 그들은 자립적인 캐릭터성을 지니고 있으며 동일화하기 쉽다. 말하자면 캐릭터로서의 정밀도가 높으며, 맥루한적인 표현을 빌린다면 그들은 '핫 캐릭터'인 셈이다. 이에 비해 산리오의 캐릭터는 개별적으로는 그다지 인간 느낌이 나지 않는다. 또 그들이 말하는 능력을 가지고 있다 하더라도 디즈니의 캐릭터만큼 떠들썩하지 않으며, 그런 만큼 그들에 대한 애착은 '감정 이입'에 의해 성립하게 된다.

　나는 예전부터 **공감 불가능한 대상이야말로 사랑스럽다**고 주장해 왔는데, 이를 바꾸어 말하면 애착행동에서 감정 이입이 얼마만큼 필요하냐가 바로 '사랑스러움'의 척도 아닐까. 어찌 되었든 산리오 캐릭터는 인간의 은유로서는 정밀도가 낮다. 이와 관련하여 만화가 '스나砂' 씨가 흥미로운 말을 한 적이 있다. 아래에 인용해 보겠다.

　　캐릭터란 인칭 이하의 단위로 생각할 수 있습니다. 때문에 인간 드라마의 시뮬레이션보다 좀 더 세밀한 레벨을 인간의 문제처럼 다룰 수 있는 것이 아닐까 싶습니다. 제 캐릭터로 예를 들면 료코涼子를 활자로 묘사할 때는 그냥 남자가 되어 버릴 것입니다. 실사로 만들어도 매우 연기하기 힘들겠지요. 남성의 말투에 미형 여성이라는 외모를 부여함으로써 그런 특이한 캐릭터를 자연스럽게 보여 줄 수 있는 거라고 생각합니다. 예를 들어 미스터리 기법을 사용할 경우, 다른 장르라면 범인이라는 인칭 레벨에 수수께끼가 바로 귀속되어 버리는 경우가 있어도 만화라면 독특한 다중성을 캐릭터에 부여할 수 있지 않을까요. 보통 미스터리를 읽으면 나도 모르게 수수께끼가 좀 더 세밀한 게 재미있다는 생

각이 들잖아요. 아베 씨의 『인디비주얼 프로젝션インディヴィジュアル・プロジェクション』을 읽고 이런 것이 다 있구나 싶었던 것도 인칭 이하 레벨의 수수께끼를 소설적으로 추구했기 때문입니다. 범인이 다음에 무슨 행동을 할지 흥미롭습니다.[3]

여기에서 '스나' 씨가 자주 강조하는 '인칭 이하'란 '인간'이란 것의 전체성을 일부 추상, 축약하여 환유화한 것을 가리킨다. 그렇다면 '스나' 씨가 상정하고 있는 것은 캐릭터의 환유성인 셈이다.

'캬라'와 결여

후술하듯이 이토 고는 캐릭터와 캬라를 구분했다. 이 구별은 은유/환유의 구분과 거의 유사하다. 즉, 은유적인 '캐릭터'와 환유적인 '캬라'의 대비. 이 대비에서 중요한 것은 각자가 소속된 '환경'이다. 양쪽 모두 각각의 '세계'에 소속되어 있지만 세계와의 관계 양상이 다르다.

앞서 논했던 대로 캐릭터는 그 세계와 고유한 관계를 가지고

---

[3] TINAMIX INTERVIEW SPECIAL 아베 카즈시게×스나, 사회: 아즈마 히로키「車から老いへ」http://www.tinami.com/x/interview/03/page9.html.

있다. 탐정 뒤팽이라는 '캐릭터'가 에드가 앨런 포의 소설 이외의 장소에서 활약할 가능성은 매우 낮다. 그러나 '도라에몽'이라는 '캬라'라면 후지코 후지오藤子不二雄의 작품 이외에도 활약할 수 있는 장을 가질 것이다. 말하자면 '캬라'가 소속된 세계와의 관계성이 느슨한 만큼 복수의 세계에 소속될 수 있다. 단순하게 생각하면 '캬라'의 추상도나 기호성이 높기 때문에 이러한 특성을 지니기 쉽다고 볼 수도 있다. 이른바 자연주의적 리얼리즘으로 구성된 세계는 캐릭터와의 친화성이 높으며 만화, 아니메적 리얼리즘의 세계는 캬라와 친화성이 높다.

은유는 세계의 불연속성을 전제하고 있다. 다른 세계를 추상적인 특징, 다시 말해 하나의 시니피앙을 매개로 하여 점프하는 것이 은유의 효과이기 때문이다. 은유의 기능은 대상물의 어떤 특징을 추출하여 그 특징을 다른 문맥, 다른 카테고리에서 전개하는 것이다. 예를 들어 '피'와 '장미'를 은유로 연결할 경우, '빨간색'이라는 특징(=시니피앙)을 추출하여 그것을 매개로 피와 장미라는 서로 다른 대상을 연결 지을 수 있다. 한편 환유는 유사성, 근접성 등이 중시된다는 점에서 알 수 있는 바와 같이 세계의 연속성을 전제로 하고 있다.

위의 내용을 전제로 한다면 일본의 캐릭터 문화는 유럽 혹은 미국과 대조적이라고 논할 수 있다. 거듭 말하듯이 유럽과 미국의 캐릭터는 대개 인간의 은유이기 때문이다. 디즈니 캐릭터는 '인간'이라는 대상의 특징 ― 이는 무수히 많지만 ― 을 디즈니의 세계라는 허구적 공간 안에서 전개하기 위한 기호적 기능을 수행하고 있다. 그러나 일본식의 캐릭터는 그렇지 않다. 대표적으로 산리오의 캐릭터를 생각해 보면, 그것은 인간이나 동물의 형태적인 유사성만을 매개로 한 일종의 아이콘, 즉 환유적인 기호가 아닌가 하는 생각이 든다. 이때 문제가 되는 것은 무엇을 인간의 특징이라 보아야 하는가이다. 여기에서는 그것을 잠정적으로 '간주관성'으로 보고자 한다. 또는 '공감성'이라 바꾸어 말해도 좋다.

디즈니의 캐릭터가 항상 사랑스럽지는 않지만 공감성은 높다. 그렇기 때문에 디즈니 캐릭터로 무수한 장편 애니메이션을 만들 수 있다. 그렇다면 산리오는 어떨까. 산리오의 캐릭터에 '공감성'이 있을까. 아마 감정 이입의 대상이 될 수는 있을지라도 공감은 어렵지 않을까. 물론 양자는 근본적으로 다르다. 디즈니의 캐릭터는 그 공감 가능성으로 인해 은유적=인간적이며, 산리오의 캐릭터는 공감 불가능하기 때문에 환유적=동물적이다. 이 점은 매우 중요하다. 왜냐하면 '간주관성'과 '공감성'을 매개로 삼는다는 것은 '공허함'과 '결여'를 매개한다는 것과 마찬가지기 때문이다. 라캉 정신분석의 입장에서 생각해 보자면 우리가 '간주관적'인 관계에 묶여 있거나 상대에게 '공감'할 수 있는 것은 주체가 품고 있는 근원적 결여 때문이다. 이 결여가 없으면 필시 공감이라는 현상은 일어나지 않는다.

결여가 없는 주체들 사이에는 완벽한 커뮤니케이션 혹은 디스커뮤니케이션이 있을 뿐이다. 즉, 디즈니 캐릭터는 우리와 '결여된 주체'를 공유하고 있기 때문에 인간의 은유가 될 수 있으며 커뮤니케이션이 가능해진다. 반대로 산리오의 캐릭터에는 이러한 결여가 없다. 그로 인해 그들은 '동물'이다. 까다로운 점은 그들이 '의인화된 동물'이라는 종류의 동물이라는 점이다.

'사랑스러운' 무표정

어찌 되었든 그들은 '동물'이기 때문에 가장 근본적인 부분에서 우리와의 커뮤니케이션에 실패한다. 실은 이 점이야말로 산리오 캐릭터가 '사랑스러운^{かわいい}' 이유다. '사랑스러움'의 감각이란 실은 디스커뮤니케이션의 감촉이기 때문이다.

표정이 풍부한 디즈니 캐릭터에 비해 일본의 캐릭터는 압도적으로 무표정하다. 최근의 캐릭터에서 바로 연상되는 것은 '리락쿠마'라든지 '바나오^{バナ夫}' 혹은 '카피바라상' 정도인데, 대개 무표정하며 무슨 생각을 하는지 알 수 없다. '바나오' 등은 보는 관점에 따라 기괴하기도 하다. 우리가 말하는 '어린애 장난' 같은 인상이 있다. 이는 주로 파과형 조현병$^{Hebephrenic\ schizophrenia}$의 증상을 형용할 때 쓰는 말이다. 공감력이 철저히 결여된 어린아이들의 장난 같은 감각. 그곳에는 당연히 점차 '기괴함'이 잉태된다. 이 '기괴함'과 '어린애 장난' 사이의 위태로운 균형으로 성립된 것이 '사랑스러움'의 감각이 아닐까. 그렇지 않다면 예컨대 '기분 나쁘게 생겼지만 귀여운^{キモ可愛い}'이라는 감각은 있을 수 없을 것이다.

요모타 이누히코四方田犬彦가 지적한 것처럼 이 감각을 구성하는 요소는 역시 복잡하다. 예를 들어 '사랑스럽다'의 반대말은 '아름답다'이며 '추함'은 오히려 인접어라고, 그는 말하고 있다.[4] 내 생각을 덧붙이자면 '사랑스러움'에는 '작은 것', '어린 것', '그로테스크', '잔혹', '순종적임', '건방짐', '우둔함', '영리함', '인공적', '에로스', '타나토스'라는 상호 모순적이고 다채로운 요소가 포함되어 있다. 이들의 모순 때문인지 사랑스러운 것은 우리와의 공감과 커뮤니케이션에 실패하는 경우가 많다. 갓난아기의 사랑스러움에 다소 생리적인 기반이 있다 하더라도 최대의 요인은 '갓난아기가 말하지 않는다'는 점이 아닐까.

환유적이기 때문에 산리오의 캐릭터는 '결여'를 지니지 않는다. 충실하기 때문에 커뮤니케이션이 성립하기 어렵다는 것. 그것은 이미 '인격의 상징' 같은 것이 아니라 '인격과 유사한 형상'이라는 충실한 실체로서 인식된다. 이처럼 일본적 캐릭터는 매우 특이한 기호로 성립되었다. 이 특이성에 대해서는 만화에 대해 논하는 다음 장에서 한 번 더 검토하고자 한다.

---

4 요모타 이누히코, 『'사랑스러움'론「かわいい」論』, ちくま新書.
한국어판은 장영권 역, 『가와이이 제국 일본』, 펜타그램, 2013.

제4장

만화의 캐릭터론

캐릭터의 정의

캐릭터에 대한 논의는 지금까지 보아 온 바와 같이 서브컬처의 영역뿐만 아니라 교육, 비평, 사상, 정치, 문학 등 모든 장르에 펼쳐져 있기도 하다. 그중에서 가장 치밀한 논의가 전개되어 온 곳은 역시 만화 비평의 영역이다. 그곳에는 이미 캐릭터가 정의되어 있으며, 캬라와 캐릭터의 차이에 대한 논의도 상당히 정착되어 있다. 그 경위에 대해서는 관련 서적이나 인터넷상에도 다수 정리되어 있기 때문에 일단 기초적인 사정만을 확인하고 다음으로 넘어가도록 한다.

가장 기초적인 정의로는 만화평론가 미야모토 히로히토宮本大人가 내린 것이 있다.[1] 미야모토는 '캐릭터'의 요소를 여섯 개 항목으로 정리했다.

(1) 독자성
(2) 자립성, 유사한 실재성
(3) 가변성
(4) 다면성, 복잡성
(5) 불투명성
(6) 내면의 중층성

---

1 宮本大人,「만화에서 캐릭터가 '산다'는 것은 무엇인가漫画においてキャラクターが『立つ』とはどういうことか」,『일본아동문학日本児童文学』 49권 2호.

캐릭터라는 존재는 캐릭터가 소속된 독자적인 이야기 세계를 배경으로 하며(독자성, 자립성), 깊은 내면(불투명성)과 갈등의 구조(중층성)를 갖추고 성장함으로써 보다 복잡한 성격(다면성)으로 변화(가변성)할 가능성을 지닌 존재다. 특히 중요한 것은 캐릭터와 그가 소속된 이야기 세계가 불가분의 관계라는 점, 또 캐릭터는 성장, 발전할 가능성을 지닌다는 점이다. 정의가 부족함 없이 잘 정리되어 있어 논의의 출발점으로 알맞다. 굳이 난점을 들자면 이것들은 거의 그대로 인간의 성격에도 들어맞는다는 점 정도일 것이다. 거꾸로 말하면 캐릭터의 허구성을 기술한다는 점에서는 조금 약하다는 뜻이다. 게다가 후술하는 바와 같이 이 정의가 '캬라'에는 해당하지 않는다.

마찬가지로 만화를 중심으로 하여 캐릭터를 논한 좋은 저술로는 오다기리 히로시의 『캐릭터란 무엇인가』가 있다. 이 책은 주로 캐릭터 비즈니스에 대해 논하고 있는데, 한 장章을 할애하여 캐릭터라는 개념의 기원과 구조를 매우 간결하게 정리하고 있어 참고가 된다. 오다기리의 논의는 주로 소설과 코믹스를 대상으로 하고 있는데, 같은 책에서 닌텐도의 게임 〈슈퍼 마리오 브라더스〉의 캐릭터 '루이지'를 예로 들어 캐릭터의 해설을 시도하고 있다. 그에 따르면 캐릭터를 구성하는 요소는 그림 1과 같이 나타난다. 즉 '의미', '내면', '도상'이다. 이 캐릭터의 의미는 '동생'이고, 내면은 '조용하고 소심'하며 도상은 보는 바와 같다는 식이다.

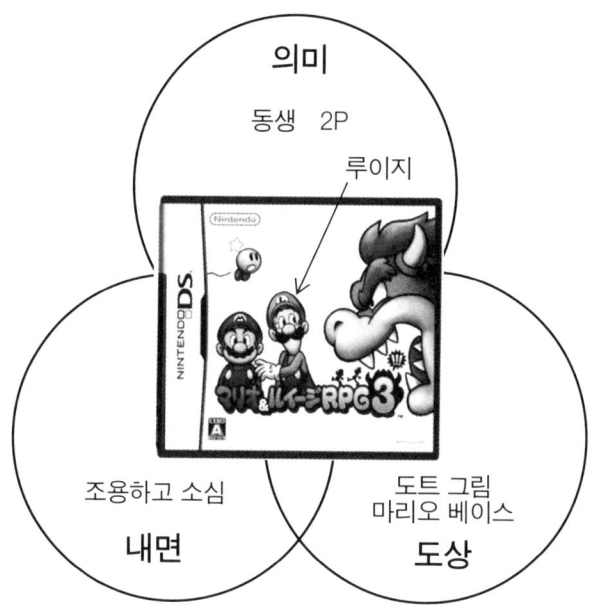

[그림 1] 캐릭터의 구성 요소(오다기리 히로시의『캐릭터란 무엇인가』를 기준으로 작성. 그림은 〈마리오&루이지 RPG 3〉, 닌텐도, 2009)

이것이 만화나 게임 캐릭터에는 적당하지만 도상이 없는 소설의 캬라일 때는 어떻게 될 것인가 하는 의문이 들지도 모른다. 그러나 캐릭터 소설에는 기본적으로 일러스트가 들어 있다. 또 고전적 소설에도 영화나 그림 이야기 등과 같이 시각적 이미지가 만들어져 있는 경우가 많다('셜록 홈즈'나 '에르퀼 푸아로'[2] 등). 그러나 여기까지 해석을 넓히게 되면 결국 가장 오래된 캐릭터

---

2   Hercule Poirot, 애거사 크리스티의 소설 중 등장인물. — 역자 주.

제4장 만화의 캐릭터론

는 길가메시 서사시의 길가메시라는 극단적인 논의로 흘러가 버릴 수 있다. 성서든 그리스 신화든 등장인물의 다수는 캬라가 살아 있으며 정통적인 일러스트도 있다. 복수의 이야기에 등장한다는 점에서도 어엿한 캬라이다.

오다기리는 '동일한 등장인물이 복수의 작품에 반복하여 등장한다'는 방법이 사용된 가장 초기의 예로 발자크$^{Honoré\ de\ Balzac}$의 『인간 희극』을 들고 있으며, 삽화의 영향을 받아(즉 캐릭터의 조형이 선행하는 식으로) 이야기가 만들어진다는 의미에서 최초의 '캐릭터 소설(오쓰카 에이지^{大塚英志})'은 디킨스$^{Charles\ Dickens}$의 『올리버 트위스트$^{Oliver\ Twist}$』로 보고 있다. 또 오다기리는 '캐릭터'의 가장 큰 특징으로 '융통성'을 들고 있다. 이는 지금까지 거론한 것과 마찬가지로 캐릭터의 속성이 항상 엄밀하고 동일해야 할 필요는 없음을 의미한다.

'캐릭터'는 그림체로서의 외견, 이야기를 통해 형성된 성격, 상징으로서의 기호적인 의미라는 세 가지 중 어디를 기점으로 발상이 이루어지고 만들어져도 괜찮으며, 세 요소 모두가 갖추어져 있지 않아도 캐릭터 그 자체는 성립할 수 있다. 그것도 이름과 구성 요소의 일부로 동일성이 담보된다면 얼마든지 확장과 변형이 가능하다는 특성을 가지고 있다(앞의 책).

이는 후술할 '하츠네 미쿠' 혹은 '니세 하루나僞春菜' 등에도 공통되는 매우 중요한 특징이다. 특히 '캬라의 동일성이란 무엇인가'라는 철학적 문제의 단서로서도 이 특징을 새겨 두고자 한다.

그런데 예전에 하시모토 오사무橋本治[3]는 이렇게 말했다. "아톰의 내면은 아톰의 머리 스타일이다"라고. 나는 이 지적이 지당하다고 생각한다. 우리는 캐릭터에 내면을 투영하고 있지만 실은 그들에게 '내면' 같은 것은 없다. 그렇다기보다 그들의 의미건 성격이건 모든 것이 그 도상에 응집되어 표출되고 있다고 생각해야 할 것이다. 즉 '캬라'란 '내면 = 의미 = 도상'의 일치가 성립하는 매우 특이한 반半기호적 존재다. 제2장에서 논했던 바와 같이, 이는 다중인격의 교대인격에도 그대로 해당하는 특징이다. 오다기리의 지적에 더할 것이 있다면 '의미'와 '내면', '도상'이 늘 일치한다는 점이 될 것이다.

캬라와 캐릭터

만화평론가 이토 고의 저서 『데즈카 이즈 데드テヅカ・イズ・デッド』(NTT出版)는 종래의 '캐릭터' 개념을 보다 날카롭게 다듬었다는 의미에서 획기적인 작품이었다. 그의 논점에서 중요한 것은

---

3 하시모토 오사무(橋本治, 1948 - 2019). 도쿄 출신의 소설가이자 평론가. 1977년 『모모지리 무스메桃尻娘』로 데뷔, 제29회 소설현대신인상 가작을 수상하였고 이후 다양한 저작을 남겼다. 한국어로 번역된 작품은 홍성민 역, 『겐타의 원맨쇼』, 예원, 2008이 있다. ― 역자 주.

무엇보다 '캐릭터'와 '캬라'를 명확하게 구분했다는 점이다.

이토는 2003년에 야오이 동인지를 만들던 10대 후반의 소녀들로부터 어떤 지적을 받고 의표를 찔렸던 적이 있다. 그것은 당시 절대적인 인기를 모았던 소녀 만화 〈NANA〉에 대한 지적이었다. 그녀들에 따르면 "〈NANA〉는 '캬라'가 약하지만 '캐릭터'는 살아 있다"는 것이다. 그렇다면 캬라가 강한 만화는? 이렇게 반문한 이토에게 그녀들은 〈유희왕遊戱王〉을 거론했다. 이 경험에서 이토는 '캬라'를 다음과 같이 정의한다.

> 대부분의 경우 비교적 간단한 그림체를 기본으로 도상이 그려지며, 고유명으로 불림으로써(혹은 그것을 기대하게 함으로써) '인격과 같은 것'으로서의 존재감을 느끼게 하는 것.

이에 비해 캐릭터는 다음과 같이 정의된다.

> '캬라'의 존재감을 기반으로 '인격'을 가진 '신체'의 표상으로 읽어 낼 수 있으며 텍스트의 배후에 그 '인생'이나 '생활'을 상상하게 하는 것.

그런데 이토에 따르면 캬라에게 중요한 것은 '횡단성'이라고 한다.

'캬라의 강도'란 텍스트로부터의 자율성의 강도라는 점뿐만 아니라, 복수의 텍스트를 횡단하며 각각의 2차 창작 작가가 지닌 고유의 그림체와 코드의 차이에도 견뎌 낼 수 있는 강한 '동일성 존재감'이라고 생각할 수 있다. 이 '횡단성'이야말로 특히 중요하다.

이러한 이토의 가설은 큰 반향을 일으켰으며 이로 인해 다양한 논의가 촉발되어 끓어오르게 되었다. 여기에서는 아즈마 히로키의 캐릭터론에서 응용된 사례를 살펴보고자 한다.

아즈마 히로키와 사쿠라자카 히로시桜坂洋의 소설 『캐릭터즈キャラクターズ』(新潮社)는 도상 없이 만화와 아니메적 리얼리티를 어디까지 실현할 수 있는가를 추구한 매우 실험적인 작품이다. 이 작품에는 아즈마가 손을 댄 것으로 보이는 캐릭터의 서술이 아로새겨져 있으며, 그곳에서 아즈마가 이토의 가설을 어떻게 소화했는지가 엿보이기에 흥미롭다. 아래에 중요한 곳을 인용해 보도록 한다.

인간은 한 번밖에 살 수 없지만, 캐릭터는 복수의 삶을 살 수 있

다. 인간은 현실에 살고 있지만, 캐릭터는 가능 세계를 살고 있다. 문학은 인간을 그리며, 캐릭터 소설은 캐릭터를 그린다. 문학은 반복 불가능한 삶을 그리지만, 캐릭터 소설은 반복 가능한 삶을 그린다. 우리는 단독적인 실존에서 확정 기술의 묶음을 뽑아내어 무한한 수의 if를 그 위에 겹치고, 다른 삶을 몇 번이나 살고 몇 번이나 죽을 수 있도록 만든 추상적인 페르소나를 '캐릭터'라 부르고 있다. 이것이 『게임적 리얼리즘의 탄생ゲーム的リアリズムの誕生』의, 명시적으로 쓰지는 않았지만 중핵에 위치한 사상이다.

한편 나 자신은 『데즈카 이즈 데드』의 출판 기념 토크 이벤트에 참석했을 때 몇 개의 포인트에서 이토의 이론을 보충하고자 했다. 예를 들면 〈공각기동대攻殻機動隊〉의 히로인 쿠사나기 모토코草薙素子는 캐릭터다. 그녀의 존재 = 고스트는 전송할 수 있지만 복제할 수 없다. 이는 정보 이론적으로는 기묘한 이야기이지만 이 설정은 매우 중요하다. 내 생각에 '전송 가능, 복제 불가능'이야말로 '캐릭터'의 본질이기 때문이다.

이에 비해 '캬라'는 '복제 가능, 전송 불가능'한 존재다. 예를 들어 『박살천사 도쿠로撲殺天使ドクロちゃん』라는 라이트노벨 작품에서는 주인공이 무슨 일이 있을 때마다 히로인에게 박살이 나고 분자까지 분해된 후 마법으로 재합성되기도 한다. '재합성'이란 요컨대 복제를 말한다. 이러한 주인공이 받아들여지는 것은 바로 그 부분에 '캬라'의 리얼리티가 있기 때문이다.

'전송 불가능'에 대해서는 조금 설명이 필요하다. 여기에서도 앞장에서 인용한 '데리다적 부름'에 대해 아즈마 히로키가 논했던 바가 참고가 될 것이다.

> 부름은 전화의 은유라고 이야기되며, 그곳에는 비세계적 존재(＝타자)가 복수화된 채로 (전화) 네트워크에 머무른다", "'유령'은 우리가 생각하기에 모든 시니피앙에 필연적으로 따라다니는 확률적 오배가능성, 오배될 가능성(약속)과 오배되었을지 모르는 가능성$^{dead\ stock}$의 조합에 다름 아니다.[4]

여기에서는 유령이 '캬라'에 해당한다. 이 이야기를 내 나름대로 번안해 본다면, 캬라를 전송하려고 해도 전송할 때마다 복수화되어 버리고 결국에는 전송 = 복제가 되어 버릴 것이다.

'캬라'란 요컨대 몇 번이나 복제됨으로써 한층 리얼해지는 존재가 아닐까. 그래서 그들이 2차 창작물 속 복수의 세계에서 생생히 활동할 수 있는 것이 아닐까. 아무리 그렇다 해도 복제될 때마다 그곳이 오리지널이 되는 이세 신궁^{伊勢神宮}의 식년천궁^{式年遷宮}[5]을 연상하는 것은 지나친 일일지도 모르지만.

---

4 『존재론적, 우편적』, 한국어 번역은 p.198, 163.

5 미에 현에 있는 이세 신궁을 20년마다 허물고 재건축하는 관습을 가리킨다. 가장 최근의 식년천궁은 2013년에 있었다. — 역자 주.

'감정'의 미디어

일본의 만화(이하 '만화')는 다양한 의미에서 특이한 '표현 미디어'다. 그러나 현시점에서 가장 눈에 띄는 특징을 하나만 꼽으라고 한다면, 그것은 '감정 표현을 위한 미디어'가 될 것이다. 일본의 만화 표현이란 다양한 감정 표현의 조합을 통해 이야기를 움직이기 위한 표현 형식이라 해도 과언이 아니다. 거짓말 같다면 당신 주위에 있는 만화책의 페이지를 넘겨 가며 살펴보아도 좋다. 거의 대부분의 컷에 어떠한 감정이 그려져 있을 것이다. 이는 상당히 놀랄 만한 일이다. 혹은 "감정의 미디어? 대중 예술이니까 당연하잖아"라고 생각하게 될까. 그렇다면 당신이 생각나는 대로 대중적인 표현 형식을 떠올려 보았으면 한다. 소설, 영화, 음악, 연극 무엇이든 상관없다. 만화 이외에는 어떤 표현 형식이건 감정 표현의 밀도가 매우 희박하다. 오히려 감정이 그려져 있지 않은 '바탕'이 있고, 그 위에 '그림'으로 인물의 감정이 그려져 있는 것이 보통일 것이다. 그러나 만화는 그렇지 않다. 말이 나온 김에 덧붙이자면 애니메이션에도 그런 경향이 있지만, 일본의 애니메이션은 만화에서 이차적으로 파생된 표현형식이기 때문에 그것은 오히려 당연하다.

다시 한번 말하겠다. 단위 공간, 시간과 같은 '감정 표현의 밀도'가 가장 높은 표현 형식, 그것이 만화다. 거꾸로, 과장된 감정 표현은 종종 '만화적'으로 보인다. 이 사실 또한 만화 표현과 감정 표현의 높은 친화성을 보여준다. 물론 감정 표현이 희박한 만화 작품도 있지만, 그것들은 종종 전위적이면서 마니악한 작품으로 보인다. 만화에서 감정 표현을 억제한다면 이미 그것만으로 엔터테인먼트답지 않은 인상을 준다는 점을, 작가는 각오해야 할 것이다.

만화 표현의 이러한 특성을 충분히 다룬 만화 연구자가 이미 존재하는지 과문한 나는 알 수 없다(감정 표현의 기법 = 만부漫符 등에 관한 연구라면 많이 있지만). 이 특성은 캐릭터의 성립에도 매우 중요한 의미를 지니고 있지만, 물론 그뿐만은 아니다. 만화적 감정 표현의 문법 구조나 '감정 논리'가 이야기를 떠받치는 구도 등, '감정' 연구는 만화 연구의 새로운 영역이 될 것으로 기대한다. 그러나 이에 대해서는 다음 기회에 다시 검토해 보도록 하자.

만화의 '얼굴'

그렇다면 만화의 감정은 어떻게 표출될 수 있을 것인가. 그렇다. 이를 위해서는 무엇보다 먼저 '얼굴'이 그려져야만 한다. 만화는 감정의 미디어인 동시에 '얼굴의 미디어'이기 때문이다.

만화에 그려진 '얼굴'의 의미도 지금까지 충분히 논의되어 왔다고 하기는 힘들다. 내가 아는 한 이 중요한 테마를 이론적으로 다룬 유일한 작업은 티에리 그로엔스틴Thierry Groensteen의 『선이 얼굴이 될 때線が顔になるとき』(人文書院)이다. 다만 그로엔스틴이 대상으로 삼은 것은 만화라기보다는 프랑스어권의 방드 데시네

Bande Dessinée이다. 일본 만화에 대한 언급이 조금 있긴 하지만 그것은 일부 소녀 만화와 데즈카 오사무에 대해 다룬 부분뿐이다. 이 책은 먼저 레비나스에서 들뢰즈에 이르기까지 '얼굴'에 대한 다양한 사상을 참조한다. 그러나 이는 그러한 논의를 만화에도 적용해 보기 위해서는 아니다. 오히려 만화에 대해서 이들의 논의가 항상 응용될 수는 없다는 점을 제일 먼저 확인하고 있다. 그중에서도 '그려진 얼굴'에 관한 몇 가지 지적이 중요하다. 특히 얼굴의 '유사성'과 '동일성'이라는 테마는 그것만으로 책 한 권이 필요할 만큼 중요한 철학적 문제이기도 하다.

나는 예전에 저서 『문맥병』에서 개인의 고유성과 동일성에 궁극적인 지주가 되어 주는 '얼굴'의 위상을 상세하게 검토한 바 있다. 거기에서 내린 내 나름의 결론은 '얼굴'이란 '고유성의 콘텍스트' 그 자체라는 점이었다. 즉, '얼굴' 그 자체는 어떠한 의미나 정보도 전달하지 않으며 그저 개인의 고유성만을 전달할 수밖에 없다. 그로 인해 얼굴의 인식을 컴퓨터의 패턴 인식으로 바꾸는 것은 불가능하다. 패턴 인식이란 즉 얼굴의 정량적인 계측에 기반하고 있다. 그러나 얼굴의 동일성이란 다양한 표정의 변화에도 불구하고 유지됨과 동시에, 부위의 위치 관계가 살짝만 바뀌어도 붕괴될 수 있는 매우 모순적인 특질을 지니고 있다. 거기에 존재하는 것은 패턴의 동일성보다 레벨이 높은 판단, 즉 '문맥의 동일성'이라고 할 수밖에 없다. 이렇게 얼굴의 동일성만큼 기묘한 것은 그 예가 많지 않다. 그로엔스틴도 다음과 같이 지적하고 있다.

얼굴은 데생이 조금 엇나가기만 해도 그 지각이 크게 바뀌어 버리는 특이성이 있기 때문이다. 아주 조그마한 선이라도 살짝 엇나가면 조화는 어그러지고 그려지는 얼굴의 정확한 뉘앙스에 큰 영향을 끼치고 만다(앞의 책).

여기에서 그로엔스틴은 매우 중요한 지적을 하고 있다. 애초에 만화처럼 동일한 얼굴을 반복해서 그린다는 표현 그 자체가 하나의 발명이었다는 것이다.

그로엔스틴의 『선이 얼굴이 될 때』에 따르면, 로렌츠[6]는 '사랑스러운' 캐릭터의 조형에 대해 다음과 같이 해설하고 있다.

상대적으로 큰 얼굴, 지나치게 큰 머리 중량, 아래로 쑥 내려온 커다란 눈, 뭉실뭉실한 뺨, 통통하고 짧은 손발, 보들보들하고 탱탱한 피부, 그리고 서투른 운동 양식이라는 것이 (중략) 아이 혹은 인형이나 봉제 인형 동물과 같은 '대역 모형'을 '사랑스럽게' 혹은 '귀엽게' 보이도록 하는 주요한 특징이다.

---

[6] 콘라트 로렌츠(Konrad Zacharias Lorenz, 1903 – 1989). 오스트리아의 동물행동학자다. 1973년 노벨생리의학상을 공동수상하였다. 한국어로 번역된 저서로는 김천혜 역, 『솔로몬의 반지』, 사이언스북스, 2000이 있다. — 역자 주.

이는 스티븐 J. 굴드가 캐릭터의 매력을 설명하기 위해 활용하는 사고방식이다. 즉 미키 마우스의 유아성은 우리의 다정한 감정을 환기하기 위한 조형으로 형성된 셈이다. 작고 짧은 다리, 흘러내린 바지, 방추형紡錘形 발, 헐렁한 옷, 큰 머리, 동글동글한 눈, 발달한 두개골, 튀어나온 이마 등이 그렇다. 특히 중요한 것은 "다소 낮게 자리한, 접시같이 둥근 눈"이다.

그로엔스틴에 따르면, 이와 같이 유아형 특징을 지닌 초창기의 캐릭터는 파머 콕스[7]의 '브라우니즈Brownies'라고 한다. 이미 19세기에 그러한 캐릭터가 만들어지고 상품화되었다는 사실은 흥미 깊은 일이다. 덧붙이자면 브라우니즈는 이와 같은 장르에서 저작권으로 보호받은 최초의 주인공이라고 한다. 말할 필요도 없이 이러한 표현은 애니메이션이나 만화 표현에서 세련되게 다듬어졌다. 여기서 그로엔스틴은 디즈니와 나란히 데즈카 오사무의 이름을 거론하고 있다. 그리고 사랑스러움의 최신형으로 거론되고 있는 것이 〈포켓몬스터〉다. 그 대부분은 현실의 곤충과 동물, 식물 등에서 조형의 힌트를 얻고 있는데, 그중에는 구체에 얼굴이나 손발이 붙어있을 뿐인 몬스터가 스무 종 가량 된다. 그렇다. 이들 '캐릭터'에서는 "하나같이 얼굴이 삶의 특권적인 부위를 차지하며, 입과 눈이 주된 표식이다." 여기에 이어서 몇 가지 예를 더 들고 있는데, 그중 어느 것도 나는 아직 보지 못했다. 다만 〈사우스 파크South Park〉의 캐릭터나 〈스폰지밥

---

[7] 파머 콕스(Palmer Cox, 1840 – 1924). 캐나다의 작가이자 일러스트레이터.
— 역자 주.

Spongebob Squarepants〉등은 이러한 유형의 캐릭터에 가깝다고 말할 수 있을지도 모른다. 얼굴 그 자체로서 성립하는 캐릭터의 존재가 이만큼 받아들여지고 있다는 것, 거꾸로 말하면 얼굴을 지니지 않은 캐릭터는 존재하지 않는다는 사실, 이를 통해 말할 수 있는 것은 캐릭터의 조형이 대개 그 얼굴의 특성에 따라 결정된다는 점이지 않을까.

캐릭터와 표정의 관계를 따져 보기 위한 소재로 만화보다 나은 것은 아마 없을 것이다. 특히 일본 만화는 감정 표현에서 세계 최첨단에 서 있다고 해도 과언이 아니다. 이러한 감정 표현의 특이성은 그로엔스틴조차 충분히 지적하지 못했다고 생각한다. 그는 만화의 감정 코드, 즉 과장된 표정 표현을 열심히 분류하고 있지만, 만화 표현에서 그 이상으로 중요한 의미를 갖는 코드 시스템에 대한 언급을 잊고 있다. 그것이 '만화 기호, 즉 만부'(다케쿠마 켄타로竹熊健太郎)다.[8] 예를 들면 분노를 나타내기 위한 '십자 모양으로 부풀어 오른 정맥' 같은 표현은 누구나 알고 있을 것이다. 혹은 초조감을 나타내는 '땀방울', 낙담이나 절망을 나타내는 '이마의 수직선' 등도 있다.

만화 표현은 하나의 감정을 나타내기 위해 캐릭터의 표정과 만부, 컷이나 말풍선의 형상, 효과선 등을 복수로 조합한다. 말하자면 '같은 감정을 표시하는 복수의 코드'를 다층적으로 겹치고 있다. 나는 예전에 이와 같이 특이한 표현공간을 '유니즌적인

---

8 다케쿠마 켄타로, 나쓰메 후사노스케夏目房之介 외, 『별책 다카라지마 EX 만화를 읽는 법別冊宝島EX マンガの読み方』, 宝島社.

동기화 공간[9]이라 부른 적이 있다. 폴리포니가 아니라 유니즌이라는 것이 포인트다. 그것은 만화 표현의 특성이기도 하므로 캐릭터와는 관계가 없는 것이 아닌가라는 지적이 있을지도 모른다. 그렇다면 이렇게 바꾸어 말해 보자. 캐릭터란 감정의 다이너미즘Dynamism을 동력으로 하는 아이콘이며, 그로 인해 출현한 공간을 자동적으로 다층화한다고 말이다.

뒤에서 논하겠지만 캐릭터는 이야기의 요소 중 하나다. 구조를 만들지 않고 이야기를 진행하려면 캐릭터에게 일임할 수도 있다. 캐릭터의 자동운동이 창조의 비밀로서 깊이 있게 추구되지는 않았지만, 결국 캐릭터 간의 관계성과 감정의 연쇄가 열쇠를 쥐게 될 것이다. 그러한 의미에서 캐릭터는 감정과 이야기의 연산자다. 어떤 표정을 띤 캐릭터가 표현공간에 놓임으로써 그 공간은 이미 무엇인가 이야기성을 잉태하기 때문이다.

'얼굴' 묘사의 변천

우리는 만화 작품에서 복수의 컷에 동일한 캐릭터가 반복해서 그려진다는 점에 어떤 위화감도 느끼지 않는다. 애초에 그것이 바로 만화라는 표현 양식이니 당연할 것이다. 그러나 이러한 표현이 그래픽 아트의 역사에서는 예외적인 상황이었다고, 그로엔스틴은 지적한다. 그에 따르면 이 기법은 19세기에 활약한

---

9 『전투미소녀의 정신분석』, ちくま文庫.

스위스의 화가 로돌프 퇴퍼Rodolphe Töpffer에 의해 발명되었다. 덧붙여서 퇴퍼는 만화의 탄생에 큰 공헌을 한 인물로도 잘 알려져 있다.

그가 한 일은 이야기의 시퀀스에서 장면마다 캐릭터의 도상적 동일성을 보존하는 것이었다. 인물 A는 장면이 바뀌어도 인물 A라 인식되기 쉽게 그려져 있다.(그림 2) 이는 현대 만화에서 상식적인 방법이지만 당시로서는 획기적인 발명이었다. 퇴퍼가 고안한 방법은 괴테를 비롯한 많은 비평가들에게 호평을 받았다고 한다. 나는 '장면이 전환되어도 동일성이 시각적으로 보존된다'는 것을 가능케 한 이 기법이야말로 캐릭터 창조에 가장 큰 공헌을 했다고 생각한다.

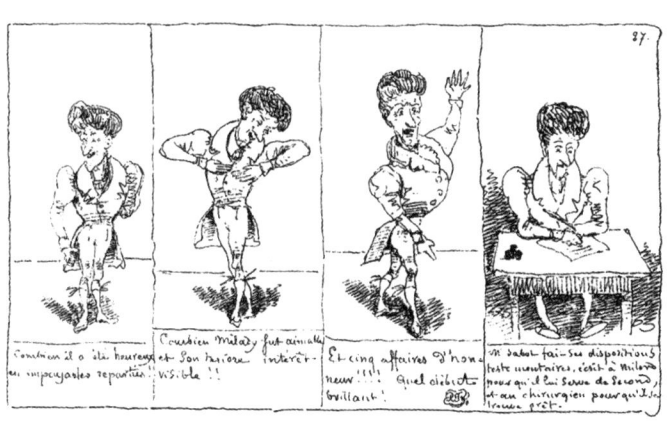

[그림 2] 로돌프 퇴퍼, 〈자보 씨 이야기Histoire de monsieur Jabot〉, 1833

다시 오다기리에 따르면, 현재 볼 수 있는 형태의 캐릭터 소비는 미국 만화가 리처드 아웃콜트Richard Felton Outcault가 1895년에 창조한 캐릭터 '옐로 키드The Yellow Kid'에서 기원한다고 한다. 아웃콜트는 캐릭터만 창조하지 않았다. 그는 초기에 옐로 키드의 상표권을 신청했다. 그러나 신청은 기각되었고, 이후 작가의 허가를 받지 않고 만들어진 인형, 그림엽서, 배지 등이 시장에 넘쳐났다고 한다. 이에 질린 아웃콜트는 다음 작품 〈버스터 브라운Buster Brown〉에서는 철저하게 라이선스를 관리해서 대성공을 거두었다. 이것이 미국 라이선스 비즈니스의 기원으로 알려져 있다.

어찌 되었든, 퇴퍼 이후의 만화가는 그때까지 없던 문제와 맞닥뜨리게 되었다. 그것은 '복수의 캐릭터를 확실하게 분리하여 그린다'는 것과 '누가 누구인지 알 수 있는 상황에서 각각의 얼굴을 움직여 표정을 변화시키는 것'이었다. 이 목표를 실현하기 위해 다양한 기법이 개발되었다. 예를 들면 극화적 리얼리즘에 따라 그려진 캐릭터가 별안간 개그 만화적인 캐릭터로 바뀌어도 인물의 동일성이 보존되는 일본 만화는 이러한 점에서 보아도 최첨단의 기술을 가지고 있다고 단언할 수 있다.

그런데 혁명을 수행한 것은 퇴퍼 혼자만이 아니었다. 실은 회화의 역사에서도 '얼굴' 그리기 방법은 몇 번의 큰 변화를 겪어 왔다. 예를 들면 회화 표현에서는 '얼굴의 개성을 표현한다'는 것 자체가 말하자면 하나의 발명이었다. 고대 그리스나 로마 시대에 사실적인 초상화가 그려지고 있었다. 기원전 1세기에서 기원후 3세기의 이집트 미라와 함께 묻힌 '미라의 초상화'(그림 3)는 지금 보아도 놀랄 만큼 사실적이면서 개성적이다.

[그림 3] 미라의 초상화

그러나 이러한 전통은 중세에 끊기고 만다. 화가가 성인들의 이상적인 모습을 그리는 데 전념한 나머지 도상은 형식적이고 사실성이 빈곤해져 인물의 얼굴에서 개성이 사라져 버리게 된다. 데이비드 호크니^{David Hockney}의 『명화의 비밀 — 호크니가 파헤친 거장들의 비법』[10]에 따르면, 인간의 얼굴 묘사에서 리얼리즘의 수준을 현격하게 높인 것은 초기 플랑드르파의 화가 얀 반 에이크^{Jan van Eyck}였다. 그는 형 후베르트 반 에이크^{Hubert van Eyck}와 함께 유채 기법을 집대성한 이로 알려져 있는데, 동시에 그의

---

10 *Secret Knowledge: Rediscovering the Lost Techniques of the Old Masters*, 일본어판은 青幻舎, 한국어판은 남경태 역, 한길아트, 2003.

사실적인 기법 덕에 '초상화의 개척자'라고도 불린다. 가령 대표작 〈붉은 터번을 두른 남자〉(자화상이라는 이야기도 있다)를 보면 일목요연하게 나타나는데, 그때까지의 초상화 표현에 비해 인물의 개성이 현격히 눈에 띄도록 표현되어 있다.(그림 4) 그리고 르네상스기에 들어 다시 초상화는 풍요로운 시대를 맞이한다. 다빈치나 미켈란젤로, 카라바조 등에 의해 인간의 '얼굴'은 다시 회화의 중심에 위치하게 된다.

[그림 4] 좌: 마솔리노 〈불구자를 고친 성 베드로와 타비타의 소생〉(부분, 1424/24~27). 우: 로베르트 캄핀, 〈남자의 초상〉(부분, 1435). 아래: 얀 반 에이크〈붉은 터번을 두른 남자〉(부분, 1433).

다시 그로엔스틴의 책으로 돌아가자면, 그 다음에 찾아온 획기적인 '얼굴' 표현은 얼굴과 성격의 결합이었다. 확실하게 '기원'으로 규정된 것은 아니지만, 예를 들어 프랑스의 풍속화가 J. J. 그랑빌은 동시대 다른 화가와 마찬가지로 관상학이나 골상학 이론에 크게 영향을 받았다. 그림 5를 보면 알 수 있듯이 우리는 그려진 얼굴의 도상을 볼 때 그곳에서 어떠한 성격 유형을 읽을 수밖에 없다. 물론 학문으로서의 관상학이나 골상학은 이미 완전한 과거의 유물이다. 그럼에도 불구하고 우리는 아직도 관상학의 시대를 살고 있다. 즉 '사람은 첫인상이 90%'라는 시대 말이다. 쁘띠 성형이 자기 계발 수단이 될 수 있는 시대.

[그림 5] 그랑빌 〈다양한 얼굴 형태 — 캐리커처의 유형〉
『Magasin pittoresque』 발췌

요컨대 만화에서 유명인을 희화할 때에도 형태적인 유사성과 마찬가지로 '험상궂게' 그릴까 착하게 그릴까가 중요하다. 예컨대 험상궂은 묘사의 패턴은 19세기와 현재를 비교해도 그리 크게 변하지 않았다. 그것은 무엇을 의미할까. 외견에서 성격을 '읽을' 수 있다면, 실존하지 않는 허구의 얼굴에 대해서도 선 하나로 성격을 '부여할' 수 있다. 그러한 발상이 나오게 된 것은 극히 자연스러운 일이다. 하시모토 에이지橋本英治 같은 이는 논문 「관상학적 판단 혹은 캐릭터의 분류에 대한 시론」[11]에서 앞에서도 다루었던 퇴퍼의, 선으로 캐릭터를 만드는 기법을 소개하고 있다.

> 만화를 그릴 때 먼저 선으로 무엇인가(예를 들면 얼굴 같은 것)를 그려 보기를 권한다. 그리고 그려진 무언가(선으로 그려진 얼굴 같은 것)를 잘 보다 보면 얼굴로 보이는 경우가 있다. 그렇게 보이면 그것을 조금씩 변화시켜 비교하며 거듭 그리는 것이 캐릭터를 만드는 방법이다.

이때 퇴퍼는 "관상학의 궤도와는 반대로, 허구적 내면을 그림이라는 평면에 기호화"하고 있다. 즉 "종래의 관상학적 사고를 반전시킴으로써 관상학을 되살려 내고 허구, 그리고 캐릭터

---

11 神戸芸術工科大学紀要『芸術工学 2009』 수록.

를 생성하는 이론으로 활용"하게 된다.

'응시'의 기능

만화에서 '얼굴'은 거의 항상 '캐릭터'로 그려진다. 이는 만화에 '얼굴'이 나올 때, 그것이 언제나 일정한 '성격'과 '감정'을 앞서 지니고 있음을 의미한다. 그것이 우리의 인지 특성 때문이라는 것은 스콧 맥클라우드Scott McCloud의 『만화학』(美術出版社)[12]이 상세하게 설명하고 있다. 맥클라우드에 따르면 임의의 도형을 먼저 그리고 그곳에 눈알을 하나 더하면 어떠한 도형이라도 '얼굴'이 된다.(그림 6) 맥클라우드는 그것이 인간의 '자기중심성'에서 기원한다고 생각하는데, 그것만으로는 충분치 않다.

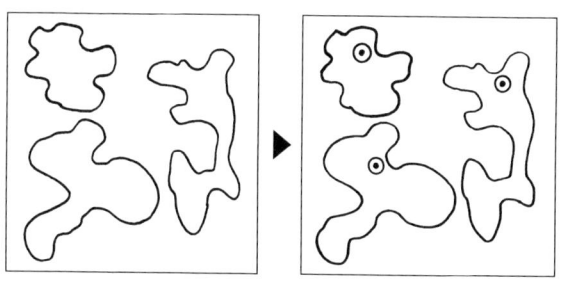

[그림 6] 어떤 도형이라도 캐릭터로 만들 수 있다.
스콧 맥클라우드 『만화학』(美術出版社, 1998)에서 작성.

---

12 한국어판은 김낙호 역, 『만화의 이해』, 비즈앤비즈, 2008. 본문에서 논한 '얼굴'의 성립은 39p 참조. ― 역자 주.

왜 '눈'일까. '코'나 '입'은 안 되는 것인가. 이를 고찰하기 위해서는 라캉 정신분석에서 '응시'의 기능을 떠올릴 필요가 있다. 응시는 '대상 a'로서 이미지의 중심에 자리를 잡고, 그 배경에 어떤 주체성의 존재를 예기시킴으로써 이미지를 실재적인 것으로 만든다. 이를 내 나름대로 바꾸어 말하자면 '눈'이 '주어의 기관'이기 때문이다. 그런 의미에서 '눈'은 '술어의 기관'인 '코'나 '입'과는 확실히 구별된다.

실제로 만화에서도 '눈'을 묘사할 때 묘사 형식의 변화가 가장 크다고 할 수 있을 것이다. 예전의 소녀 만화로 말하자면 이상할 정도로 크게 그려진 눈동자에 무수한 별이 반짝이는 묘사가 '규약'이었지만, 이 묘사는 80년대를 기점으로 급속하게 모습을 감추었다. 그와 동시에 만화의 그림체에서 젠더의 경계선이 점차 모호해졌다. 이 경향은 아니메 작품에서 한층 뚜렷하게 볼 수 있다.

여기에 제시하는 도판은 인기 아니메 〈케이온!けいおん!〉을 소재로 하여 1960년대부터 2000년대에 걸쳐 아니메 그림이 어떻게 변천했는가를 보여 주는 패러디 작품이다.(그림 7) 묘한 패러디이긴 하지만 상당히 잘 만들었는데, 묘사 스타일의 변천과 함께 '캬라'의 위상이 어떻게 바뀌었는지도 엿보인다. 다만 이 '작품'의 주된 의도는 90년대 아니메의 작화가 봉착한 막다른 길이 얼마나 기묘했는가를 유머러스하게 보여 주는 것이기 때문에, 90년대의 스타일에 대해서는 판단을 보류할 수밖에 없다. 어찌 되었든, 이 변천 과정에서 히로인의 '눈' 묘사가 크게 변화했다는 것은 일목요연하다.

[그림 7] http://2r.ldblog.jp/archives/3195819.html

또 하나, 이러한 변천에서 볼 수 있는 것은 묘사 스타일의 변화가 예전의 스타일을 섭렵해 가면서, 말하자면 관습을 중층적으로 계승하는 식으로 흘러온 것이 아닌가 하는 가설이다. 만화의 묘사 스타일을 이해하기 위해서는 캐릭터 묘사의 중층성을 늘 의식할 필요가 있다.

약간 거친 비교라는 것을 감안하면서, 유럽과 미국의 코믹과 일본의 만화의 차이를 살펴보도록 하자. 일본의 만화에서 가장 눈에 띄는 것은 허구 콘텍스트의 불안정함 혹은 과잉된 유동성이라고 할 만한 특질이다. 예를 들면 미국 코믹이나 방드 데시네에서는 데포르메 콘텍스트가 항상 일관되어 있다. 개그라면 화면 전체가 개그풍이 되는 것처럼 말이다. 그러나 일본의 만화는 이 점이 통일되어 있지 않다. 예를 들면 그림체가 진지한 만화에 갑자기 2등신화된(즉 개그풍 그림체가 된) 주인공이 등장하는 것은 거의 규약처럼 되어 있다. 혹은 미즈키 시게루의 작품에서 잘 나타나는 것처럼 매우 사실적인 배경에 심플한 선을 이용해 캬라가 만화적으로 그려진 경우도 있다. 더욱이 캬라의 선에도 통일되지 않는 점이 있다. 이른바 '아니메 그림'에서 잘 나타나는데, 데포르메된 캐릭터이면서 눈과 손만은 사실적이고 세밀하게 묘사된다. 아무리 봐도 개그 계열 작품인데 캬라의 손가락은 정확히 다섯 개로 그린다는 이야기다. 이 또한 유럽과 미국의 코믹에서는 거의 볼 수 없는 경향이다.

일본 만화는 허구의 형식으로서 '현실'과 매우 불안정한 관계를 맺고 있다. 이토 고가 말하는 만화의 '프레임의 불확정성'이라는 개념에 이것도 포함해야 할지 모르겠다. 이는 역시 데즈카 오사무 이래의 전통이라 볼 수 있을 것이다. 데즈카는 기본적으로 디즈니의 그림 스타일을 활용하면서 태연하게 섹스나 죽음을 그렸다. 디즈니 아니메에서는 거의 나타나지 않는 묘사다.

디즈니뿐만 아니라 카툰 캐릭터에게는 화형을 당하든 익사하든 폭파되든 다음 컷에서는 멀쩡하게 돌아다닌다는 '규약'이 있다. 즉 카툰은 데포르메를 통해 죽음이 완전히 배제된 허구 공간인 셈이다. 그러나 데즈카는 카툰의 그림 형식으로 캐릭터의 죽음을 곧잘 그린다. 오쓰카 에이지의 지적에 따르면, 가장 초기의 만화인 〈승리의 날까지勝利の日まで〉에서는 주인공이 미키 마우스가 조종하는 전투기의 기총 소사에 맞아 피를 흘리면서 쓰러지는 장면이 그려졌다.[13] 이미 이 시점에서 허구의 콘텍스트에 일관성이 없는 일본 만화의 특성이 배태되었다고 해야 할지도 모르겠다.

유럽과 미국의 코믹은 현실에서 괴리된 허구 공간의 일관성을 유지하기 위해 표현의 스타일과 표현 내용을 일치시키려 한다. 그러나 일본 만화는 현실과의 괴리를 반드시 일으키지는 않으며, 표현 형식과 표현 내용의 관계도 불안정해지곤 한다. 이는 제3장에서 논한 것처럼 유럽과 미국식의 캐릭터가 은유적이고 일본식의 캐릭터가 환유적이라는 점에 대응한다. 특히 일본 만화의 캐릭터는 대부분 '작가'의 환유가 된다. 만화 작가 자신이 등장해도 그것이 곧바로 메타픽션적 효과로 이어지지 않는 것

---

13 오쓰카 에이지, 『아톰의 명제アトムの命題』, 角川文庫.

은, 만화에 등장하는 작가 자신도 환유적 기호라는 층위에서 다른 캐릭터와 등가를 이루기 때문일 것이다. 현실과 완전히 구분된 허구 공간에서 활약하는 '인간의 은유'가 서구식의 캐릭터라 한다면, 현실과의 (불완전한) 연속성을 지닌 허구 공간에서 '인간의 환유'로 배치된 것이 일본적 캬라다. 지금까지의 논의를 정리하면 이와 같다.

이 문제는 '일본인에게 허구란 무엇인가'라는 깊은 논의와 연결될 수 있는데, 지금은 거기까지 심도 있게 다루지는 않겠다. 어디까지나 일본 만화 공간의 독자성으로 '현실과의 연속성'과 '캬라의 환유성'을 지적하는 선에서 그치도록 한다.

만화 표현의 중층성

만화 표현에서 감정 표현의 밀도에 또 하나 특이한 성질이 있다면 그것은 '중층성'이다. 물론 모든 표현은 중층적이기 때문에 만화만 특이할 리 없다는 반론도 가능하다. 그러나 영화나 소설의 중층성이 있다 해도 그것은 분석이나 해석 후에 발견되는 것으로 해석의 범위가 넓다. 내가 말하고자 하는 '중층성'이란 이른바 만화의 보편 문법이며 해석의 여지가 없는, 누구라도 읽어 낼 수 있는 형식 내지는 구조를 의미한다. 가장 알기 쉬운 예로서 '만부(만화 기호)'를 들 수 있을 것이다. 여기에서는 만화 〈노다메 칸타빌레のだめカンタービレ〉에서 임의의 장면을 인용해 보겠

다.(그림 8)

[그림 8] 니노미야 토모코 〈노다메 칸타빌레〉(고단샤 코믹스 제1권 74p)에서

이 장면에서는 감정을 표현하기 위해 적어도 네 단계의 '레이어'가 중첩해 사용되고 있다.

(1) 먼저 기본이 되는 캐릭터의 '얼굴'이 있는 층. '곤두선 머리'나 '흰 눈' 등, 표정에서 치아키千秋의 분노와 노다메의 공포를 볼 수 있다.
(2) 만부로서 얼굴에 나란히 그어진 '세로선'이 있는 층. 주로 감정의 '강도'를 나타낸다.
(3) 치아키의 격렬한 분노를 나타내는 번개 같은 배경 효과.
(4) 대사가 놓여 있는 층

세세하게 지적하자면 (4)의 층은 이 장면에서 다소 특이하다. 보통 만화의 대사는 말풍선 안에 있기 마련이지만 이 장면에서는 자막처럼 공간에 직접 문자가 얹혀 있다. 이 효과에 대해서는 해석의 여지가 있지만, 내가 볼 때 말풍선 속에 있는 말은 텍스트 그 자체이며 거기에 만부 등의 감정 기호를 붙임으로써 의미가 완전히 역전되어 버리는 경우도 흔하다. 그러나 말풍선 밖에 쓰인 문자는 ― 노다메의 비명이 그렇듯이 ― 의성어나 의태어에 보다 가까운 위상을 차지하며, 의미보다는 감정이나 분위기의 전달을 돕는다. 즉, 이 장면에서는 네 단계의 층위 전체가 주로 '치아키의 분노'를 중층적으로 표현하고 있다고 할 수 있다. 실은 이러한 표현의 중층성은 대부분의 만화 표현에서 기본 문법이나 다름없다. 만일을 위해 주의를 촉구하고 싶은 것은, 만화의 중층성은 폴리포닉한 복잡성을 지향하지 않는다는 점이다. 오히려 유니즌적인 단순성을 지향한다.

만화의 표현공간을 구성하는 각각의 레이어는 거의 동일한 의미나 감정을 상호 보강하면서 겹쳐져 있다. '유니즌적'이라 함은 그러한 의미다. 나는 예전에 이러한 만화의 특성을, 앞서 논했던 것처럼 '유니즌적인 동기화 공간'이라고 부른 적이 있다. 이 공간에서는 모든 코드가 일정한 감정가를 가지게 된다. 메시지와 메타 메시지는 늘 통합되며 단일한 의미를 전달한다(즉 '더블 바인드'[14]는 없다). 이때 만화가는 의미와 감정이 '공명하는 정

---

14 Double Bind, '이중구속二重拘束'을 의미한다. 이는 그레고리 베이트슨G. Bateson이 만들어 낸 개념으로, 상반되는 메시지를 동시에 전달하는 것을

도'를 조정하면서 그 장면의 스토리 라인이 원활하게 진행되도록 해야 한다.

앞서 인용한 〈노다메 칸타빌레〉의 한 컷은 아마 누가 읽어도 거의 동일한 수준의 즐거움을 느끼도록 극히 신중하게 의미와 감정이 조정되고 있다. 이러한 조작 능력이야말로 그림의 테크닉에 버금갈 만큼, 혹은 그 이상으로 프로와 아마추어의 차이를 드러내는 지점이 아닐까.

'가상적 오감'을 자극하다

위와 같이 만화의 중층 표현은, 가령 인지심리학적인 관점에서 보았을 경우에도 매우 흥미로운 특성을 지니고 있다. 말할 것도 없이 만화란 순수히 시각적인 표현이다. 그러나 그렇게 쉽게 말해도 되는 것일까. 같은 시각 표현인 회화와 만화의 가장 큰 차이는, 만화 표현에서는 의미와 감정이 거의 하나의 의미 형태(일의성一意性)로 전달된다는 점이다. 회화의 다의성과 만화의 일

의미한다. 이를테면 "기쁘다"고 말하면서 싫은 표정을 짓거나 "맛있다"고 하면서 먹던 것을 쓰레기통에 버리는 행위 등이 있다. 반대로, "슬프다"고 하면서 제스처 등을 통해 기분이 좋음을 암시하는 행동도 이중구속에 해당한다. 언어와 행동, 혹은 말의 표면과 속뜻이 일치하지 않음을 인지시키는 이러한 행동은 결국 수신자에게 모순을 느끼게 하고 갈등을 유발시킨다. 베이트슨은 정신병이 이러한 이중구속에서 발생할 수 있다고 강조했다. ─ 역자 주.

의성은 거의 그대로 '예술'과 '대중문화'의 경계선을 뚜렷이 긋는다. 이를 바꾸어 말하면, 회화는 자립적인 표현으로서 '로우 콘텍스트'이며, 만화는 다소 내부자성이 높은 표현으로서 '하이 콘텍스트'라고도 할 수 있다(그래서 '만화를 보지 못하는 사람'이 일부 존재한다).

여기에 한 가지 역설이 있다. 즉 단층적인 표현일수록 다의성을 품기 쉬우며, 다층적인 표현일수록 일의적이 되기 쉽다는 것이다. 거듭 확인하자면, 물론 모든 예술 표현이 다층적이라는 '말'은 가능하다. 그러나 그 경우 '다층적'인 것은 어디까지나 사후적 해석의 산물이다. 만화의 다층성은 앞서 〈노다메 칸타빌레〉의 한 컷에서 제시한 바와 같이 누구나 읽어 낼 수 있을 만큼 단순한 표현 형식에 지나지 않는다. 중요한 것은 만화의 다층 구조를 떠받치는 복수의 레이어가 그저 시각적 자극만을 안겨 주지는 않는다는 점이다.

물론 만화에 그려진 풍경이나 인물의 구조는 통상적인 회화와 같은 식의 시각적 자극으로 느껴질 것이다. 그러나 우리는 이 시점에서 이미 표정이나 관상학적인 성격 부여라는 의미론의 차원으로 유도된다. 말풍선과 대사의 의미 전달 기능이 가장 높다는 것은 당연하겠지만 그뿐만은 아니다. 말풍선의 형태에도 감정이 들어간다. 윤곽이 톱니 모양일 때는 분노나 호통일 가능성이 높다. 꼬리가 없는 말풍선 혹은 꼬리가 끊어졌다 이어졌다 하는 말풍선은 생각을 의미한다는 '규약'도 있다.

만부나 배경의 효과선 등은 감정의 기호임과 동시에 직접적인 '분위기'나 '공기감'의 표현으로서도 기능한다. 그래서 솜씨 좋은 작가는 이 기호를 조작함으로써 캐릭터 간의 인간관계까지 적확하게 그릴 수 있다. 의성어나 의태어는 그 글자체와 더불어 주로 청각 자극이나 촉각 자극을 대체한다. 그것은 때로 만부와 같은 분위기를 나타낼 때도 있다. 그 외에도 컷의 형태나 사이 여백, 혹은 컷 바깥에 쓰인 글이나 스크린 톤의 패턴에 이르기까지 만화 표현은 구석구석 감정과 의미에 푹 젖어 있다. 만화는 오감 전체를 자극하는 미디어가 아니다. 그 점은 사실이다. 그러나 시각, 청각, 촉각 외에도 '감정'과 '분위기'라는, 통상적인 오감으로는 직접 체감할 수 없을 자극까지도 확실하게 전달하는 기능을 가지고 있다.

이와 같이 만화의 표현공간에서는 시각을 매개로 다양한 공감각 자극이 이루어진다. 그 결과 마치 오감을 모방하는 듯한 복수의 감각 레이어 = 인지 인터페이스가 구축된다. 그것들을 동기화시킴으로써 표현에 일정한 리얼리티가 부여되고 동시에 장면의 의미를 확실히 공유할 수 있게 된다.

복수의 감각 레이어를 확실하게 동기화시키는 표현적 특성은 다른 어떤 표현 미디어에서도 볼 수 없는 특성이라고 단언할 수 있다. 왜 그것이 가능해졌는지는 알 수 없다. 한 가지 분명하게 말할 수 있는 것은, 만약 만화 표현이 이만큼 하이 콘텍스트적인 것이 아니었다면 이와 같은 진화는 일어날 수 없었을 것이라는 점이다. 오히려 미국 만화나 방드 데시네처럼 이야기책이나 상징적 표현으로 점차 진화했을 가능성도 있다.

여기에서도 또 하나 잊어서는 안 될 것은, 이러한 멀티 인터페이스 자극이 사실상 **인식을 강제하고 있다**는 점이다. '강제'라면 온당치 않은 표현이지만, 요는 이런 이야기다. 형태가 정해지지 않은 도형마저도 '눈'만 그리면 우리는 거기에서 '얼굴'을 보게 된다. 마찬가지로 우리는 그림에 '얼굴(캐릭터)'이 그려져 있다면 거기에서 '성격(캐릭터)'이나 '감정'을 읽을 수밖에 없다. 더욱이 '얼굴+감정'(때로는 '대사')이 그려져 있다면 거의 자동적으로 '이야기'를 읽게 된다. 이러한 연쇄는 우리가 일상에서도 '얼굴'과 '감정'으로 충만한 세계를 살고 있는 이상 피할 수 없는 반응이다. 정보량이라는 점에서 보자면 만화가 꼭 효율적인 미디어라고 할 수는 없다. 그럼에도 불구하고 '학습 만화'의 인기가 여전한 것은 만화라는 미디어가 '캐릭터+감정'이라는 형식을 부여함으로써 모든 정보를 의인화하고 이야기로 만들어 전달하는 기능을 지니고 있기 때문이다.

우리는 왜 만화를 '빨리' 읽는 것일까. 데이터의 총량으로 생각하자면, 소설의 수백 배에 달할 법한 정보 덩어리를 우리는 아주 쉽게 읽고 버리면서 소비한다. 이는 왜일까. 이유는 분명하다. 만화는 우리가 가장 높은 효율로 정보를 '읽도록 만들기' 위해 발달해 온 표현 미디어다. 앞서 언급했던 높은 감정의 밀도도 우리가 '그려져 있는 강한 감정을 무시할 수 없는' 인지적 특성을 지니고 있기에 요구된다. 표현의 형식 중에 이만큼 몰입도가 높으면서도 우리에게 인지를 '강제'하는 것은 없다.

선은 얼굴이 되고 얼굴은 성격과 감정을 품어 캐릭터가 되며,

캐릭터는 표현의 인지 프레임으로서 의미와 이야기를 중층적으로 전달한다. 이 점에서 만화는 모든 표현 장르 중에서도 가장 세련된 인지 인터페이스를 지닌 표현이라고 할 수 있다. 우리가 일상적으로 소비하고 있는 캐릭터는 이러한 만화 표현의 스타일과 상호 보완적인 관계에 놓여 있다. 일견 단순하게 보일 수 있는 평면 캐릭터의 성립 배경에는 이 정도로 복잡한 역사적 변천이 있다. 표현의 측면에서는 르네상스부터 현대 만화에 이르기까지 축적된 기법이, 이해의 측면에서는 복수의 공감각을 구사하는 다중 프레임의 인식이 각각 충분히 활용되고 있다.

캐릭터가 시각적이어야 할 필연성이 여기서 분명해진다. 그리고 시각 정보로서 캐릭터가 성립되고 인식되기 위해서는 이리도 오래 축적된 역사와 복잡한 인지 시스템이 필요했다. 우선 이 점을 충분히 다룬 후에 캐릭터의 '기능'을 해명해 보기로 한다.

제5장

소설의 캐릭터론

캐릭터와 '이야기'

앞 장에서 보았던 바와 같이 캐릭터의 '존재'에서는 압도적일 만큼 시각이 우위에 있다. 그렇다. 캐릭터 비즈니스의 기원에서 볼 수 있는 '옐로 키드'가 그러했듯이 말이다. 시각적인 요소를 전혀 지니지 않는 캐릭터는 거의 불가능하다. 그러나 오다기리가 지적했던 것처럼 강렬한 '존재감'으로 이야기를 생성해 가는 캐릭터라면 『올리버 트위스트』의 시점에서 이미 존재했다. 이 장에서는 특히 이러한 캐릭터의 기능에 주목하고자 한다. 그렇다. 캐릭터에서 어떻게 이야기를 자아낼 수 있는가 하는 문제이다. 이 문제에 대해서는 아마도 소설이나 라이트노벨을 소재로 하면 좋을 듯하다. 왜냐하면 캐릭터 소설의 상당수는 오쓰카 에이지, 세이료인 류스이清涼院流水, 니시오 이신, 신조 카즈마처럼 자신들의 창조 과정을 비평적으로 분석할 수 있는 저자가 쓴 경우가 많기 때문이다. 앞으로 그들의 분석을 참조하면서 캐릭터가 이야기에 어떻게 구동력을 불어넣는지, 그 과정을 구체적으로 살펴보도록 하겠다.

오쓰카 에이지 — 캐릭터를 어떻게 '만들' 것인가

오쓰카 에이지는 『캐릭터 소설 쓰는 법』(角川書店)[1]에서 캐릭터를 핵심으로 삼아 라이트노벨 쓰는 법을 상세하게 서술하고 있다. 또 『이야기 체조』(朝日文庫)[2]에서는 카드를 이용하여 플롯을 짜는 방법과 트레이닝 방법에 대해 설명하고 있다. 여기서는 전자의 방법을 중심으로 검토해 보도록 하자. 여기에 서술된 구체적인 방법은 라이트노벨에서 '캐릭터'의 위상을 고찰할 때 참고가 된다.

오쓰카는 무엇보다 '오리지널리티'의 속박에서 자유로워질 것을 몇 번이나 강조한다. 오리지널리티에 매달리게 되면 자기가 일부러 허들을 높이는 난센스가 발생한다. 캐릭터는 기성 작품의 것을 환골탈태시켜 유용하면 된다. 그는 말하자면 '합법적인 도작'을 권하고 있다. 그러면서 자신이 원작을 담당한 만화 작품 〈다중인격탐정 사이코多重人格探偵サイコ〉의 원래 내용이 '다라오 반나이多羅尾伴內'[3]였다는 점 등, 원전을 의도적으로 밝히면서 자신의 캐릭터 작법을 설명하고 있다. '다라오 반나이'를 예로 들자면, 그 속성을 일단 '일곱 가지 얼굴을 지닌 탐정'이라는 수

---

[1] 한국어판은 김성민 역, 『캐릭터 소설 쓰는 법』, 북바이북, 2013, pp.25~26.

[2] 한국어판은 선정우 역, 『이야기 체조』, 북바이북, 2014.

[3] 히사 요시타케比佐芳武 원작의 미스터리 영화 시리즈의 제목이며, 시리즈의 주인공인 탐정의 이름이기도 하다. 1946년부터 1978년까지 많은 시리즈와 리메이크작이 만들어진 바 있다. ─ 역자 주.

준까지 추상화한다. 그 추상화된 특성을 토대로 삼고 다른 외모나 시대 배경으로 살을 붙여 새로운 캐릭터를 만들어 낸다.

다음으로 중요한 일은 캐릭터의 외모와 이야기를 연결하는 것이다. 라이트노벨에서는 캐릭터 도상이 결정적으로 중요하다. 오쓰카에 따르면 라이트노벨이라는 장르는 '만화, 아니메적 리얼리즘'으로 성립되었다. 이는 무엇을 의미할까. 『캐릭터 소설 쓰는 법』에서 인용해 보도록 한다.

> 이렇듯 '현실'이 아닌 애니메이션이나 만화를 사생하는 새로운 소설 형태를 일본에서 처음으로 시도한 사람이 바로 아라이 모토코다. 그녀는 고교 시절에 지금은 없어진 한 SF 잡지의 신인상을 수상한 경력이 있다. 당시 신문 인터뷰에서 "뤼팽 같은 소설을 쓰고 싶었다"라는 대답을 했다. 그녀가 말한 '뤼팽'이란 다름 아닌 애니메이션 〈루팡 3세〉로, 루팡이라는 애니메이션이 주는 인상을 글로 재현하고 싶었던 모양이다.

단, 아라이 모토코新井素子의 이 발언이 그녀의 진심과는 다르게 인용되었다는 지적도 있기 때문에 사실 관계는 보류해 두도록 하자. 중요한 것은 라이트노벨의 캐릭터가 현실의 인간을 모델로 하지 않는다는 지적이다. 오히려 오쓰카에 따르면 라이트노벨은 "아니메나 코믹이라는, 세상에 존재하는 허구를 '사생'하는 소설"(앞의 책)이기 때문이다. 또 그 때문에 라이트노벨의 표지는 애니메이터나 만화가가 그린다는 규칙이 있다. 오쓰카의 논점을 보충하자면 이 장르는 '캬라 모에ᵏʸᵃʳᵃ萌ᵉ'가 매우 중요한데, 캐릭터는 남녀 관계없이 만화 아니메적인 리얼리즘하에 매력적인 도상(모에 일러스트)으로 보완됨으로써 '작품'이 완성되는 것이 일반적이다.

세 번째로 오쓰카가 거론하는 것은 캐릭터가 '패턴의 조합'이라는 사실이다. 캐릭터의 도상과 성격은(혹은 이야기까지) 기성 패턴을 조합함으로써 만들어진다. 즉 오쓰카는 여기에서도 오리지널리티에 구애되지 말 것을 다시 한번 강조하고 있다.

그가 책에서 말하는, 캐릭터 그 자체를 만드는 구체적 비법은 이상의 세 가지 포인트이며, 남은 장은 '이야기'나 '세계관'을 만드는 방법의 해설에 맞춰져 있다. 또 캐릭터 소설의 기원으로 다야마 카타이田山花袋의 『이불蒲団』[4]을 들면서 사소설 속 '나'의 캐릭터성을 분석하고 있는데, 이 부분은 이 책의 취지로 보아 동의하기 어려운 점도 있기에 상세히 다루지는 않겠다.

신조 카즈마 — 스토리는 '하나'가 아니다

소설 작법으로서의 캐릭터 이론에 대해 매우 흥미로운 관점을 제공하는 것이 신조 카즈마의 『라이트노벨 '초' 입문』(ソフト

---

4 한국어판은 오경 역, 『이불』, 소화, 1998 — 역자 주.

バンク新書)이다. 신조는 실제 작가의 입장에서 매우 설득력 있는 형태로 캐릭터론을 전개하고 있다. 이 책에서는 작품과 캐릭터의 유형이 어떻게 밀접한 관계성을 띠는지를 신중하게 그리고 있어 캐릭터 소설을 고찰할 때 필독해야 할 문헌의 하나라고 해도 좋을 것이다.

신조는 먼저 캐릭터라는 말의 기원으로, 필자가 「들어가며」에서 언급했던 개그 용어 이외에도 TRPG[5]를 들고 있다(이야기를 만들 때 TRPG의 중요성에 대해서는 오쓰카 에이지가 쓴 앞의 책에서 상세하게 논하고 있다). 이 게임에서는 각각의 캐릭터가 직업을 갖기 때문에 그 직업에 어울리는 성격 설정이 이루어진다. 이윽고 이 직업이 어떠한 아이템(안경, 고양이 귀 등)으로 바뀌고, 아이템 = 행동 양식 = 성격이라는 형식으로 정착된다는 것이다. 이것은 나름대로 매우 설득력 있는 기원설이다.

또 하나 흥미로운 것은 잡지 『팬 로드ファンロード』에 게재된 독자의 투고 일러스트에 대한 언급이다. 이는 독자가 만든 오리지널 캐릭터인데, 거기에는 '이야기'가 압축되어 '인물 일러스트 속에 담겨 있는 상태'로서의 캐릭터 조형이 이루어져 있다. 즉 캐릭터 한 사람의 외모에 이야기 전체가 반영되어 있는 상태다. 여기에서도 캐릭터 = 이야기의 관계성을 볼 수 있다.

신조는 또 '하렘물' 속의 '여자아이 인플레'가 캬라의 분화를

---

5 Table-talk(혹은 Tabletop) Role Playing Game. 일반적인 보드게임과 유사하나, 게임을 진행하는 과정에서 각각의 플레이어가 자신의 캐릭터에게 설정을 부여하고 그를 연기함으로써 일련의 사건과 세계관을 구축해 나간다는 점에서 차이를 보인다. ― 역자 주.

촉진한 것이 아닐까 하는 가설을 제시한다. 〈시골별 녀석들うる星やつら〉이나 〈천지무용!天地無用!〉 등, 수많은 미소녀가 주인공 남자를 에워싸는 설정이 담긴 작품(게임 포함)은 이미 하나의 장르로 형성되어 있다. 여기에서 수많은 여자아이를 분류하여 인식해야 하는 필연성으로 인해 '캬라'와 '속성'이라는 이해 방식이 대두되었고, 90년대의 라이트노벨은 그 영향 아래에 있다고 한다. 다만 이에 앞서 〈캡틴 츠바사キャプテン翼〉나 〈유유백서幽☆遊☆白書〉 같은 '남자아이 인플레'가 소녀들에게 소비되는 과정에서, '공'이나 '수'를 포함한 캐릭터 이해가 발전해 왔다는 사실도 고려할 필요가 있는 듯하다. 이상과 같은 점은 후술할 바와 같이 쟈니즈 탤런트나 아이돌 그룹 'AKB48'의 캐릭터 소비 양상과도 통하는 데가 있어 흥미로운 관점이다.

그런데 신조의 지적에서 가장 중요해 보이는 것은 게임으로부터 받은 영향에 관한 대목이다. 종래의 이야기가 오직 한 가지 결말로 귀결되어 가는 하나의 곡선이라 한다면, 게임은 플레이어의 선택에 따라 몇 가지 분기를 지니며 복수의 결말을 더듬어 가는 곡선의 다발이다. 신조는 근대 문학의 주인공을 "무언가를 선택하고 결단하는 내면과 인격을 가진 인물"이라고 보는 한편, 라이트노벨의 캬라에 대해서는 "이런 시추에이션에서는 이런 언행을 보일 것 같은, 딱 봐도 그렇게 생긴 인물"이라 말하고 있다. 이 부분은 말할 것도 없이 이토 고의 '캬라'와 '캐릭터'의 구분과 일치한다. 이 지적을 부연하자면, 결정적인 결단이나 선택은 인격과 관계없이 이루어진다는 테제에 도달할 것이다. 혹은 이야기나 운명과 성격의 괴리 같은 테제로서도 유효할지도 모른다.

분명 캐릭터는 이야기의 장르나 문맥을 결정짓는다. 그러나 그것은 동시에 이야기가 이미 단선적일 수 없음을 의미하고 있다. 현대의 이야기에서 우위를 보이는 것은 더 이상 고정된 스토리 라인이 아니다. 늘 우선해야 할 것은 캬라의 속성과 관계성이다. 그것이 일정하게 담보되는 한, 거기에서는 무한한 이야기가 빚어질 것이다. 동인지나 인터넷 공간에서 쓰이는 방대한 양의 2차 창작물들이 그 무엇보다 분명한 증거가 되리라.

세이료인 류스이의 다중인격 소설

여기까지 오면 캐릭터 소설이 어떠한 것인가, 혹은 캐릭터가 어떻게 조형되는가에 대해서는 거의 이해가 되었으리라 생각한다. 이제부터는 캐릭터가 이야기에 어떠한 영향을 가져오는 존재인가에 대해, 매우 특이한 두 작가를 소재로 삼아 검토해 보도록 하자.

먼저 첫 번째는 미스터리 작가 세이료인 류스이다. 세이료인은 신본격[6]의 명문 교토대학 추리소설연구회 출신으로, 약관 19

---

6 '신본격'이라는 말은 아야쓰지 유키토綾辻行人의 작품『수차관의 살인』(한국어 번역은 김은모 역, 한즈미디어, 2012)에서 사용되기 시작하여 장르와 같이 정착되었다. — 역자 주.
https://ja.wikipedia.org/wiki/本格派推理小説 참조.

세에 데뷔작 『코즈믹コズミック』을 완성시키고 이 작품으로 1996년 제2회 고단샤 메피스토상을 수상했다. 이 작품은 발표 직후부터 격렬한 찬반양론을 불러일으켰으며, 그 양가적인 평가와 더불어 분명 미스터리 역사에 남을 문제작이었다. 그 후에도 『조커ジョーカー』, 『카니발カーニバル』, 『채문가 사건彩紋家事件』 등 후술할 일본 탐정클럽(JDC)의 탐정이 활약하는 JDC 시리즈를 정력적으로 발표했고, 최근에는 미스터리 작가로서는 이례적으로 비즈니스서나 영어학습법 연재 같은 일도 맡고 있다.

'데뷔작에 모든 것이 있다'는 틀에 박힌 표현이 세이료인과 같은 작가에게도 해당할지는 모르겠지만, 이 장에서는 특이한 걸작 『코즈믹 — 세기말 탐정 신화コズミックー世紀末探偵神話』(講談社ノベルス)와 그 캐릭터를 중심으로 검토를 진행하겠다. 『코즈믹』에서는 첫머리부터 이것이 메타 미스터리임을 알리고 있다. 즉 맨 처음에 제시되는 수수께끼의 팩스 문서 "올해 1,200개의 밀실에서 1,200명이 살해당한다. 누구도 막을 수 없다"를 보낸 이는 자신을 '밀실 경卿'이라 칭하고 있다. 그리고 예언대로 하루 평균 세 건의 살인이 일어난다. 경찰도 명탐정 집단 JDC도 그 수수께끼를 풀 수 없다. 그곳에서 등장하는 것이 궁극의 탐정 쓰쿠모 주쿠九十九十九다. 그는 신통이기神通理氣라 불리는 천재적 추리력으로 모든 수수께끼를 풀어냈고, 이윽고 경악스러운 진상이 밝혀진다. 덧붙여 JDC란 교토에 본부를 둔, 명탐정으로 이루어진 조직이다. 여기에는 약 350명의 탐정이 소속되어 있으며, 탐정들은 성적에 따라 제1반부터 제7반까지로 구분된다.

'류스이 대설大說'(자신의 작품을 의미한다)의 주요 등장인물은 JDC 멤버이며, 그 캐릭터를 채용한 'JDC 트리뷰트' 시리즈가 고단샤 노벨스에서 간행되고 있다. 니시오 이신은 이 시리즈로 『더블 다운 칸구로ダブルダウン勘繰郎』를 발표했고, 마이조 오타로舞城王太郎도 『쓰쿠모주쿠九十九十九』를 썼다. 이렇게 2차 창작물을 빚어내는 것을 보아도 세이료인이 만들어 낸 캬라가 얼마나 '살아 있는지'를 잘 알 수 있다. 그러나 보시다시피 그의 '대설'은 모든 것이 과잉되어 있다. 성실한 미스터리 팬은 격노하고, 비평가들은 새로운 시대의 도래를 예감하며 아낌없는 찬사를 보낸다. 그렇게 격렬한 찬반양론을 일으킨 것도 이 '과잉' 때문은 아니었을까. 1,200개의 밀실, 1,200회의 살인, 너무 많은 명탐정. 너무 많은 견해, 너무 많은 추리, 너무 많은 페이지. 그리고 과잉된 형용사. 예를 들어 메타 탐정 쓰쿠모 주쿠의 외모는 너무 아름다운 나머지 보기만 해도 실신해 버리기 때문에 항상 선글라스를 착용하고 있다고 서술된다. 그의 미모와 추리력은 항상 최고급의 수식어로 묘사되기 때문에 그것이 어떤 것인지 전혀 구체적인 이미지를 잡을 수 없다. 그렇다면 세이료인의 '새로움'은 어디에 있었을까. 사실 그의 작품은 미스터리로서의 장치 그 자체가 그렇게 혁신적이지는 않다. 메타 미스터리 자체가 포화된 장르라는 점에 더해 등장인물의 이름을 장난처럼 짓는 일, 언어 게임에 의존한 서술형의 트릭 등, 하나같이 기존의 방법을 재활용했다.

세이료인 이전의 '신본격' 작가 아야쓰지 유키토, 노리즈키 린타로法月綸太郎, 아비코 타케마루我孫子武丸, 마야 유타카麻耶雄高의 세대는 미스터리라는 장르와 트릭에 아직 강한 애착을 가지고 있었다. 그러나 세이료인은 그 노선 앞에 있는 막다른 골목을 애초부터 포기했다. 그리고 기묘할 정도의 자신감과 솜씨로 미스터리 그 자체를 탈구축했다. 즉 그는 미스터리가 당도했던 막다른 길을, 과잉이다 싶을 만큼의 마니에리슴적 솜씨를 통해 '류스이 대설'이라는 형식으로 회수했으며, 마치 막다른 길을 출발점으로 바꾸어 놓은 듯 기발한 반전을 보여 주었다. 이 책과 관련지어 말하자면 질과 양 모두 과잉된 캐릭터를 사용했던 것도 그 때문이었다. 어떻게 이럴 수 있었을까.

'신본격' 세대는 이른바 신인류[7] 세대다. 이 신앙 없는 세대는 '모든 것은 허구에 지나지 않는다', '이 세계에 의미는 없다'라는 위장된 절망 아래에 강력한 '외부' 혹은 '타자'에 대한 신앙을 감추고 있다. 그들의 신앙은 신의 절대적 부재를 믿는다는, 말 그대로 부정신학적인 구조를 지니고 있다. 그런 의미에서 '신본격' 작가들이 공유했던 것은 노리즈키 린타로가 가능성으로서 시사했던 '미스터리의 불가능성'이라는 신앙이다. 따라서 그들은 불가능성 때문에 '구태여' 쓰는 것을 그만둘 수 없다. '미스터리의 신의 부재'에 대한 신앙이 그들을 그렇게 부추겼다.

그러나 세이료인은 요컨대 '포스트모던'의 제2세대다. 포스트모던적 냉소주의의 결정적인 영향 아래에서, 말하자면 그들

---

[7] 新人類. 경제학자 구리모토 신이치로栗本慎一郎가 고안한 표현으로, 1980년대부터 본격적으로 사용되었다. 주로 1980-1990년대의 경제 호황기에 청년 시기를 보낸 이들을 가리키는데, 이들은 통상 소비지향적이고 주체성이 강하며 정치에 관심이 없다고 여겨진다. ─ 역자 주.

은 절망에도 절망하고 있다. 여기에서 채택된 것이 세이료인과 동세대인 아즈마 히로키가 부정신학에 대항하기 위해 제안한 '복수의 초월론'이다. 구체적으로는 '소설'에서 '게임'으로 나아가는 어투의 변화다. 세이료인은 그 자신이 쓴 작품을 종종 소설보다 게임에 비교한다. 분명히, 게임으로 본다면 황당무계한 설정이나 마치 '스펙'처럼 기술되는 캐릭터의 성격도 이해할 수 있다. 그가 게임을 만들 듯이 작품을 만든다면, 거기에는 일반적인 의미에서 말하는 나르시시즘의 투영이 일어나기 힘들 것이다. 왜냐하면 게임을 만드는 이는 보통 여러 명인 데다가, 그들은 창조주가 될 수는 있어도 '신'이 될 수는 없기 때문이다. 게임에서는 신의 역할이 반감된다. 왜냐하면 신이란 캐릭터를 조작하는 수용자를 가리키기 때문이다.

필자를 포함한 신인류 세대는 '타자'와 '외부'에 대한 신앙을 버리지 못하고 그 때문에 자신의 나르시시즘을 작품에 투영하여 표출하고자 한다. 그래서 작가와 작품은 예를 들면 '문체' 등을 통해 밀접한 관계에 놓이게 된다. 이에 비해 세이료인이 보여주는 작품에 대한 희박한 자기 투영은 작품을 게임과 같이 구축한다는 점에서 기인한다. 류스이 대설에서는 세계 설정과 캐릭터의 스펙이 이야기의 진행과는 별개의 프레임으로 주어져 있다. 설정과 스토리를 이처럼 분리하는 방법이야말로 류스이 대설의 게임성을 한층 두드러지게 만들어 준다. 그것은 무엇을 의미하는가.

'이야기와 설정을 분리한다'는 기법 그 자체가 이야기의 외부와 복수의 가능 세계를 상상케 하며, 독자에게 유사적인 조작감마저 안겨 준다는 것. 즉, 독자는 달라질 수도 있는 무수한 운명 속에서 자신이 하나의 스토리를 선택한 것 같은 착각을 일으킨다. '게임성'은 아마 이 착각에서 비롯되리라. 그래서 세이료인은 문체에도 무관심하다. 너무 무관심해서 오히려 개성적인 문체라고나 할까. 문장은 기본적으로 일어난 일을 담담하게 기술하면서 진행된다. 마치 게임 플레이 그 자체를 기록하는 것처럼 말이다. 이러한 작품의 존재가 니시오 이신이나 마이조 오타로 등의 후속 작가에게 큰 영향을 끼쳤다는 것은 틀림없는 사실이다. 그러한 의미에서 그의 등장은 분명 하나의 혁명이었다.

그런데 『코즈믹』의, 혹은 세이료인 작품의 본질은 '과잉된 이름 붙이기'에 있다. 제2작 『조커 — 구약 탐정 신화ジョーカー——旧約探偵神話』 권말에 JDC 소속 탐정 일람표가 있는데, 이 표에는 탐정의 소속, 생년월일, 키와 몸무게, 혈액형과 왼손잡이 혹은 오른손잡이 여부가 기록되어 있다. 그곳에는 주인공인 '메타 탐정, 쓰쿠모 주쿠'를 필두로 특이한 이름이 나열된 긴 리스트가 이어진다. 이 리스트를 보면 이 작품 또한 일종의 캐릭터 소설이라는 점이 분명해진다. JDC에 소속된 탐정은 다들 저마다 특이한 추리 기술이 있는데, 그 기법 하나하나에도 이름이 있다. 예를 들면 이런 식이다.

아지로 소지鴉城蒼司: 집중고의集中考疑 — 사건의 요점에 집중하는 뛰어난 추리력.

쓰쿠모 주쿠: 신통이기^{神通理氣} ― 필요한 데이터가 갖춰지면 진상을 깨닫는다.

류구 조노스케^{龍宮城之介}: 가부키 추리^{傾奇推理} ― 상식에 얽매이지 않고 재치를 발휘한다.

쓰쿠모 네무^{九十九音夢}: 퍼지 탐정^{ファジィ探偵} ― 여자의 감으로 막연하게나마 진상을 느낀다.

피라미드 미즈노$^{ピラミッド・水野}$: 초(메타)미추리^{超迷推理} ― 막연하게 추리하여 반드시 진상에서 벗어난다.

여기에서 볼 수 있는 과잉된 이름 짓기에서 내가 '탐정의 다중인격화'를 지적한다고 해도 그리 위화감은 없을 것이다. 제2장에서 논한 '교대인격'에 대한 서술을 생각해 보자. 이해하기 쉬운 이름과 이해하기 쉬운 스펙으로 기술된 복수의 캐릭터들. 이것이야말로 교대인격의 특징이 아니었던가.

메타 미스터리에서 캐릭터 소설(류스이 대설)로. 이는 그야말로 정신의학 영역에서 '분열splitting에서 해리dissociation로', 혹은 '보더라인borderline에서 다중인격으로' 이르는 변천에 대단히 가깝다. 여기서 나는 1995년 한신-아와지 대지진$^{阪神・淡路大震災}$으로 세이료인의 집이 완전히 무너져 버렸다는 사실을 연상하게 된다. 이 경험은 그가 당시 집필 중이었던 『카니발』의 설정이나 자신의 인생관에 큰 영향을 끼쳤다고 한다. 90년대 후반이 마침 일본에서 다중인격 사례가 증가하기 시작한 시기라는 점은 시사적이다.

미스터리의 형식적 변천과 정신의학적 병리의 변천에 구조적인 공통점이 있다고 한다면 그것은 무엇일까. 미스터리는 그 상상적 형식으로 인해 메타 미스터리를 지향하려 한다. 이는 용의자와 탐정, 작가와 독자라는 양자의 대립 관계를 반쯤 필연적으로 요청한다. 그러나 메타 레벨은 언제나 허구일 수밖에 없다. 즉 메타 미스터리를 시도하는 것은 최종적으로 자신의 공허를 발견하고 스스로 무너지는 것이나 다름없는 일이다.

세이료인이 출발점으로 삼은 것은 이러한 메타픽션의 황야다. 작가 커리어를 미스터리에 대한 절망으로부터 시작한 그는 메타의 공허함에 주저앉는 것도, '본격 지향'이라는 소박한 원점으로 회귀하는 것도 거절한다. 대신 그가 메타픽션의 불모를 막기 위해 발견한 전략이 과잉적이라 해도 좋을 '이름 붙이기의 몸짓'이었다고 한다면 어떨까. 이름과 명료한 스펙에 대한 서술이 무제한적으로 증식하는 이야기. 그것은 '고유명의 기술 불가능성'이라는 심층, 즉 메타 레벨에 대한 저항이기도 하다. 허구 공간 속에서 기술할 수 있는 '준고유명(=캬라)'을 한없이 증식시키는 것. 심층을 결여한 아이콘(=캬라)이 파편화와 함께 증식하며, 표현공간은 과잉되게 평평해진다. 그것은 이를테면 후술할 무라카미 타카시의 콘셉트 '슈퍼 플랫'을 연상시키지 않는가. 어디까지고 플랫한 지평이 펼쳐지는 무한의 공간, 그 초평면적인 공간 의식이 모두 '캬라'의 이름 아래에서 가능해진다. 이미 그곳에 '메타 레벨'은 없다. 그와 같은 공간에서는 작가 자신도 캬라화되어 버리기 때문이다. 그렇다. 그곳에 있는 것은 '문맥'뿐이다. '모든 것이 캬라가 된다'는 콘텍스트 말이다.

세이료인 류스이가 이룩한 것. 그것은 메타픽션의 막다른 길을 상대로 캬라화의 콘텍스트라는 출구를 보란 듯이 뚫어냈다. 그것이 유일한 출구는 아닐지도 모른다. 그러나 캬라화의 드라이브로 이야기 공간까지도 초평면화할 수 있다는 것을 증명해 보인 그의 공적은 결코 작지 않다는 것을 여기서 거듭 강조해 두고자 한다.

니시오 이신 ― 소설의 시스템이란 무엇인가

두 번째로 거론할 작가는 니시오 이신이다. 그는 라이트노벨 혹은 미스터리 업계에서 세이료인 류스이를 정통적으로 계승하겠다고 선언했던 최초의 작가다. 인터뷰에서 니시오는 다음과 같이 말했다.

> 세이료인 류스이 선생님의 『코즈믹 ― 세기말 탐정 신화』가 발매된 것을 보고 '이거라면 나도 할 수 있겠다'라고 생각했던 것이 메피스토상을 목표로 삼은 계기였지요.[8]

---

8 니시오 이신 인터뷰, 『활자 클럽活字俱樂部』, 2004년 겨울호.

한편 세이료인도 니시오 이신을 높이 평가하고 있다.

(주목할 만한 젊은 작가가 누구냐는 질문에) 니시오 이신 씨와 오쓰이치オツイチ 씨입니다. 그 두 사람은 제가 하고 싶은 작업을 상당히 이상적으로 수행하고 있다는 인상을 받습니다. 본격이나 게임, 만화나 아니메, 영화라는 다양한 장르에서 좋은 부분을 원 없이 따와서 리믹스하는 감각이 나와 통하는구나 하면서 말입니다 (세이료인 류스이 슈퍼 인터뷰, 『파우스트(ファウスト)』Vol.1).

니시오 이신은 2002년 2월, 대학 재학 중에 『잘린 머리 사이클クビキリサイクル』[9]로 데뷔했고, '교토의 스무 살'이라는 선전으로 널리 알려졌다. 주인공 '이짱いーちゃん'의 '헛소리'라 일컫는 일인칭의 요설체로 쓰였으며 작품 전체에 기묘한 부유감이 맴돈다. 일단 겉보기에는 미스터리라는 형식을 지니고 있으면서 트릭 등에 큰 무게를 두지 않는다는 점도 세이료인과 마찬가지다.

얼핏 보면 그의 소설은 게임성이나 소설 파괴성에서 세이료인 류스이만큼 철저한 것 같지는 않다. 그러나 니시오 본인은 자신의 소설을 일종의 형식 = 시스템으로 구축하려고 시도하고 있다.

---

9 한국어판은 현정수 역, 『잘린 머리 사이클: 청색 서번트와 헛소리꾼』, 학산문화사, 2006. — 역자 주.

미지의 시스템을 구축하지 않고서는 쓸 방법이 없어요. 혼을 다해 글을 쓰려고 해도 저는 혼이 없습니다. 소설을 쓰는 재능 그 자체가 없는 거예요. 이건 겸손도 뭣도 아니라 제가 능력이 없고 혼이 없다는 것을 알고 있기에 하는 말입니다. 슬퍼하는 게 아니라, 그걸 안다는 것이 제 유일한 무기라는 얘기죠. (중략) 그래서 저는 시스템을 구축하려 했고, 그 결과 자기밖에 쓸 수 없는 세계를 쓰고 있는 파우스트 부部의 선배님들에게 엄청난 콤플렉스를 가지고 있는 겁니다.[10]

물론 이런 종류의 '시스템'에도 작가의 고유성이 각인될 것이다. 그러나 방법론으로 보자면 여기에서는 세이료인과 공통적인 특징이 발견된다. 작가의 캬라를 살림으로써 그의 나르시시즘이 작품에 끼치는 영향을 최소화한다는 것이다. 후술하는 바와 같이 '캬라'란 소유도 귀속도 되지 않는 자율성을 가지고 있다. 그것은 종래의 '작가의 자의식'과는 분명히 다르다. 그리고 니시오의 작품 또한 자기 투영이 매우 희박한 캐릭터 소설로 성립되었다. 이는 니시오 자신이 어떠한 경우에도 자아가 문체에 직접적으로 반영되지 않도록 더없이 주도면밀하게 '소설 시스템'을 구축했기 때문이 아닐까. 그렇다면 그 소설 시스템이 어떻게 성립되었는지 캐릭터에 초점을 맞추어 살펴보도록 하자. 인터뷰 내용만 보면, 니시오의 소설 시스템은 캐릭터가 주도한다

---

10 니시오 이신 인터뷰, 『활자 클럽』, 2004년 겨울호.

고 해도 좋을 만큼 그 비중이 높다.

> 어쨌든 작가란 캐릭터를 창작할 때, 적어도 어느 정도는 '자율적'인 존재로 창작한다고 생각합니다. 제 경우는 그것이 극단적인데, 말하자면 완전 자립성 범용 인형 캐릭터, 그 극단적인 성격이 가장 잘 나타난 것이 '로맨스'라고 생각합니다.[11]

또는

> 한 가지 키워드에서 시작해서 한 가지 캐릭터를 묘사하는 방식이 많은 듯합니다. 예를 들면 '인류 최강의 청부업자'. 이것을 '인류 최강의 청부업자가 대체 뭐야?'에서 끝내지 않고 '그렇다면 빨갛겠지', '남자는 아닐 거야', '분명 화가 났을걸', '코스프레를 엄청 좋아해' 하는 식으로 발전시킵니다. 만든다기보다는 발견하려고 추리하는 느낌이지요.[12]

그리고 같은 인터뷰에서 이름은 곧 '혼'이며, 이름을 먼저 지

---

11 니시오 이신 인터뷰, 『미스터리 미궁독본ミステリー迷宮読本』, 洋泉社.
12 니시오 이신 인터뷰, 『계간 Comickers 2003년 가을호』, 美術出版社.

어야 캐릭터 만들기가 편해진다고 이야기하고 있다. 그러나 니시오의 라이트노벨 작가다운 면모는 일러스트를 중시하는 자세에서 가장 강하게 드러난다.

> 분명히 말하자면 일러스트가 없는 소설은 완성품이 아닙니다. (중략) 우리는 어떤 의미에서 팀 같은 존재라서, 일러스트가 없으면 성립하지 않는다고 생각합니다. (중략)『목 조르는 로맨티스트クビシメロマンチスト』[13] 이후부터는 이미 다케竹 씨의 일러스트에 대한 이미지가 어느 정도 있었기 때문에 쓴 것이니까요(『활자 클럽』).

그의 대답에서 알 수 있는 바와 같이, 니시오에게는 일러스트레이터가 안겨준 캐릭터의 이미지마저도 그가 말하는 '소설 시스템'의 일부일 뿐이다. 그렇기에 니시오는 작가적 나르시시즘이나 장르에 거의 구애되지 않는다.

> 제 소설 같은 경우, 캐릭터를 살려 이야기를 주고받기만 해도 충분히 재미있다고 생각합니다. 다만 그러면 이야기가 성립하지

---

13 한국어 번역은 현정수 역,『목 조르는 로맨티스트』, 학산문화사, 2007. - 역자 주.

않으니 추리 소설적인 스토리 형식을 빌리는 거지요(앞 인터뷰).

캐릭터의 자율성에 기댄다는 점을 빼면, 니시오 같은 경우도 세이료인 류스이와 마찬가지로 세계 설정, 캐릭터, 이야기가 각각의 프레임에서 구축되고 있다는 점에서 지극히 게임적이다.

앞서 잠시 다루었던 것처럼 니시오의 캐릭터 만들기는 매우 특이한 방법론을 따르고 있다. 적어도 그것은 오쓰카 에이지나 세이료인 류스이의 그것과는 상당히 달라 보인다. 이 방법론에 대해 니시오 자신은 여러 인터뷰에서 "먼저 이름부터 정한다", "하나의 키워드로부터 정한다"고 거듭 말하고 있다. 그렇다. '아이카와 준哀川潤'의 조형이 사후적으로 만들어졌던 것과 같이.

> 먼저 이름을 정하는 것이 절반입니다. 『모든 것의 래디컬ネコソギラジカル』[14]에서는 '13계단'이라는 열세 명의 인간이 나오는데, 그 이름부터 모두 정해 두는 거지요. 그 후에 직업이나 속성을 정하고 조금씩 채워 나갑니다. 기본적으로, 이름을 통해 캐릭터를 정의하고 싶은 겁니다. '미즈쿠라 리스카水倉りすか'라는 이름만으로 모든 것을 알 수 있도록 이름에 힘을 실어 주고 싶습니다. 그래서 그냥 희귀한 이름을 붙이는 것이 아니라 제 나름의 확실한 명명

---

14 한국어 번역은 현정수 역, 『모든 것의 래디컬』, 학산문화사, 2009. — 역자 주.

법칙이 있지요. 가끔 일부러 벗어나기도 하지만요. '뵤인자카 쿠로네코病院坂黒猫'는 저 스스로도 대단한 이름이라고 생각합니다 (웃음).[15]

이러한 방법론은 얼핏 보면 앞에서 언급했던 오쓰카가 설정한 방향과는 전혀 다른 것처럼 보인다. 오쓰카는 캐릭터의 고유성을 단념하고 기존에 있던 패턴의 조합이나 환골탈태로 캐릭터를 만들어야 한다고 했다. 그러나 니시오는 먼저 이름을 정하라고 한다. 고유명을 결정한 다음 사후적인 속성을 발견하라고 말이다. 그러나 두 사람의 태도는 캐릭터 창조의 문턱을 낮춘다는 점에서는 일치한다. 어떤 방법론을 사용할지는 개인의 자질에 달렸다는 뜻일지도 모른다.

어쨌든 오쓰카와 니시오 양자의 방법론을 살핌으로써 두 사람의 캐릭터 창조의 비밀이 정확히 밝혀졌다. 이미지를 중시한 오쓰카에 비해 니시오는 언어를 중시한다고도 할 수 있다. 그렇다. 니시오는 오쓰카 이상으로 소설이라는 형식의 특이성에 구애 받고 있다.

어조, 어감이라는 것은 소설만이 가질 수 있는 재미, 무기라고 생

---

15 니시오 이신 인터뷰, 「왕도를 거슬러 가다王道を逆立して行く」, 『유레카ユリイカ』 2004년 9월 증간 「총특집 니시오 이신総特集 西尾維新」.

각합니다. 시각적 감각은 만화, 현장감은 영화, 일체감은 게임에 양보하는 구석이 있지만, 그래도 '언어만이 가질 수 있는 재미'가 분명해서 저는 그런 것을 좋아하지요(『계간 Comickers』 인터뷰).

이러한 점을 고려하며, 실제로 한 작품의 설정이나 캐릭터 조형이 어떤 식으로 진행되는지 『신본격 마법소녀 리스카』(講談社 ノベルズ)[16]를 소재로 삼아 살펴보도록 하자. 초등학교 5학년 소년 쿠기 키즈타카供儀創貴와 '마법의 나라'인 나가사키 현에서 전학 온 등교 거부 학생 미즈쿠라 리스카가 벌이는 모험담이다.

먼저 머릿속에 '마도시魔道市'라는 단어가 떠오른 거예요. 그게 먼저고, 다음은 '마법의 나라에 걸맞은 현県은 어딜까?' 하는 거죠. (중략) 현의 경계가 하나밖에 없는 도도부현[17]이 필요했습니다. 나가사키 현은 쇄국 중에도 열려 있던, 즉 이문화가 들어온 유일한 창구였고 그래서 ― 제가 규슈를 좋아하고 애착을 가진다는 점도 있겠지만 ― 나가사키를 마법의 나라라는 설정으로 꾸미게 된 겁니다. 그렇게 하고 보니 나가사키와 접한 곳이 사가 현뿐이잖아요. 그래서 무대는 사가 현이 된 겁니다. 그런 다음 '마법사

---

16 한국어 번역은 현정수 역, 『신본격 마법소녀 리스카』, 학산문화사, 2009. ― 역자 주.

17 일본의 행정 단위. ― 역자 주.

는 절대로 바다를 건너지 않는다'는 설정을 만들어, '사건은 규슈 땅에서만 발생하는 걸로 제한하자'는 식으로 넓혀 나간 거죠.[18]

여기서 볼 수 있는 바와 같이 니시오의 세계 설정은 매우 논리적이다. 다만 그 논리가 종종 직감으로 뒷받침된다는 점은 다음의 발언에서 알 수 있다.

> 이러면 너무 제 방식으로 말하는 것 같지만, '도도부현으로서의 캬라 활성도'라는 의미에서 보면 나가사키는 캐릭터가 꽤 잘 살아 있다는 얘기입니다. 교토나 홋카이도도 제법 살아 있다고 생각하고요. 오키나와나 도쿄는 캬라가 너무 센 감이 있지요(앞 인터뷰).

그렇다면 왜 나가사키를 캬라가 살아 있다고 볼 수 있는 것일까. 거기에 분명한 근거가 있는 것은 아니다. 핵이나 한반도 문제, 혹은 당시 화제가 되었던 사세보 사건(초등학교 여학생이 동급생의 목을 커터로 찔러 살해한 사건)도 니시오의 말에 따르면 관계가 없다.

캬라 간의 관계성 설정에 대해서는 다양한 '마법소녀물'을 참

---

18 니시오 이신 인터뷰, 『파상언론波状言論』, 2004년 1월 B호.

고했다고 한다.

> 변신하면 어른이 되고, 좋아하는 남자애가 있거나 마스코트도 있고, 마법의 왕국이 있어서 아버지는 임금님이고, 그곳에서 인간계로 유학생처럼 찾아와서…… 이런 기본요소를 거기에서 캐냈습니다. 이걸 전부 해 보자는 생각으로 시작했지만, 전부 했다가는 같은 것이 나올 뿐이라서 조금씩 비틀어 보았지요(『유리카』 인터뷰).

요컨대 마법소녀물의 패러디라는 이야기인데, 그렇다고 해도 '리스카'라는 캐릭터의 조형은 개성적이다. 초등학교 5학년 마법사에 등교 거부 학생. 집에서 마법서를 베끼고 있다. 좋아하는 타입은 씨름꾼 체형이며 취미는 스모 관전. 자해를 해서 피를 흘림으로써 마법을 사용. '변신' 후에는 텐션이 넘치는 미녀로 '성숙'한다. 파트너 남자인 쿠기 키즈타카는 리스카를 '장기말'로밖에 여기지 않는 잔인한 초등학생이다. 따라서 마법도 보통 마법소녀와 같이 일상의 작은 괴로움을 해결하기 위해서는 사용하지 않는다. 마법사가 일으킨 사건을 심판하며 최종적으로 리스카의 아버지 미즈쿠라 신고水倉神橋를 만나는 것이 목적이다.

내 추리로는 이와 같은 캐릭터 조형이 '리스카'라는 이름을 붙인 후에 하나하나 '발견'된 것 같다. 그러나 그것만으로 모든

것을 설명할 수 있는 것은 아니다. 특히 니시오의 면목이 잘 드러나 있다고 해야 할 부분이 리스카의 말투다. 일본어를 겨우 익혔다는 설정이기 때문에 주어와 술어가 전도되어 있다. "시간이라는 개념을 너무 사소한 문제로 보는 게, 바로 나라는 거야"라는 번역투. 언어 장애 계열의 모에라면 무라카미 하루키의 『1Q84』에 등장하는 '후카에리ふかえり'가 유명하지만, 니시오의 작품은 이보다 7년 앞섰다. 역시 남다른 재능이라고 할 수밖에 없다.

'캬라'는 '환유'다

제3장에서 디즈니와 산리오의 캐릭터를 각각 비교하면서 논했던 것처럼, '인간'의 은유인 유럽과 미국형 캐릭터에 비해 일본형 캐릭터는 인간이나 동물의 형태적인 유사성만을 매개로 한 일종의 아이콘, 즉 환유적인 캐릭터로 보인다. 이와 관련해 이야기하자면, 오쓰카 에이지의 캐릭터 조형기법은 그 원리부터 은유형 캐릭터를 만드는 데에 알맞다. 기존 캐릭터의 특징을 추출하여 그 특징을 다른 이야기의 문맥으로 치환하고 있으니 당연하다면 당연한 일이다.

한편, 이와는 대조적으로 니시오 이신의 캐릭터 메이킹은 환유적이다. 예로 들었던 '인류 최강의 청부업자'라는 말에서 '빨갛다', '남자는 아니다', '화가 난 듯하다' 등의 특징을 발견하려면 은유보다도 환유적인 연상 능력이 필요하다. 물론 '이름'에서 캐릭터를 만드는 경우도 마찬가지다. '캐릭터'와 '이야기'를 세트로 놓고 생각할 경우에는 은유형으로 발상하는 편이 분명 유리하다. 오쓰카의 저작이 캐릭터를 단서로 삼은 이야기론이라는 점에서도 그것은 분명하다. '세계'와 '캐릭터'가 더불어 결여를 안고 있으며 그것을 보충해 감으로써 이야기가 구동된다는 것. 이때 캐릭터와 세계는 '결여'를 통해 밀접하게 연결된다. 그러나 환유형 캐릭터('캬라')는 '세계'와 그런 관계를 맺지 않는다. 이런 타입의 캐릭터를 아무리 나열해도 거기에서 '세계 = 이야기'가 자동적으로 생겨나지는 않는다.

작품을 써 본 적이 없기에 상상할 수밖에 없지만, '캐릭터가 움직이기 시작한다'라는 상태는 아마 은유형 캐릭터에서 일어나기 쉬울 것이다. 그들은 세계와 관계를 맺고 다른 캐릭터와 관계를 맺으며 성장해 가는 존재이기 때문이다. 이 관계성이 이야기를 구동시키기 시작한다는 점에 대해서는 나의 책 『관계의 화학으로서의 문학^{関係の化学としての文学}』(新潮社)에서 충분히 다루었다.

한편, 세계와의 관계가 희박한 환유형 캐릭터는 자력으로 움직일 수 있지만 그것은 매우 게임적인 감각에 가까운 것처럼 보인다. 즉 캐릭터 간의 관계성이 아니라 플레이어의 조작 같은 느낌으로 이야기가 진행된다. 또 이쪽 캐릭터들은 서로 관계를 맺거나 성장하는 경우가 거의 없다. '자율성이 높다'는 말은 그런 뜻이기도 하다. 실제로 니시오 이신의 대표작 〈헛소리 시리즈^{戱言シリーズ}〉에서도 기나긴 대화, 즉 '헛소리'가 오가지만 그들이 '관

계'를 맺는 경우는 거의 없다. '나'가 '쿠나기사 토모^{玖渚友}'에게 '소유된다'는 관계는 있지만 거기에는 변화도 진전도 없다.

지금까지 니시오 이신이 창조한 캐릭터의 환유성에 주목하여 논해 보았다. 그런데 실은 이것이 거꾸로는 아닐까. 그렇다. 원래 모든 캐릭터는 정도의 차가 있을지라도 '인간의 환유'에 지나지 않으며, 니시오 이신은 이를 철저히 따르기만 한 것은 아닐까.

> 표현하고자 한 것은 '말'입니다. 말이 모든 것을 지배하는 세계 (『계간 Comickers』).

'세계'는 명명에 의해 태어나며 '캐릭터'는 명명으로 불어넣은 혼을 얻는다. 그것은 과연 허구적인 세계에서만 일어나는 일일까. 말을 중심으로 세계가 구축될 때, 그곳에서 어쩔 수 없이 드러나는 것은 '현실' vs '허구'라는 대립의 가상성이 아니었던가. 이러한 의미에서 니시오가 시도한 것은 '이야기의 급진화' 같은 것이 아니라 '캐릭터의 추상표현주의'가 아니었을까. 그중 가장 첨예한 시도가, 실험적 작품이었던 『인형이 인형^{ニンギョウが}$_{ニンギョウ}$』(講談社ノベルズ)이다. 니시오는 이 작품에서 일종의 실험을 계속하고 있는 것으로 보인다. 즉 '캬라 모에'의 임계에 다가가려는 실험이다.

『인형이 인형』이라는 작품이 특이한 것은, 거기에 니시오 작

품의 가장 큰 특징인 과장된 이름들이 전혀 없다는 점이다. 그 때문에 이 작품에는 '캬라'가 존재하지 않는다. 그렇다면 이 작품의 전경에 나와 있는 것은 니시오 이신이라는 라이트노벨 작가가 그 친근감 있는 캬라에 감춘 수수께끼의 심층일까. 캬라의 이름을 벗겨 냈을 때 드러나는 것이 니시오의 진정한 작가성일까. 아마 그렇지는 않을 것이다. 이 작품에서 니시오의 문체는 오히려 유례없이 익명적으로 보일 정도다. 다시 한번 느끼는 것은 자기를 투영하지 않는 이름 = 캬라들의 기나긴 대화에야말로 니시오가 지닌 작가성의 진수가 담겨 있다는 사실이다. 캬라와 우리는 서로 '관계'를 맺고자 하지만 끝내 '관계'를 맺을 수 없다. '헛소리 시리즈'의 캐릭터들이 그렇듯이 말이다. 그곳에는 '캬라 모에'밖에 존재하지 않는다. 그리고 '캬라 모에'의 뿌리에는 '관계의 불가능성'이 각인되어 있다.

니시오는 무엇을 밝힌 것일까. '모에'에 메타 레벨이 존재하지 않는다는 것, 그리고 '모에'가 전이 그 자체라는 점이다. 어떻게 그렇게 말할 수 있을까? 라캉은 예전에 다음과 같이 지적했다. "전이가 리얼리티를 만들어 낸다." 그리고 "전이의 전이는 존재하지 않는다"라고. 물론 '모에'가 '버추얼한 전이'라고 말하고 싶은 것은 아니다. 오히려 '모에'야말로 가장 추상화되고 순수한 전이 감정이나 다름없다. 그리고 프로이트에 따르면 전이를 매개하는 것은 대상의 '유일한 특징'이다. '유일한 특징'이라는 말을 들었을 때 우리가 바로 떠올리는 것은 니시오 작품 속 캐릭터의 저 특이한 이름이다. 물론 그들은 매력적인 인물 조형을, 그리고 모에할 수밖에 없도록 만드는 비주얼을 지니고 있다. 그런데 그 모든 기원이 저 '이름들'에 있다는 것이다. 이는 니시오가 몇 번이나 강조해 왔던 점이다.

그렇다면 그 '이름들'은 문자일까? 모에의 기원은 문자에 있다고 봐야 할 것인가? 아마 그렇지는 않을 것이다. 제3장에서 다룬 캬라와 문자의 관계성을 생각해 보자. '하나의 낙인'으로서의 문자는, 그것이 주체의 어떠한 속성과도 관계가 없기에(비세계적 존재) 그곳에 주체의 전체성을 가둘 수 있었다. 하지만 캬라의 이름은 이와는 다른 기능을 지닌다. 니시오 캬라의 모든 속성은 이름 붙이기를 통해 사후적으로 생성되고 있다. 니시오 캬라의 이름이 캬라의 속성과 환유적 관계에 있다는 점은 앞서 논한 바 있다. 이때 이름은 그 상상적 기능에서 '모에'를 환기시키지만, 그것은 상상적으로 완결되어 있기에 모든 상징적 관계성을 거절하게 된다. 캬라는 관계 맺지 않는다. 캬라는 성장하지 않는다. 캬라는 '세계 내 존재'가 아니다. 이리하여 캬라는 상상적인 기능을 지닌 특권적인 기호로서, 그저 스스로 움직인다.

제6장
예술과 캬라의 관계에 대해

예술에서 캬라의 예

 나는 일본 현대 예술 최대의 특징 중 하나가 '캬라의 도입'이었다고 생각한다. 여기서 많은 사람이 반사적으로 무라카미 타카시村上隆를 떠올릴 것이다. 특히 그가 창조한 'DOB 군君'의 모습을. 그러나 그 한 사람만이 이런 기법으로 돋보이는 것은 아니다. 무라카미 타카시보다 먼저 미소녀 피규어를 작품에 도입한 작가로는 나카하라 코다이中原浩大(〈나디아ナディア〉 1991~92)가 있다. 또 무라카미와 거의 동시기에 '아토마우스(아톰+미키마우스와 같은 캐릭터)'를 작품으로 만든 한국의 아티스트 이동기가 있다. 그가 이 캐릭터를 최초로 그린 것은 1993년이었다. 90년대 초반은 동시다발적으로 예술계에 캐릭터가 도입된 시기일지도 모른다.

 무라카미 타카시는 유한회사 '카이카이키키カイカイキキ'를 운영하고 있는데, 그곳에서 데뷔한 젊은 아티스트는 많든 적든 오타쿠의 피를 이어받았다. 그중에도 최고의 진성 오타쿠는 'Mr.미스터'다. Berryz 코보工房를 좋아하며, "9살부터 13살 정도의 아이"라는 극단적인 스트라이크 존을 가진 이 아티스트는 세계명작극장과 같은 화풍의 소녀들을 대량으로 그려 왔으며 현재 국제적 명성을 얻고 있다.

 카이카이키키 출신자로는 그 외에도 다카노 아야タカノ綾나 구니카타 마호미國方真秀未가 있다. 두 사람 모두 소녀의 신체성과 캐릭터성이 어떻게 성립하는지를 고찰할 때 매우 중요한 작품군을 세상에 발표하고 있다. 그 외에도 캬라로 말하자면, 눈초리가 치켜 올라간 여자아이 일러스트로 알려진 나라 요시토모奈良美智라든지 자신의 아버지를 '토라양トラやん'이라는 복화술 인형 캬라로 만들어 버린 야노베 켄지ヤノベケンジ도 있다. 그러나 무라카미 타카시 이외에 내가 가장 주목하고 있는 것은 그루비젼즈グルーヴィジョンズ의 시도다. 그들에 대해서는 뒤에서 다시 언급하겠다.

무라카미 타카시의 공과

무라카미 타카시. 이 아티스트를 '불우'하다고 형용한다면 그 즉시 많은 이의가 날아들 것이다. 무라카미는 제로년대 일본의 예술을 견인해 왔으며 세계에도 알려 온 명백한 선두 주자다. 2008년에는 미국 타임지의 '세계에서 가장 영향력 있는 100인'에 일본의 시각 예술가 중 오직 그만이 선정되었으며, 2010년에는 세계 유산인 베르사유 궁전에서 일본인 최초로 대규모 개인전을 개최했다. 개인적인 제작뿐만 아니라 아티스트 집단 '카이카이 키키Kaikai Kiki'를 이끌며 예술 이벤트 'GEISAI' 프로젝트의 운영에도 관여하는 등, 무라카미는 제로년대 이후의 일본 아트 신 활성화에도 기여해 왔다. 최근에는 젊은 아티스트 집단이 제작하는 '카오스☆라운지カオス☆ラウンジ'에 대한 후원으로도 잘 알려져 있다.

그럼에도 불구하고 무라카미에 대한 비난은 여전히 강하다.

이만한 업적을 거두었으나 국내에서 대규모 회고전이 열린다는 이야기도 들리지 않는다. 무라카미의 이름을 들으면 반사적으로 눈살을 찌푸리는 사람들은 미술 업계에도 오타쿠 업계에도 적지 않다. 또 비평가들에게도 사실상 '무시'에 가까운 취급을 받아 왔다. 나 자신도 아즈마 히로키의 충실한 무라카미 론(論)같은 극소수를 빼고는 읽어본 적이 없다. 해외에서의 성공에 비교하면 일본 국내에서 받는 푸대접의 갭은 참으로 기묘하다고 할 수밖에 없다.

그런데 그 이유는 단순하다. "무라카미는 일본 오타쿠 문화의 엑기스를 뽑아 먹고 서구의 오리엔탈리즘에 영합하여 큰돈을 가로챈 문화적 사기꾼"이라는 것이다. 이런 종류의 오해가 아직 버젓이 존재한다.

그렇다. 나는 이런 류의 담론을 전형적인 '오해'라고 생각한다. 무라카미 타카시는 오타쿠 문화의 엑기스를 뽑아 먹지도 않았으며 오히려 오타쿠 문화의 발전에 기여하고 있다. 그것도 단순히 '해외에 일본 오타쿠 문화의 위대함을 계몽했다'는 수준의 이야기가 아니다. 여기서 한 가지 예를 들어 보자. 2009년에 공개된 극장판 아니메 〈썸머 워즈(サマーウォーズ)〉는 최근 〈에반게리온(エヴァンゲリオン)〉의 신작과 나란히 가장 높은 평가를 받았던 작품이다. 이 작품에 등장하는 가상 세계 'oz'의 디자인은 분명히 카이카이 키키의 짙은 영향 아래에 있다.

물론 어디에도 그러한 크레디트가 명시되어 있지 않지만, 업계 관계자 몇 사람의 발언이나 토크 이벤트에서 무라카미 타카시 본인에게 직접 물어보았을 때 얻은 답변으로 나는 그렇게 판단했다. 오타쿠 문화로부터 받았던 것을 승화시킨 표현으로 다시금 오타쿠 문화에 영향을 끼치는 것. 요컨대 이것이 무라카미 타카시의 '보은'이다. 물론 이뿐만이 아니지만 가장 알기 쉬운 본보기로서 이 사례만 봐도 충분할 것이다.

부당한 비판에도 침묵을 지키는 무라카미 타카시의 겸허함을 틈타 무라카미를 계속 물어뜯으려는 사람들을 향해서는 다음과 같이 말해 두련다. 그 비판이 단순한 동경에 기반한 부인이든 진정 창조적인 분석을 품고 있든, '비판이야말로 가장 정확하게 자신을 보여 주는 것'이라는 정신분석적 관점에서 당신을 관찰해 드리겠노라고.

'슈퍼 플랫'이란 무엇인가

2010년 12월 21일, 나는 신주쿠의 아사히 컬처센터에서 무라카미 타카시와 토크 이벤트를 열었다. 앞서 말한 'oz'에 대한 이야기도 포함하여 많은 질문을 던졌는데, 그중에 한 가지 의외였던 것은 '슈퍼 플랫'이라는 말의 위상이 무라카미의 내면에서조차 그저 해외에서 잘 팔리기 위한 전략적 키워드에 불과한 것이 되고 말았다는 점이다. 생각해 보면 무라카미는 이런 류의 키워드를 제로년대 내내 연발하고 있었다. '유치력^{幼稚力}', 'pok-u$^{pop+otaku}$' 등. 하지만 어느 것도 '슈퍼 플랫'만 한 소구력은 얻지 못했다고 생각한다. 그만큼 그 말은 획기적이었다.

슈퍼 플랫이라는 말은 일본 특유의 애니메이션이나 캐릭터 문화 같은 서브컬처를 현대 예술의 콘셉트에 이식할 때 무라카미가 사용한 키워드다. 무라카미는 자신의 작품뿐 아니라 유사한 경향을 가진 작가나 작품을 이 콘셉트로 통합했다. 그리고 일종의 아트 무브먼트로서 브랜드화한 뒤 서양에 판매하여 큰 성공을 거두었다. 이들 작품은 문자 그대로 평면적이며 원근법 따위가 쓰이지 않기 때문에 깊이감이 적고, 장식적이거나 오락적이라는 특징을 지니고 있다. 이는 야마토에大和絵나 우키요에浮世絵를 필두로 하는 일본의 전통 회화부터 현대의 만화나 아니메에 이르기까지 일본 시각 표현의 특징이라 해도 좋을 것이다. 또 아니메 캬라의 피규어 등은 2차원의 3차원화이기에 슈퍼 플랫한 표현에 포함된다.

카이카이 키키에 소속된 아티스트인 아오시마 치호青島千穂, 구니카타 마호미, 다카노 아야 혹은 앞서 언급했던 나라 요시토모, 그 외에도 만화가 도미자와 히토시富沢ひとし(〈에일리언 9エイリアン9〉, 〈밀크 특공대ミルククローゼット〉의 작가)의 작품 등도 여기에 포함된다. 혹은 〈신세기 에반게리온〉을 감독했던 안노 히데아키庵野秀明나 무라카미의 작품에 영향을 끼친 가나다 요시노리金田伊功, 이타노 이치로板野一郎 같은 애니메이터, 이토 자쿠추伊藤若冲 같은 화가의 작품도 슈퍼 플랫의 원점이라고 한다.

그의 콘셉트에는 또한 일본이라는 독특한 공간에서 하이 컬처와 서브컬처가 병렬화되고 마는 상황에 대한 비평이 담겨 있

다. 그중에서 아즈마 히로키가 지적하는 것처럼 "미술과 비미술의 경계 저편에서 새로운 '예술'의 영역을 재설정"[1]하려는 시도가 이루어지고 있다. 이 논문에서 아즈마는 무라카미의 1999년도 작품 〈한없이 깊이どこまでも深く〉를 거론하는데, 특히 그 '눈'의 표현에 주목한다.

> 거기에서 가장 인상적이었던 것은 왜곡된 DOB 군의 표면을 덮은 무수한 눈 이미지 — 다만 결코 사실적이지 않으며 데포르메되고 아니메화된 무수한 눈의 기호다.

> 이 그림에서 상징되고 있는 것처럼 무라카미의 평면 작품에는, 특히 왜곡된 DOB 군 시리즈에는 그것을 보기 위한 '올바른 시점'이 결여되어 있다. DOB 군이나 곧게 서 있는 버섯에서 그 본질을 보기는 어렵지만, 그의 평면 작품은 실은 비스듬히 보거나 반전시켜 보아도, 또 일부만 떼어 내서 보아도 상관없도록 만들어져 있다. (중략) 필자는 어떤 신문 기사에 자기 작품 사진의 위아래가 뒤집혀 게재된 것을 알게 된 무라카미가 이를 두고 "거의 신경 쓰지 않는다"라고 말했던 것을 기억하고 있다. 상식적으로 이해하자면 이러한 태도는 무라카미가 미술가라기보다는 오히려 디자이너로서 작품을 대하고 있음을 의미하며, 그 자신도 그

---

[1] 「슈퍼 플랫으로 사변하다スーパフラットで思弁する」, 『문학 환경론집 아즈마 히로키 콜렉션 L文学環境論集東浩紀コレクションL』, 講談社.

러한 측면을 의도적으로 강조하고 있다. 하지만 그 근저에 평면에 대한 감각의 질적 변화가 있음도 놓쳐서는 안 된다.

이 논의에서 아즈마는 — 현재의 그를 보면 상상하기 어려운 일이지만 — 놀랍게도 라캉 이론을 빌려 무라카미의 작품을 해독하려 하고 있다. 그렇다. 『정신분석의 네 가지 근본 개념』 속 한스 홀바인의 그림 이야기를 인용하며 무라카미 작품에서 '거세의 기능 부전'을 지적하고 있다. 보다 상세한 내용은 해당 논문을 참조하면 되지만, 간단히 말해 이런 것이다. 근대인의 사회화 모델은 유아가 거세를 거쳐 말하는 존재, 즉 인간이 되는 과정이었다. 그러나 포스트모던 사회에서는 성숙을 위한 거세 장치가 제대로 작동하지 않는다. 홀바인의 그림 〈대사들The Ambassadors〉에 그려진, 왜곡된 두개골의 트롱프뢰유trompe l'œil를 정확히 거세의 이미지로 해석할 수 있듯이 무라카미의 〈한없이 깊이〉는 '거세의 기능 부전', 즉 포스트모던의 이미지화로 읽을 수 있지 않을까. 특히 그 '눈'에서 말이다. 아즈마는 시선을 교차하지 않는 그 눈에 대해, 보는 쪽과 보이는 쪽 사이의 공간적 연속성을 탈구시키는, 말하자면 '유령'적인 시선이 아닌가 지적하기도 한다. 그렇지만 인용은 이 정도로 그치도록 하자.

라캉에 의거하는 정신과 의사로서 하나만 덧붙이자면, 거세의 기능 부전은 무엇보다 '정신병(조현병)'[2]으로 표현된다. 그러

---

2 영어의 'Schizophrenia'. 일본어 원문은 '통합실조증統合失調症'이다. — 역

나 무라카미의 작품에서는 — 적어도 나는 — 그러한 징후를 전혀 찾아볼 수 없었다. 정신병자, 예를 들면 아웃사이더가 그린 작품에는 오히려 너무 잘 마주칠 것 같은 강렬한 시선이 그려지는 경우가 적지 않다는 사실을 덧붙인다. 내 개인적인 기준에서 표현의 아웃사이더와 인사이더를 구분하는 한 가지 기준은 '상상적 거세의 유무'다. 이 관점에서 보았을 때 무라카미의 작품은 어엿이 인사이더의 컨벤션에 근거한, 즉 거세를 거친 작품이며 그 때문에 서구의 예술 업계에도 수용되었다(내가 아는 한 인-아웃의 구분은 서구의 아트 마켓이 훨씬 엄밀하다. 양자는 별개의 마켓에서 유통되고 있다).

서두가 그만 조금 길어지고 말았다. 내가 왜 '슈퍼 플랫'의 개념을, 어쩌면 무라카미 본인 이상으로 높게 평가하고 있는가. 이 점에 대한 설명으로 옮겨 가자. 한 마디로 말하자면 그것은 '캐릭터'를 예술의 중심에 앉혔다는 사실이다. 캐릭터의 요소를 도입한 것이 아니다. 캐릭터의 존재를 전면적으로 도입하고 오히려 그곳을 기원으로 삼아 예술로 발전시켰다. 그것이 무라카미의 가장 큰 공적이 아니었을까.

평면적인 표현만을 놓고 말하자면, 아즈마도 지적하듯 미술사에 '플랫베드Flatbed'라는 선례가 있다. 「현대미술용어사전」의 해설은 다음과 같다.[3]

자 주.

3 http://www.artgene.net/dictionary/cat58/post_130.html.

1950–60년대 회화의 '수평성'을 가리키는 개념. 레오 스타인버그Leo Steinberg가 논문 『또 다른 비평기준Other Criteria』(1972)에서 제기했다. flatbed란 원래 평판 인쇄기(판면과 지면을 맞추어 수평으로 놓고 압착-인쇄)를 의미한다. 스타인버그는 다음과 같이 생각했다. 먼저 르네상스 이래 서양의 회화는 끊임없이 머리를 위로, 발을 아래로 놓고 직립한 인간의 자세에 맞추어 세계를 표상하는 것으로 그려졌고 또한 구상되어 왔다. 즉 수직성이 회화의 한 가지 조건이었다. 이에 비해 라우셴버그Robert Rauschenberg의 회화는, 가령 벽에 걸려 전시되더라도 모든 것을 그 위에 얹을 수 있을 것처럼 수평으로 놓인 작업대를 암시한다. 같은 구조는 뒤뷔페Jean Philippe Arthur Dubuffet나 워홀Andy Warhol의 작품에서도 볼 수 있으며, 이들 '평판형 회화 평면Flatbed picture plane'은 수평의 불투명한 작업대 = 문화로 나타난 회화로서, 수직의 투명한 스크린 = 자연으로 나타난 회화를 대신한다. 후에 로잘린드 크라우스Rosalind Krauss가 전개한 수평성-수직성 논의는 이 스타인버그의 생각에 대한 재평가/재발견을 계기로 삼고 있다.(하야시 타카유키林卓行)

해설만 보자면 이 운동의 요점은 '평면성'보다는 '수평성'에 있었던 모양이지만 '슈퍼 플랫'과의 공통점도 무시할 수는 없다. 오히려 '슈퍼 플랫'과 같이 단순한 평면성을 넘어 '초평면성'이라고 할 만한 특성을 발견하지 못한다면 이 개념의 새로움을 논할 수 없지 않을까. 그리고 내 생각에 이 '초' 부분을 전면적으로 맡고 있는 것이 '캐릭터'의 존재다.

콘텍스트

왜 이것이 예술에서 획기적이었을까. 먼저 '콘텍스트'라는 측면에서 생각해 보도록 하자. 한때 무라카미는 열심히 '현대 예술의 콘텍스트를 이해하라'고 주장했다. 이 주장 자체는 타당하지만, 그때 무라카미는 현대 예술을 '하이 콘텍스트'라고 말했다. 다양한 콘텍스트가 단단하게 응축되어 있다 같은 의미로 쓰인 듯한데, 엄밀하게 말해 이 용법은 타당하지 않다.

여기서 무라카미가 말하는 '하이 콘텍스트'란 간단히 말해 '폐쇄적' 상태를 가리킨다. '하이 콘텍스트'는 원래 미국의 문화 인류학자인 에드워드 T. 홀의 용어로, 저서 『문화를 넘어서 Beyond Culture』(TBSブリタニカ)[4]에서 쓰였다. 극히 단순하게 설명해 보자면 그는 일본 문화와 미국 문화를 비교했다(이하 『문맥병』에서 인용).

홀에 따르면, 미국 사회는 '로우 콘텍스트Low context'이며 일본 사회는 '하이 콘텍스트'이다. '하이 콘텍스트' 사회에서는 문화적인 코드를 암묵적으로 공유하는 정도가 높기 때문에 그만큼 교환되는 '정보량'을 절약할 수 있다. '호흡이 잘 맞는다' 같은 표

---

[4] 한국어판은 최효선 역, 『문화를 넘어서』, 한길사, 2013. ― 역자 주.

현을 가리킨다.[5] 이에 비해 미국 같은 다민족 국가에서는 공유되는 문화적 코드가 적기 때문에 커뮤니케이션을 나눌 때 명료하게 코드화된 정보를 상호 간에 대량으로 전달하지 않으면 의사소통이 불가능하다.

홀은 저서에서 '하이 콘텍스트'인 일본 사회를 칭송하는 경향이 있다. 그는 적은 정보량을 주고받음으로써 의사소통할 수 있는 일의 장점을 말한다. 그러나 고故 이타미 주조伊丹十三가 말한 것처럼, 일본 영화가 열등한 것은 일본 사회가 하이 콘텍스트이며 폐쇄적인 작품만 만들기 때문이라는 식의 정반대 응용도 가능하다. 이타미에 따르면 미국 사회는 로우 콘텍스트이기 때문에 만인이 이해할 수 있는 보편적 표현으로서 할리우드 문법을 발전시켜 왔다. 즉 이런 얘기다. 하이 콘텍스트적인 문화란 딱히 의식해서 학습하지 않아도 접하기만 하면 손쉽게 문맥을 따라 잡을 수 있는 문화다. 반면 로우 콘텍스트적인 문화란 의식적으로 학습하지 않으면 문맥조차 파악할 수 없는 문화다.

일반적으로 서브컬처는 하이 콘텍스트다. 학교에서 배우지 않아도 누구나 만화나 아니메에서 사용된 다양한 '코드'를 자연스럽게 이해하고 있다. 즉 많은 사람이 콘텍스트를 공유하고 있다. 그래서 하이 콘텍스트다. 반대로 하이 아트는 로우 콘텍스트다. 예술의 전통은 공부하지 않으면 익힐 수 없다. 자연히 예술의 다양한 '코드'를 이해할 수 있는 사람은 비평가나 아티스트 등 극히 소수의 사람에 한정된다. 즉 로우 콘텍스트다.

---

5 원문은 "阿吽の呼吸". — 역자 주.

다른 식으로도 말할 수 있다. 대중적 표현은 '코드'의 의미가 보통 일의적으로 결정된다. 만화 한 컷의 의미가 읽는 사람마다 달라지는 경우는 거의 없으며, 있다고 해도 그것은 전위적인 가로계ガロ系[6] 등, 말하자면 순문학적 만화 작품에 한정된다. 즉 서브컬처적 특징은 '코드'의 공유가 비교적 간단하다는 점이다. 이 점에서 하이 콘텍스트라고 할 수 있다.

한편 하이 아트 작품은 오히려 해석의 다양성이 그 본질이다. 분명 전통적인 '독해법'이 있지만 정답이 하나는 아니다. 해석의 여지가 크다는 것은 '코드'의 의미가 공유되기 어렵다는 점으로 이어지기에, 역시 로우 콘텍스트적이다.[7] 리히텐슈타인Roy Fox Lichtenstein이나 워홀, 혹은 무라카미 타카시의 공통점은 팝적이면서 하이 콘텍스트적인 서브컬처를 각자 독자적인 방법으로 원래의 콘텍스트로부터 뽑아 와서 멋지게 예술의 콘텍스트로 이식했다는 점이다. 다만 이 삼자를 비교하자면, 앞선 두 사람은 결국 예술 작품을 만들고 말았다. 단 한 사람, 무라카미 타카시만이 예술 업계에 당당히 침입하여 그 한복판에 '캬라'라는 트로

---

6 가로계ガロ系는 과거 세이린도青林堂 출판사가 간행했던 만화잡지 『가로ガロ』에 게재된 언더그라운드 만화 작품 내지는 그 작가, 작풍을 가리키는 표현이다. — 역자 주. 위키피디아 ガロ系에서 인용.

7 홀은 어디까지나 정보량과 콘텍스트를 한 묶음으로 생각해서 "콘텍스트는 정보량을 절약한다"라고 했다. 그러나 엄밀하게 생각한다면 콘텍스트는 '정보량'과 대립한다. 때문에 '콘텍스트의 정도(하이인가 로우인가)'는 정량화할 수 없다. 하물며 커뮤니케이션에서 콘텍스트의 정도를 단순하게 비교하는 것은 실제로 불가능하다. 여기서는 어디까지나 인상에 기초한 비유적인 표현으로 이해해 주었으면 한다.

이의 목마를 설치해 버렸다.

미국 만화를 확장시켜 도트 그림으로 그린 리히텐슈타인의 시도, 혹은 실크 스크린으로 캠벨 수프나 마릴린 먼로의 얼굴을 프린트한 워홀의 시도는 원본인 팝 아이콘을 분해, 소화해서 예술로 흡수해 버린다. 그 원인은 '인용'의 절차에 있다. 인용이란 그 아이콘이 잠겨 있던 콘텍스트를 쳐내고 씻어 버리는 일이다. 이리하여 팝 아이콘은 인용으로 파괴되어 버린다. 그러나 '캬라'는 어떤가. '캬라'만은 어떻게 한들 파괴되지 않는다. 왜냐하면 캬라는 항상 콘텍스트와 일체이기 때문이다. 그것은 거기에 놓인 순간 캬라로서 기능을 발휘하고, 주위 세계를 그 자신의 콘텍스트로 끌어들인다. 그것이 캬라의 자기장이다.

무라카미가 달성한 것은, 이 하이 콘텍스트의 극한이라고 할 수 있을 캬라를 어떻게 유기적으로 로우 콘텍스트적인 예술 공간에 융합시킬 것인가 하는, 바로 그 시도가 아니었을까. 그리고 무라카미는 성공했다. 디자인적 세련미와 캬라의 가소성을 극한까지 시험하는 실험성에 의해, 캬라는 처음으로 예술 공간에서도 숨 쉴 수 있게 되었다.

나는 세 번째 저서 『전투미소녀의 정신분석』(太田出版)의 표지를 무라카미에게 의뢰했는데, 이 표지를 장식하고 있는 작품 〈S.M.P. Ko2〉의 '변형 도중 버전'이야말로 무라카미의 최고 걸작 중 하나라고 생각한다. 물론 그냥 형태만 봐도 복잡하고 재미있기는 하지만 여기서는 '캬라의 임계'를, 바꾸어 말하자면 '캬라는 어디까지 캬라일 수 있는가'라는 테마를 극한까지 추구하고 있다고 생각하기 때문이다. 그렇다. 무라카미는 단순하게 캬라를 도입하기만 한 것이 아니다. 그는 캬라를 작품의 중심으로 끌어다 놓고 다양한 변형을 가해 왔다. 그 소재로 가장 혹사당한 것은 대표적인 캬라 'DOB 군'일 것이다. 그는 대다수의 무라카미 작품에 등장하며 뚜렷한 변형을 당했지만 동일성을 유지하고 있다.

〈Melting DOB B〉에서, 이 캐릭터는 크기도 형태도 다른 무수한 눈을 빛내고 있으며 트레이드마크인 레터링은 이미 해독 불가능하게 왜곡되어 있다. 이어서 제작된 〈Melting DOB C〉(1999)나 〈Melting DOB D〉(2001) 등의 캔버스 작품에서는 이 생물이 돌연변이를 일으켜 불안정한 몬스터가 된다. 그것은 무라카미의 손에서 이루어진 매혹적인 반-진화, 그 빙산의 일각을 보여주는 것에 불과하다.[8]

그렇다. 작품 속에서 '캬라의 임계'를 놓고 가장 혹독한 시험을 겪은 것은 'DOB 군'밖에 없다. 변형됐을 뿐만 아니라 입체화되고 일본화日本画도 되며 증식되고 융합되어 실로 가혹한 시련

---

8 마이클 달링Michael Darling, 「과거+현재 = 미래過去+現在 = 未来」, 『무라카미 타카시 작품집, 소환할까 문을 열까 회복할까 전멸할까村上隆作品集 召喚するかドアを開けるか回復するか全滅するか』, カイカイキキ, 2001.

을 겪으면서도 결코 그 동일성을 놓치지 않는다. 아무리 변형된들 우리가 그곳에서 DOB 군을 발견하게 되는 불가사의함. 이것이야말로 '캬라의 콘텍스트'가 일으키는 작용이다. 관점을 달리하면 무라카미는 캬라의 동일성이 얼마만큼 변형을 견뎌낼 수 있는지를 아슬아슬한 한계까지 시험하고 있는 듯하다.

그런데 무라카미는 입체 작품도 다수 만들고 있기에 평면성에만 매달리는 것 같아 보이지는 않는다. 그럼에도 불구하고 그가 여전히 '슈퍼 플랫'을 버리지 않는 것은 왜일까. 답은 '그곳에 캬라가 있기 때문'이다. 무라카미의 목적은 캬라를 2차원적으로 그리는 것이 아니다. 캬라를 그림으로써 그곳은 슈퍼 플랫의 공간이 된다. 바꾸어 말하자면, 슈퍼 플랫이란 캬라가 지배하는 공간의 별명이다. 이 공간에서 시험이 이루어짐으로써 캬라의 다양한 본질이 드러난다. 예를 들면 캬라가 상당한 변형에도 견딜 수 있다는 것. 그 동일성을 담보하는 것은 종종 '캬라의 이름'이라는 것. 혹은 캬라는 본질적으로 2차원적인 성질을 지닌다는 것 등이 있다.

어찌 되었든 이러한 하이 콘텍스트적 공간이 예술로서 성립한다는 상황 그 자체가 특이하다. 그것을 가능케 한 슈퍼 플랫이라는 개념의 획기적인 성격은 아무리 강조해도 지나치지 않다.

캐릭터=폰트 전략

그루비전즈 소속의 탤런트 '채피チャッピー' 또한 슈퍼 플랫의 동지다. 다만 그들은 단순한 의미의 캬라가 아니다.

'채피'를 '기괴하다'고 하는 사람이 있다. 나는 그 말을 믿지 않는다. 적어도 채피에 관해서는 조금도 기괴함을 느낄 수 없다. 이를 기괴하다고 하는 사람은 아마 '똑같은 것이 증식하는 것은 기괴하다'라는 현대 미술의 믿음doxa에 사로잡힌 데에 불과하다. 내가 '산주산겐도 채피三十三間堂チャッピー'(그림 9)를 보고 생각한 것은 오히려 '증식이 기괴함으로 이어지지 않는' 불가사의함이다.

[그림 9] Chappie 〈Welcoming Morning〉(ニー·ミュージックアソシエイテッドレコーズ, 1999)

이토 히로무伊藤弘는 말한다. "(채피에 대해) 저는 포맷이라든지 플랫폼이라는 식으로 부르는 것이 맞다고 생각합니다. 픽토그램과는 달리 채피에게는 기호화하는 전제가 전혀 없습니다. 채피에게는 캐릭터가 응당 가지고 있어야 할 것이 전혀 없거든요."[9]

픽토그램이란 교통 표지판에 그려진 사람 모양 기호 같은 것을 가리키는데, 분명 채피가 거기까지 추상화되어 있다고 보기는 어렵다. 채피 마니아는 있겠지만 교통 표지판 마니아는 그렇지 않다. 하지만 그렇다면 채피란 무엇인가? 이토가 지적하는 대로 그것이 기호화해야 할 전제를 철저하게 결여한 캐릭터라면 그것은 기호조차 되지 못하는 것일까? 그렇다면 채피 또한 '캐릭터'라는 문자의 일종으로 분류될 수 있을 것인가. 반드시 그렇다고는 할 수 없다. 제3장에서 다루었던 캐릭터의 기호론을 참조한다면 채피라는 존재가 얼마나 특이한지를 알 수 있을 것이다.

먼저 채피 자체는 그 무엇도 상징하지 않는다. 분명 그(그녀)의 얼굴을 보았을 때 우리는 순간적으로 '그루비'를 떠올린다. 그런 의미에서 그(그녀)를 '그루비전즈'의 심볼이라고 부르지 못할 것도 없다. 그러나 기본적으로 그(그녀)는 '옷 갈아입히기 인형'보다 더욱 개성이 없으며 익명적인 존재다. 옷을 갈아입힐 수 있다는 점에서는 마네킹과 비교할 수도 있겠지만, 마네킹에서

---

9 이토 히로무 인터뷰, 「핫 와이어드 저팬 ホットワイアード・ジャパン」, http://www.hotwired.co.jp/clickart/interview/990324/textonly.html. 2018년 7월 현재 접속 불가. ― 역자 주.

는 예컨대 일종의 심볼릭한 신체성을 읽어 낼 수 있다. 그러나 채피에게는 '성격'은 물론이고 '신체성'도 결여되어 있다. 어찌 되었든 성별마저도 미분화된 존재이기 때문이다.

예를 들어 미키 마우스 같은 캐릭터가 기호론적으로 단어에 해당한다면 채피는 새로운 폰트 같은 것이다. 그루비전즈가 독자적으로 개발한 폰트의 일종, 그것이 채피다. 여기에서 그루비전즈가 '헬베티카Helvetica' 폰트에 집착했다는 점이나 그(그녀)들이 포스트스크립트 언어로 개발되었다는 점을 상기해 보자. 폰트 또한 문자와 마찬가지로 아이콘, 심볼, 인덱스 어느 것이든 될 수 있음과 동시에 어느 것으로도 규정하기 어려운 기호적 요소다. 다만 문자와 다른 점은 폰트 그 자체가 의미를 일의적으로 정하기는 어렵다는 것이다.

폰트 자체는 일종의 통제적 이념과 같다. 이는 무엇을 의미할까? 폰트의 특징을 말이나 수식으로 완벽하게 기술하는 것은 어려운 일이다. 그렇기 때문에 다른 폰트와의 유사성이나 차이로 설명하는 편이 간단하다. 최근 유행하는 손 글씨 문자의 폰트를 생각해 보면 알 수 있듯이, 분명 그곳에는 일종의 통일성이 존재하지만 그 형식을 결정지을 만한, 이를테면 수학적 법칙이 존재할 리는 없다. 통일성을 가져오는 것은 디자이너의 센스이며, 조금 더 논하자면 인지 능력과 그것을 환원하는 능력의 조합이다. 그런 의미에서 폰트란 익명적일 만큼 세련된 형식을 갖춘 필적과 같다. 그러나 한번 폰트가 결정되면 그것은 무한한 창조적 공간을 개척해 나간다. 즉, 의미나 상징성에 속박되지 않고 오히려 새로운 의미와 상징을 이끌어 내기 위한 형식으로서 기능하게 된다.

채피는 폰트로 개발되어, 그야말로 폰트로서 그루비전즈의 창조성에 공헌해 온 것이 아니었을까. 엽서, 스티커, 컵 받침, 문구, 마네킹, 학원의 포스터, 의자, 파칭코 기계, 휴대 전화 고리, 잡지 그라비아, 신발 등의 다양한 미디어로 복제되어 그때마다 무한한 베리에이션을 만들어 내고 있다. CD 데뷔까지 이룬 만큼 통상적인 폰트와는 다른 점이 있겠지만, 이는 인기 있는 캐릭터로서의 애교라고나 할까.

여기서 앞의 물음으로 돌아가자. 채피의 군상이 기괴함을 자아내지 않는 것은 어째서일까. 그렇다. 그 이유 또한 그(그녀)들이 폰트로 개발되었으리라는 점을 생각해 보면 납득할 수 있다. 그 군상을 워홀의 캠벨 수프를 비롯한, 복제와 반복을 모티브로 삼은 작품의 계보에서 이해할 필요는 없다. 그것은 말하자면 폰트의 견본집과 같은 것이며, 알파벳의 나열이나 다름없다.

그루비전즈의 작품에서 '채피'의 위상은 아마 미디어가 될 듯하다. 분명 온갖 의상과 디자인을 몸에 걸친 채 2차원과 3차원을 오가며 시각과 음향을 접속시키고, 오타쿠와 서브컬처, 혹은 디자인과 예술을 잇는 그 존재는 한없이 투명하며 가소성을 지녔음에도 불구하고 탄탄한 고유의 느낌을 근저에 깔아 두고 있다. 단순한 캐릭터 전략으로 이 정도로 침투할 수는 없었다. 역시 그루비전즈가 선택한 캐릭터 = 폰트 전략은 팝적인 침투압을 높이는 데 멋진 성공을 거둔 것이다.

제7장
캬라의 생성력

니세 하루나의 문제

이 장에서는 캬라라는 존재에서 발생한 다양한 사건을 검토해 보고자 한다. 캬라는 인간관계를 매개하고 학습과 소비 활동을 촉진하며 욕망의 진로를 결정한다. 서론에서 다루었던 '타이거 마스크 운동'도 '다테 나오토'라는 캬라 없이는 일어나지 못했다. 또 캬라는 작품 제작뿐 아니라 다양한 사건이나 현상에서 중요한 역할을 맡기도 한다. 그와 같은 사례를 살펴봄으로써 이른바 캬라의 유물론적인 기능을 알 수 있을지도 모른다.

소설의 캬라에 대한 검증에서 보았다시피, 캬라는 이야기를 생성하는 계기로서 매우 중요한 위치를 차지하고 있다. 만화나 개그에서도 마찬가지다. 캬라를 설정함으로써 일어날 수 있는 현상은 수없이 많다. 캬라의 생성력이라고 할 때 내가 자주 떠올리는 것은 10년쯤 전에 인터넷을 뒤흔든 사건이다. 이 사건은 일반 사회에는 '니세 하루나 문제'라고 알려져 있다. 정식 명칭으로는 '우카가카何か'[1]라고 하는 모양인데, 여기서는 내게 친숙한 '니세 하루나'로 부르도록 한다.

니세 하루나라는 것은 2000년 말-2001년 초반에 걸쳐 일세를 풍미했던 데스크톱 액세서리의 이름이다.(그림 10) '니세(가짜)'라고 불리는 걸 보면 원조가 있음을 알 수 있는데, 실은 이 캐릭터는 앞서 개발, 공개된 〈페르소나웨어 with 하루나ペルソナウェア with 春菜〉와 비슷하게 만들어졌다. 원조의 기능이나 느린 개발

---

[1] 바탕화면에 일련의 캐릭터를 띄워 놓는 어플리케이션. — 역자 주.

속도에 화가 치민 어느 프로그래머가 직접 제작했다고 한다.

[그림 10]
http://www.geocities.jp/hajimetemondai/yenee/index.html 2019년 9월
현재 접속 불가―역자 주

캬라의 이미지가 비슷할지언정 프로그램 자체는 완전히 오리지널인데, 셰어웨어(유료 판매)였던 원조보다 무료였던 '니세 하루나'를 지지하는 사람이 계속해서 나타났다. 실제로 니세 하루나에는 AI나 파트너 마스코트 '우뉴うにゅう'와 만담을 나누는 등 원조에는 없는 기능이 탑재되어 있었다. 이 때문에 니세 하루나는 원작자로부터 공개 중지를 요구하는 경고를 받았는데, 니세 하루나 지지자로부터 비판이 일어나 이른바 '축제' 상태가 벌어졌다. 소동은 공개 질의서나 서명운동으로까지 발전했지만 이름 변경과 원조의 종결 선언 등으로 일단 잦아들었다. 이 사건

은 2차 창작 캬라가 원조 이상의 인기를 모았다는 점에서 유일하지는 않지만 특이한 사례이며, 또한 캬라의 저작권을 둘러싸고 분쟁이 일어났다는 점에서는 후술할 하츠네 미쿠 등의 문제를 예견했다고 볼 수 있다.

이 사건에서 내가 가장 흥미롭게 여기는 부분은 '니세 하루나'가 그야말로 '가짜'여야 했을 필연성이다. 오리지널 프로그램까지 짜 놓고도 굳이 캐릭터 이름을 따로 붙이지 않았던 것은 왜일까. 그렇게 했다면 원조의 항의도 막을 수 있었을 것이다. 자기가 좋아서 불 속으로 뛰어드는 이유를 알 수 없지만, 나는 이렇게 생각한다. 아마 '니세 하루나'가 전혀 다른 이름의 캐릭터로 등장했다면 이만한 인기는 없었을 것이다. 2차 창작에서 파생된 캬라라는 위상이 '축제'를 만들었다고 한다면, 후술하는 바와 같이 '캬라는 복제됨으로써 실재가 된다'는 테제를 여기에서도 읽어 낼 수 있을지 모른다.

하츠네 미쿠 현상?

이 책을 읽고 있는 독자 중에 '하츠네 미쿠'를 모르는 사람은 많지 않을 것이다. 하츠네 미쿠는 간단하게 설명하자면 인공적으로 보컬을 합성해 주는 디지털 악기의 일종이다. 신체를 지니지 않는 보컬로이드 '하츠네 미쿠'가 2007년 8월에 크립톤 퓨처 미디어 クリプトン・フューチャー・メディア에서 발매되자, 이 소프트를

사용해 만들어진 작품이 동영상 사이트에 다수 올라옴으로써 폭발적인 인기를 모았다. 2008년에는 '그녀'의 노래를 수록한 CD가 오리콘 주간 차트에서 4위에 올랐으며 이윽고 수만 명의 관객 앞에서 노래하고 춤추며 '라이브'를 선보이기에 이르렀다.

버추얼 아이돌 그 자체는 긴 시행착오의 역사가 있다. '하츠네 미쿠'의 성공은 3D 폴리곤으로 신체성을 만들어 내고자 했던 다테 쿄코伊達杏子나 테라이 유키テライユキ라는 버추얼 아이돌의 실패, 혹은 인공적으로 보컬을 이펙트 처리해 인기를 모았던 아이돌 그룹 '퍼퓸Perfume'의 성공 등과 맞물려 현대적인 '신체성'의 위상을 분명히 하고 있다.

'하츠네 미쿠'의 작품 대부분은 인용의 레이어를 무수히 겹쳐 만들어진다. 작품은 니코니코 동화에 공개되며 화면에 수많은 코멘트가 겹쳐진다. 니코니코 동화에서는 동영상의 재생 타임라인에 따라 시청자의 코멘트가 저장, 재생되기 때문에 마치 같은 시간을 공유하고 있는 듯한 '유사 동기'라는 '착각'을 일으킨다.[2] 즉 화면에 중첩되는 무수한 코멘트 레이어가 작품의 일부가 될 수 있다.

또 하츠네 미쿠 현상에서 특이했던 것은 음악의 제작과 병행하여 많은 파생 캐릭터가 태어났다는 점이다. 2.5등신 SD 캬라 '하츄네 미쿠はちゅねミク', '아키타 네루亜北ネル', '요와네 하쿠弱音ハク' 등이 유명하다. 파를 들고 등장했던 '하츄네 미쿠'의 영향을

2　하마노 사토시濱野智史, 『아키텍처의 생태계アーキテクチャの生態系』, NTT 出版.

받아 오리지널 '하츠네 미쿠'의 공식 아이템으로 파가 채용되었다는 피드백도 흥미롭다. 또 '호법소녀 소와카짱護法少女ソワカちゃん'과 같이 서사시적인 음악 연작으로 이어진 케이스도 있다.

하츠네 미쿠의 인기를 끌어올렸던 니코니코 동화의 모회사[3] 드완고가 인기곡 몇 개를 휴대폰 착신 멜로디로 배포할 수 있도록 원작자에게 JASRAC[4] 등록을 제안해서 큰 소동이 났던 일이 기억에 새롭다. 등록할 때 곡에 '하츠네 미쿠'의 이름이 들어갔는데, 하츠네 미쿠를 제작한 크립톤 퓨처 미디어가 이에 반발하여 소동이 벌어진 것이었다. 이 사건은 저작권이나 캐릭터 권리에 소프트웨어의 이용 규약과 권리 대행 회사의 문제 등이 얽혀 매우 복잡한 사태로 발전했다. 최종적으로 곡은 원작자의 것으로, 하츠네 미쿠는 크립톤의 것으로 계약서를 확실히 작성하며 저작권 대행사는 원작자가 정한다는 식으로 소동은 가라앉았다.

이 사건에서 다양한 것이 밝혀졌다. 예를 들어 나는 저작권으로서 '캐릭터 권리'가 아직 존재하지 않는다는 사실을 처음으로 알게 되었다. 캐릭터의 권리는 그 캐릭터가 등장하는 원작(소설이나 만화, 그림 등)의 저작권이나 상표 등록, 의장 등록으로 보호받고 있는 것이 현실이다. 바꾸어 말하자면 캐릭터에서 파생된 캬라에 대해서는 이러한 보호가 이루어지지 않으며, 의인화 캬라나 '마스코트 캐릭터ゆるキャラ'처럼 '원작'이 없는 캐릭터도 보

---

3   2018년 현재는 카도카와에서 운영. — 역자 주.

4   일본음악저작권협회日本音楽著作権協会의 영문표기 The Japanese Society for Rights of Authors, Composers and Publishers의 약칭.

호받지 못하는 셈이다.

매력적인 '캬라'의 존재가 강력한 창조 의지를 이끌어 낸다. 이것이 동인지뿐 아니라 음악에서도 마찬가지임을 하츠네 미쿠가 알려 주었다. 덧붙여 말하자면 그것은 꼭 2차 창작에만 한정된 이야기가 아니다. 캬라를 매개로 한 2차 창작적인 욕망에서 오리지널 곡들이 대량으로 만들어진다는 사실이 있기 때문이다. '캬라의 권리' 정비를 서두르기 전에 이러한 창조성의 영역을 어떻게 확보할까에 대해서도 충분히 고려해 보아야 할 것이다.

그런데, 원래대로라면 캬라를 이용한 2차 창작에도 한 장 정도는 할애해야 하겠지만 이 분야는 특히 검토해야 할 과제가 산적해 있기에 한 장으로 끝나지 않을 가능성이 있다. 여기에서는 반쯤 여담 삼아 2차 창작의 '캐릭터'와 '캬라'의 관계에 대해 간단하게 다루어 보고자 한다.

예를 들어 '하츠네 미쿠'에서 '하츄네 미쿠'가 파생되는 과정을 '캐릭터의 캬라화'라고 생각해 볼 수 있다. 그러나 여기에서 모든 2차 창작을 '캬라화' 과정이라고 생각하는 것은 경솔하다. 야오이 연구자 가네다 준코金田淳子에 따르면 야오이계 작품의 2차 창작은 그 반대의 과정, 즉 '캬라의 캐릭터화'가 이루어지는 경우가 많다고 한다(출처는 개인적 연락). 옳거니, 분명 야오이계의 2차 창작 소재가 되는 작품으로는, 최근이라면 〈은혼銀魂〉, 〈가정교사 히트맨 Reborn!家庭教師ヒットマンReborn!〉, 〈헤타리아ヘタリア〉 등, 캐릭터보다는 캬라를 전면에 내세운 작품이 많다. 그녀들은 이들 작품을 패러디할 때 자신이 만들어 낸 고유의 이야기

안에 캬라를 가둠으로써 보다 리얼하게 '캐릭터화'한다. 즉 이것이 후조시[5]들의 소유 형태다. 이는 '캐릭터'와 '캬라'의 구분이 갖는 이론적 영역을 보여 주는 좋은 예이므로 여기에 소개했다. 적어도 이러한 구분이 픽션을 바라보는 시선을 정밀하게 만들어 줌은 분명하다.

센토 군 소동의 본질

헤이조 천도 1300년제平城遷都1300年祭[6]의 공식 마스코트 캐릭터로 사슴뿔이 달린 동자가 등장한 것은 2008년 2월 12일이었다. 도쿄예술대학대학원 교수이며 조각가인 야부우치 사토시籔內佐斗司가 디자인을 담당했던 캐릭터가 일반 공모 결과 '센토 군せんとくん'으로 명명되어 공개되었다.

공개 당시 '센토 군'의 평판은 매우 좋지 않았다. '기분 나쁘다', '뿔이 났다니 부처님을 모욕하고 있다' 같은 비판이 쇄도했으며 시민운동으로까지 발전했다. 혹은 독자적으로 '망토 군まんとくん' 등의 캐릭터 안이 제출되기도 하였다. 분명 센토 군의 디자인은 통상적 의미의 캐릭터 만들기 문법에서 크게 벗어나 있

---

5 腐女子. '부녀자婦女子, 후조시'를 동음이의적으로 패러디한 말로, 주로 BL 작품을 탐닉하는 여성 오타쿠를 가리킨다. ― 역자 주.

6 710년 일본이 나라奈良로 천도했던 것을 기념하는 축제. 2010년에 개최. ― 역자 주.

다. 최대의 문제점은 지나치게 "적나라한 신체성"을 지녔다는 것이었다. 지금까지의 논의에서 알 수 있듯이 캬라는 기본적으로 2차원적인 존재여야만 한다. 야부우치는 조각이 전공이어서 그런지 지나친 입체감이 적나라함으로 이어진 것이리라. 다음으로는 표정이 너무 풍부하다는 문제가 있다. 일본에서 인기 있는 캐릭터는 산리오 캬라가 그렇듯이 거의 예외 없이 무표정하다. 앞서 논했던 것처럼 디즈니의 캐릭터는 미국산이며 인간의 은유로서 만들어졌기 때문에 희한하게 표정이 풍부한데 이는 예외 중의 예외라 할 수 있다.

센토 군은 이와 같은 문법에 개의치 않아 표정도 풍부하고 인간미가 있는 데다 적나라한 3차원적 존재감을 지녔다. 그런데 공개로부터 2년쯤 지난 최근, 점차 센토 군의 인기가 높아지고 있다고 한다. 이 과정에서 캐릭터가 캬라화되어 가는 모습이 여실히 나타나고 있어 흥미롭다. 캬라로 수용되기 위해서는, 처음부터 인기를 얻기가 힘든 경우 '마스코트 캐릭터'처럼 한번 꼬아서 소재ネタ로 가지고 놀기 쉽게 만든 후 수용한다는 루트도 있다. 센토 군의 등장도 처음에는 '후진 소재痛いネタ'였지만 그만큼 '소재'로서의 인기가 높아졌다. 즉 소재로 소비되면서 '그런 식의 캬라'라는 추상화가 이루어졌고 적나라함이 희석되었다. 오히려 소재로서의 수용 문맥 속에서 거듭 곱씹다 보면 의외로 괜찮을지도 모른다는 느낌조차 들기 시작한다.

센토 군의 인기를 정리해 보면, 인형탈과 같은 입체화에 적합한 캬라라는 점에 더해 미디어가 소재로 다룸으로써 메타적인 수용 문맥이 만들어졌다는 것(즉 캬라를 다시 캬라화한 셈)이다. 이 두 가지 우연이 절묘하게 작용하여 '의외로 귀여울지도 모른다'고 여기는 지금의 인기에 이르렀다고 볼 수 있다.

'센토 군' 소동에서는 캬라가 사람들에게 수용되는 과정의 중요한 법칙을 배울 수 있다. 먼저 캬라에 이야기가 반드시 필요하지는 않지만 수용을 위한 문맥이 필요하다는 점. 특히 그러한 문맥('센토 군'으로 말하자면 조악한 캬라로 평판을 얻었다는 경위)이 나중에는 잊히기 때문에 더욱 중요하다는 점. 그리고 또 하나, 캬라 수용의 문맥을 만들어 낸다는 것은 오직 노출을 반복하여 그 동일성을 인식케 하는 것이 전부라는 점이다. 실제로 지금 '센토 군'이 귀여운지, 디자인이 뛰어난지의 여부를 냉정하게 판단하기란 어렵다. 우리는 그가 등장하게 된 경위를 알고 있으며, 그러한 경위를 포함한 그의 존재에 '익숙해져' 있다. 이 '익숙함'이야말로 캬라를 살리기 위해 가장 중요한 요소 중 하나이다.

인터넷상의 캐릭터들

이번 사례는 반드시 도상을 가지고 있지는 않은 '캬라'가 일으킨 현상이다. 현재 유행하고 있는 미니 블로그와 트위터상의 이야기다. 트위터에는 다양한 사람들이 타임라인에서 트윗을 남기는데, 그중에 인간이 아닌 존재가 섞여 있다는 것을 알고 계시는지. 그렇다. 이른바 '봇[Bot]'이다.

한마디로 말하자면 봇이란 페이크 캐릭터다. 익명성을 가장해서 트윗을 하는 봇도 있지만 동물이나 무생물이 트윗을 하기도 한다. 챗봇처럼 일정한 법칙에 따라 트윗을 하는 프로그램도 있는가 하면, 대상자로 가장하여 인간이 수동으로 트윗을 하는 봇도 있다. 물론 트위터는 텍스트 기반의 미디어이기 때문에 캐릭터의 도상은 고작 아이콘 정도밖에 보이지 않는다. 이러한 공간에서 캬라를 살리는 것은 대단히 어려워 보인다.

그러나 봇은 모습이 보이지 않기 때문에 유리한 면도 있다. 트위터의 타임라인상에는 다양한 트윗이 흘러가고 있다. 그 대부분은 실존하는 사람이 쓴 것이다. 여기에 봇이 자동 생성한, 차분히 읽다 보면 다소 부자연스러운 트윗이 섞여 있다 하더라도 이렇다 할 위화감 없이 읽을 수 있다. 이는 실사에 CG를 합성하면 CG만 내보낼 때 이상으로 리얼하게 보인다는 '리얼리티 보완 원칙' 같은 원리가 작용하기 때문일 것이다.

그렇다면 사람들은 왜 봇인 척하는 것일까. 단순히 타인이 되고 싶다기보다는 아마 '봇으로 인지되고 싶다'는 소망이 있을 것이다. 실제로 '다카다 준지高田純次[7]나 다모리タモリ[8]의 봇을 연기하는 자신'이 되고 싶은 것이다. 인간의 가장 기본적인 욕망으로 '자신의 욕망을 타인에게 인정받고 싶다'는 것이 있다. 다모리의 팬으로서 그 욕망을 트위터에 올림으로써 팔로어 수가 늘어났다고 하자. 그것은 그저 다모리의 인기일지도 모르지만, 동시에

---

7 일본의 코미디언. — 역자 주.

8 일본의 코미디언, 사회자. — 역자 주.

자신의 욕망에 대한 인기이기도 하다.

그러나 그러한 기본적인 욕망에 더해 '캬라화'에 대한 욕망도 존재한다. 예를 들면 유명한 봇 중에 본인보다 더 본인 같다는 평가를 받는 '마쓰오카 슈조松岡修造[9] 봇'이 있다. 본인 자체의 캬라가 살아 있으면서 또한 명언 제조기다 보니, 샘플링만 해도 엉뚱한 말이 만들어지기 때문에 예측 불가능한 재미가 있다고 한다. 뿐만 아니라 어떤 종류의 캬라는 그 독특한 언어 감각만으로 '캬라 살리기'가 이루어지기도 한다.

최근의 사례로는 〈엘 샤다이El Shaddai〉라는 게임이 유명하다. 정식으로 말하자면 이그니션 엔터테인먼트 리미티드에서 2011년 봄에 발매 예정인 〈El Shaddai: Ascension of the Metatron〉(플레이스테이션 3/Xbox360용 액션 게임)이다. 이 게임의 공식 트레일러가 공개되자마자 순식간에 인기를 모았고, 수많은 패러디 영상이 업로드되었다. 게임 발매 전에 온리 이벤트가 개최되는 등 예사롭지 않다. 이유야 여러 가지 있지만 그중 하나는 그 특이한 언어 감각에 있었다. 특히 "그런 장비로 괜찮은가?", "괜찮아. 문제없어" 같은 대화는 순식간에 게임 팬 사이에서 유행하는 요소가 되었다. '엘 샤다이 봇'이 존재한다는 것은 말할 것도 없다.

조금 오래된 화제이지만 언어 감각 하면, '2채널2ちゃんねる'의 게임 게시판에 상주했던 '부론트 씨ブロントさん'라는 전설적인 캬라가 떠오른다. 그의 발언은 너무도 특징적이어서 내가 인용할

---

9 전 프로 테니스 선수. — 역자 주.

수 있는 명언만 해도 100가지는 된다(당연히 요약 사이트나 명언 랭킹도 있다). 구체적으로는 이런 느낌이다. "내 분노가 기고만장해졌다", "이제 이길 수 있다!", "확정적으로 분명하다", "이대로는 내 수명이 스트레스로 마하인데……", "굳이 따지자면 대반대", "호오, 경험이 살아 있군", "진짜로 패 버린다?", "상상을 뛰어넘는 슬픔이 부론트를 덮쳤다" 등등.

중학생이 필사적으로 발돋움을 하는 느낌과 비슷한데, 구체적으로 어디가 어떻게 우스꽝스러운지를 묻는다면 〈엘 샤다이〉와 마찬가지로, 전체 콘텍스트를 모르는 사람에게는 설명이 어렵다. 분명히 말할 수 있는 것은 발언만 갖고 이만큼 '캬라가 살아 있는' 케이스는 흔치 않다는 점이다. 또 그가 다양한 상황에서 발언을 한 덕분에 꽤 복잡한 상황이라도 부론트어語를 짜깁기하여 표현할 수 있다. 그러한 경향은 트위터 이전부터 오타쿠를 중심으로 관찰할 수 있었는데, 트위터가 이를 더욱 강화시켰다고 할 수 있다. 애초에 트위터라는 미디어 자체가 사람을 캬라화한다. 이 공간에서 캬라는 사람에 가까워지고 사람도 캬라에 가까워지면서, 어떤 의미에서는 중간 지대로 끌려오는 작용이 있다고도 볼 수 있다.

흥미로운 일은 해외 봇과의 비교다. 예수 봇 등이 유명한데, 여기에는 상당한 노력이 응집되어 있어 가벼운 내용이라고 할 수는 없다. 일본의 봇은 온갖 것을 캬라화하거나 의인화해 버리는 기능을 가지고 있다. 이 점에서도 일본의 의인화는 꽤 특이한 문화라고 할 수 있지 않을까.

의인화의 문제

오타쿠의 영역에서는 '의인화 캬라'나 '모에 의인화' 등이 활발하게 이루어지고 있다. 특히 유명한 것은 '빙쵸탄びんちょうタン'이다.(그림 11 오른쪽) 문자 그대로 '炭備長炭'을 의인화한 캬라다. 2003년에 알케미스트 사이트에 〈지펴 버릴 거야! 빙쵸탄あぶっちゃうヨ! びんちょうタン〉이 게재되면서 인기를 모아 애니메이션으로도 만들어졌다. 의인화 그 자체는 신화나 전설, 우화 등을 생각해 보면 인류의 역사 그 자체나 마찬가지일 만큼 오래된 방법이라고도 할 수 있다. 하지만 그렇다면 이야기가 너무 막연해지므로 여기에서는 '모에 의인화'에 한해서만 다뤄 보고자 한다.

보통 거의 모든 것이 그 대상이 된다. 비스케땅ビスケたん과 같은 식품 계열, OS땅OSたん이나 트랙백땅トラックバックたん과 같은 PC 계열, 이외에도 철도나 원소 등 이과, 기술 계열이 많다. 최근에는 인공위성이 인기인 듯하다. 의인화 캬라를 보고 있으면 '모에'가 캬라와 얼마나 깊은 관계에 있는지를 잘 알 수 있다. 일반적인 의인화와 모에 의인화가 얼마나 다른지도 말이다. 심지어 피카츄나 호빵맨의 모에 의인화까지 있다.(그림 11 왼쪽) 이는 요컨대 '의인화의 의인화', 즉 의인화의 제곱이다. 이 과정은 하나의 모에 캐릭터에 대해 중층적인 모에 레이어를 쌓아 발전시키는 느낌에 가깝다. 있는 그대로의 '나우시카'에 모에를 느끼기는 어렵더라도 '나우시카땅'과 같이 캬라화(=유약화)한다면 또 모른다……라는 이야기다.

[그림 11] 좌: 의인화된 피카츄
(https://minkara.carview.co.jp/userid/355587/blog/14346980)
우: 빙쵸탄
(http://www.tbs.co.jp/bincho/03chara/chara.html)

분명 캬라화와 의인화는 방향성이 상당히 다르다. 대상에 대한 감정 이입이 의인화의 근저에 자리했다면, 캬라화는 대상에서 감정을 받게 된다는 차이가 있다. 양쪽 다 이야기화, 허구화에 대한 욕망이 기본이지만 의인화의 경우는 의인화하는 측이 이야기의 주인공이다. 그러나 캬라화는 항상 캬라가 주인공이며 보는 이는 그에 대해 멋대로 모에를 느끼는 방관자가 된다. 그렇다면 '모에'라는 감각이 실은 '욕망의 주체임을 포기한다'는 느낌에 가까울지도 모르겠다.

애초에 이러한 모에 의인화란 무해한 설정 놀음에 지나지 않았다. 그런데 최근 꼭 그렇다고만 볼 수는 없다는 인식을 불러온 '사건'이 있었기 때문에 여기에 기록해 두기로 한다. 바로 '히노모토 오니코日本鬼子'다.(그림 12) 이는 일본인을 모욕하는 중국 속어 '日本鬼子'를 모에 의인화한 것이다. 2010년 센카쿠 열도에서 중국 어선이 충돌 사건을 일으킴으로써 중국 내 반일 데모가 발생했고, 그에 대한 보도를 통해 이 말이 널리 알려지게 되었다. 이에 대해 '2채널'상에서 이 말에 전혀 다른 의미를 '덧씌우자'는 기획으로 단숨에 '모에 의인화'가 진행되었다.

[그림 12]
www16.atwiki.jp/hinomotooniko?cmd = upload&act = open&pageid = 19&file = 3-171.jpg

게시판에서 투표가 진행됨에 따라 기준이 되는 대략의 공식 디자인(정확하게는 대표 디자인)이 결정되었다. 모티브는 일본의 옛날이야기에 등장하는 '오니'이며, '흰 피부에 긴 흑발', '뿔이 두 개 나 있다', '나이는 외견상 16-18세', '한냐般若 가면, 언월도를 가지고 있다', '온화한 성격이지만 2단계로 변신할 수 있고 성격이나 외모가 무섭게 변한다', '좋아하는 것은 완코 소바[10]. 싫어하는 것은 볶은 콩' 같은 특징을 지니게 되었다.

이후 일부 프로 만화가 등도 참가하여 엄청난 양의 '히노모토 오니코' 캬라가 그려져 게시판에 투고되었다. 이 움직임에 대한 중국 측의 반응이 일부 소개되어 있기에 인용해 보도록 한다.[11]

"이렇게 나올 줄은 전혀 생각 못 했다. 그 나라는 역시 잘 모르겠어……."

"이렇게 대처하다니. 그 나라는 우선 오타쿠부터 어떻게 좀 하는 게 좋지 않을까?"

"우리는 욕을 했는데 모에 캬라가 돌아오다니……. 왠지 기운이 쭉 빠지네."

"엄청나네……. 일본은 역시 엄청난 나라다. 패배를 인정해야 할

---

10 이와테 현의 향토 음식으로부터 비롯되어 일본 전국적인 인기를 끌게 된 소바 요리의 일종. 약간의 따뜻한 소바가 담긴 그릇이 나오는데, 한 그릇을 비우면 그 즉시 다음 소바 그릇이 나온다. 이렇게 비운 소바 그릇을 층층이 쌓는 것이 일반적이며, 소바 그릇을 덮으면 새로운 소바가 더 이상 나오지 않는다. — 역자 주.

11 「'일중문화교류'라고 쓰고 오타쿠 활동이라고 읽는다」,
http://blog.livedoor.jp/kashikou/archives/5159332dlfjgrp9.html.

지도 몰라. 아, 기본은 검은색 롱 헤어로 부탁합니다."

"이런 거 보고 있으면 우리가 했던 욕이 통하긴 하는지 불안해진다. 소(小) 일본이라고 놀려 봤자 저 녀석들은 작다는 걸 그냥 인정해 버리잖아……."

"패러디로 돌려주는 것은 좋은 방법이고, 그것을 실제로 해낼 수 있다는 건 대단한 일이다."

"다들 잠깐! 함부로 모에 하지 말라고! 요즘 유행을 보건대 실은 오토코노코[12]였다는 함정이 있을지도 몰라!!"

'히노모토 오니코'의 탄생 프로세스는 이름에서 속성이 발생한다는 점에서 니시오 이신의 캬라 조형을 연상시킨다. 아니, 오히려 이렇게 이야기해야 할지도 모르겠다. '이름'의 환유적인 의인화야말로 캬라 조형의 기본 프로세스라고. 이름의 동일성만 보존된다면 다소의 속성 차이는 문제가 되지 않는다는 점을 볼 때, 캬라적 동일성에서 '이름'의 중요성을 확인할 수 있다. 모에 캬라가 반일 감정을 탈구시키고 있는 모습은 우리에게 헌법 9조 이외에도 평화 교섭의 유력한 수단이 있을 가능성을 시사하고 있다. 무엇보다 의인화 캬라로서의 '히노모토 오니코'는 정치적인 이용이 금지되어 있다. 이 '사건'에 대해서는 그냥 웃어넘길 에피소드 정도로 생각하는 게 좋을지도 모르겠다. '모에를 일

---

12 서브컬처에서 일반적으로 소녀의 모습을 한 소년을 일컬음. 남자아이를 가리키는 '男の子'를 음차하여 '男の娘'라 표기. — 역자 주.

중 우호의 가교로 삼자!' 같은 지나친 의욕은 지금으로서는 헛웃음을 살 뿐이다. 하지만 그렇다 해도, 이 일이 정치라는 '현실'에 캬라가 얽힌 에피소드 중에서는 요즘 보기 드문 상쾌한 사건이었다는 점은 분명하다.

캐릭터 소비의 차원 — AKB48

이 책에서 다루는 '캬라'의 대부분은 허구 속의 존재지만, 거의 유일한 예외로서 아이돌 그룹 AKB48에 대해서도 다루어 보도록 하겠다. 데뷔 당시와는 하늘과 땅 차이로 이제는 히트 차트의 단골이 된 그녀들이지만, 그 인기의 최대 요인은 오직 '캬라 소비'라는 점에 있는 것처럼 보이기 때문이다.

아이돌의 인기를 그 서술적 요소, 예를 들면 미모를 비롯한 신체적 스펙 혹은 가창력이나 연기력 등의 각종 스킬, 또는 '세계관'의 설정 등에서 찾는다 해도 그다지 의미는 없다. 그것이 입구로서는 중요할지도 모르지만 인기를 유지하는 데 가장 중요한 것은 아이돌의 '캬라'이기 때문이다.

AKB의 인기 구조를 분석할 때 이러한 캬라 소비의 양상을 이해하지 못하면 논의를 진행할 수 없다. 물론 각 멤버에게 고정적인 캬라가 할당되어 있는 것은 아니지만, 오시마 유코大島優子가 아저씨 캬라이며 다카하시 미나미高橋みなみ가 썰렁한 캬라이고, 이타노 토모미板野友美는 갸루 캬라라는 식으로 차별화가 이

루어지고 있다는 것은 주지의 사실이다. 반대로 캬라에 주목한다면 AKB의 '인원 수'나 '성장 과정을 보여 준다'는 전략이 얼마나 중요한지를 잘 알 수 있다. AKB에는 '팀 A', '팀 B'라는 서브 그룹이 있는데 그것이 캬라 분화를 용이하게끔 돕는다. 캬라화에서 중요한 것은 관계성인데, 하위분류를 포함하는 40명 정도의 집단은 캬라의 다양성을 한눈에 파악하는 데 딱 알맞은 규모인 셈이다.

앞서 스쿨 카스트를 논했던 것처럼 캬라의 분화를 강력하게 촉진하는 또 하나의 요인은 '서열화'다. 많은 비판이 있었던 'AKB 총선거'에는 그와 같이 중요한 의미가 있었다. 2010년 6월에 이루어졌던 '총선거'는 팬의 인기투표로 AKB 멤버의 서열을 결정하는 중요한 행사였다. 선발 멤버 중 상위 12명은 '미디어 선발'로서 TV 방송이나 잡지 등의 프로모션에 출연할 수 있게 된다. 또 상위 21명은 '선발 멤버'로서 싱글 곡을 부를 수 있는 권리를 얻는다. 22위 이하는 이름부터 '언더 걸즈'라 불리는 하위 집단에 소속되게 된다. 이런 인기투표를 잔혹하다고 평가하는 의견도 있는 모양이지만, 나는 오히려 투명하고 공정한 서열화 과정이라고 생각하기 때문에 무조건 부정할 생각은 없다. 중요한 것은 서열화에 따라 캬라를 결정하기 위한 레이어가 한층 복잡해짐과 동시에 멤버의 캬라 분화도 한층 세밀하게 진화한다는 점이다.

정리하자면 다음과 같다. AKB는 집단 역동에 서브 그룹이나 서열화라는 구조적 역동을 더함으로써 각 멤버의 캬라를 고정화하여 인식하기 쉽도록 시스템을 만들어 냈다. 팬들은 그녀들의 캬라를 소비하고 싶다는 욕망을 통해 동기를 얻고, 나아가 서열화를 매개로 하여 자신들의 욕망이 직접 '최애最愛 멤버'(자신이 지지하는 멤버)[13]의 캬라 형성에 관여할 수 있다는 사실로 인해 한층 강한 동기를 부여받는다. 즉 그곳에는 이상적인 의미에서 '캬라 소비'의 순환 시스템이 성립되어 있다.

그런데 아이돌의 인기를 나처럼 '캬라 소비'라고 생각하는 것에 위화감을 느끼는 사람이 있을지도 모른다. 하지만 아이돌의 인기가 원래 '손이 닿을 것 같으면서도 닿지 않는 존재'에 대한 가상적인 욕망으로 유지된다는 것을 생각해 본다면, 여기에서는 일반적인 가수나 여배우에 대한 동경 이상으로 '팬 역할을 연기하고 있다'라는 자의식이 함양되기 쉽다. 아이돌 가수의 콘서트 곳곳에서 큰 목소리로 멤버의 이름을 부르며 보내는 성원이 정착된 것은 70년대 후반부터인데, 이 시기가 오타쿠의 여명기와 겹친다는 것은 우연이 아니다. '팬이라는 캬라를 연기하는 자의식'의 탄생은 '모에'의 발생을 준비했고, 캬라적인 자의식 아래에서 아이돌의 캬라화도 한층 강화되었다고 볼 수 있기 때문이다.

AKB의 인기가 예전 아이돌의 인기와 결정적으로 다른 것은 역시 '총선거'라는 시스템의 도입 때문이다. '악수회'나 '총선거'처럼 캬라와 '직접' 만나거나, 혹은 캬라의 양성에 '직접' 관여한다는 '환상'이 중요하다. 그들은 그것이 환상이라는 것을 알고

---

13 원문은 '推しメン'. — 역자 주.

있다. 하지만 이 때문에 그들은 점점 '상상의 공동체'에 의존하게 된다. 분명 이는 캬라 소비의 최첨단이라 할 만한 형식임과 동시에, 캬라 문화가 젊은 세대를 뒤덮어 버린 현 상황에서 가장 효과적으로 기능할 수 있는 방식이었을 것이다.

제8장
캬라 '모에'의 심급—캐릭터와 섹슈얼리티

'모에'의 정의에 대해

이 책 곳곳에서 '캬라 모에'라는 표현이 사용되고 있는데, 이 표현이 낯선 이들은 아직 감이 오지 않을지도 모른다. 늦게나마 이 장에서 '모에'를 정의해 보도록 하자. 그러나 시작부터 큰 걸림돌이 있다. 모에를 정의하는 것은 매우 어려운 작업이기 때문이다.

나도 '작가'로 참여했던 2004년의 베네치아 비엔날레 건축전에서는 아키하바라의 오타쿠화를 지적했던 『취미 도시의 탄생趣都の誕生』(幻冬舍)으로 잘 알려진 건축학자 모리카와 카이치로森川嘉一郎가 커미셔너를 맡았다. 물론 일본관의 테마는 'OTAKU'였다. 일본관의 입구 근처에는 초서체로 쓴 '와비, 사비, 모에'[1] 간판이 세워져 있었다. 이 세 마디야말로 오늘날 일본인의 마음이라는 모리카와의 낭랑한 선언인 셈이다. 그의 캐릭터로 볼 때, 여기에서는 농담 섞인 본심을 읽어 내야 했으리라.

다만 와비, 사비가 그렇듯이 모에 또한 정의 내리기 어렵다. 물론 사전적 의미가 존재할 리는 없으니 일단 위키피디아를 참조해 보도록 하자. 그 서두에서는 다음과 같이 해설하고 있다.

- '모에'의 현대적 의미, 용법을 의미론, 화용론적으로 해설하자

---

[1] 일본 특유의 미적 관념. 원문은 '侘び・寂び'. 와비는 탈속적이고 불완전성을 강조하며, 사비는 전통과 오래됨을 강조한다.—역자 주.

면 '모에'는 다양한 대상을 향한 호의적인 감정을 나타냄과 동시에 이를 총칭하는 용어라고 할 수 있다.

- 대표적인 '대상': 아니메, 만화, 게임과 같은 픽션 등에 등장하는 가공의 캐릭터의 성격, 특징 등(상세한 내용은 '모에 속성'을 참조)
- 대표적인 '감정': 보호 욕구를 수반한 유사 연애적인 호의나 애착, 혹은 순수한 호의나 애착, 페티시즘 혹은 모에 속성에 관한 기호나 심취 등.

이러한 해설에 얼마든지 이의를 표할 수 있겠지만 대체적인 '느낌'은 이것으로 파악할 수 있을 것이다. 이 장에서는 굳이 구분해 놓은 이 '정의'를 전제로 두도록 한다. 즉 이 책에서의 '모에'란 '허구의 캐릭터에 의해 환기되는 유사 연애적 감정'이다. 다만 아이돌 모에처럼 그 대상에 실체가 있는 경우에는 어떻게 할 것인가라는 의문도 남을 것이다. 물론 그러한 경우, 우리는 그 아이돌을 일단 캬라화함으로써 모에 대상으로 가공한다는 순서를 따른다. 더군다나 '모에'의 어원에 대해서는 아직도 여러 가지 의견이 있어 합의를 얻지 못하고 있다. 그러한 점을 고려하여 두 가지 대표적인 설을 소개해 보겠다.

(1) NHK 교육방송 〈천재 테레비 군天才てれびくん〉에서 방영된 SF 아니메 작품 〈공룡행성恐竜惑星〉(1993년 4월부터 방영)의 히로

인 '모에萌'가 기원(오카다 토시오岡田斗司夫 씨의 이야기).

(2) 만화, 아니메 〈미소녀전사 세일러 문美少女戰士セーラームーン〉의 캐릭터 '토모에 호타루土萌ほたる'(1993년 후반부터 등장)가 기원(졸저『전투미소녀의 정신분석』에서 소개).

양쪽 모두 반론이 있으며, 이들 작품 이전부터 '모에'라는 말이 존재했다는 유력한 설도 있기 때문에 진상은 알 수 없다. 다만 기원이 1990년대 초반이라는 점에는 대략적인 일치를 보고 있는 듯하다. 굳이 이 설들을 소개한 것은 어떤 설이든 모에의 대상이 아니메 캐릭터라는 점을 확인하기 위해서다. 허구의 여성 캐릭터에는 다양한 스타일이 존재하는데 아니메 캬라라는 가장 실재성이 부족한, 바꾸어 말하자면 '허구성'이 높은 캐릭터가 대상으로 선택되었다는 점이 여기에서는 중요한 의미를 가진다.

모에는 페티시즘인가

지금까지의 서술에 의문을 가진 이가 있을지도 모른다. 그렇다면 '오타쿠'와 '마니아'는 다른 것일까. 혹은 '모에'와 '페티시즘'은 같은 것이 아닐까. 알려진 것처럼 '주체-욕망의 형식'의 조합이라는 점에서 '오타쿠-모에'와 '마니아-페티시즘'은 평행 관계다. 다만 정신분석의 입장에 서자면 양자의 사이에 구조적이고 본질적인 구분을 짓기란 어렵다.

그러나 경험론적인 수준에서 서술하자면 양쪽 사이에 꽤 분명한 경계선을 긋기가 불가능하지는 않다. 즉 그곳에 상징적 차이는 존재하지 않지만 상상적 차이는 존재한다, 는 이야기다. 여기서 '오타쿠-모에'의 대상물과 '마니아-페티시즘'의 대상물을 구체적으로 열거해 보도록 하자.

- '오타쿠-모에'적 대상: 아니메, TV 게임(미연시 중심), 라이트노벨, 성우 아이돌, 특촬, C급 아이돌, 동인지, 야오이 등.
- '마니아-페티시즘'적 대상: 우표(수집), 서적(비블리오 마니아), 오디오, 카메라, 천체 관측, 버드 워칭, 곤충 채집, 록, 재즈, 기타 수집 전반.

물론 이처럼 확실하게 구분할 수 없는 영역도 존재한다. 예를 들어 '만화'나 '철도'는 오타쿠적인 관점에서도, 마니아적인 관점에서도 애호의 대상이 될 수 있다. 다만 그러한 번거로운 논의는 잠깐 제쳐 두도록 하자.

새삼 뚜렷하게 보이는 것은 오타쿠의 강한 '허구 지향'과 그와는 대조적인 마니아의 강한 '실체 지향'이다. 애호 대상이 우표든 책이든 마니아에게는 '오리지널'이나 '현물'이 압도적으로 존중받는다. 우표 사진만 수집해서 즐거워하는 마니아는 없으며 곤충의 피규어를 아무리 모아도 곤충 마니아는 상대해 주지 않는다. 이 점은 그대로 페티시즘에도 해당한다. 페티시즘에서도 애착 대상의 실재성은 불가결하기 때문이다.

이에 비해 '오타쿠'의 '모에'는 그러한 의미의 '실체 지향'이 희박하다. 덧붙이자면 '모에'가 성립하기 위해서는 어떠한 '캐릭터성'이 필수다. '캬라 모에'라는 말이 상징하는 것처럼 무언가에 '모에'하기 위해서는 그 대상을 우선 '캐릭터'하는 과정이 꼭 필요하다. 이는 바꿔 말하자면 현실의 인간이든 비인간적인 무기물이든 일단 '캬라화'되면 모에의 대상이 될 수 있음을 의미한다. 이는 이미 제7장에서 의인화의 문제를 다룰 때 상세히 논한 바 있다.

조금 더 덧붙이자면 '모에'는 시각적이고 전체를 지향하며 '페티시즘'은 시각 이외의 감각에 대폭 의존하면서 '부분'을 지향한다고 할 수도 있다. 구체적으로는 '안경 모에' 오타쿠가 반드시 실물 안경에 관심을 갖는 것이 아니라 어디까지나 안경 캬라의 그림을 애호한다는 점을 먼저 꼽을 수 있겠다. 즉 여기에서는 캬라라는 전체성과 그 그림이라는 시각적 요소가 불가결하다. 이에 비해, 예를 들어 '신발 페티시즘'은 신발 사진 같은 것으로는 결코 만족하지 못하고 '실물'을 소유하는 데 매달릴 것이다. 그러나 그들은 신발의 소유자로서의 '인격'을 꼭 필요로 하지는 않는다. 물론 각각의 근원에 허구 지향과 실체 지향의 차이가 있음은 말할 것도 없다.

리얼리티와 커뮤니케이션

그렇다면 왜 '모에'라는 허구 지향적인 말이 요청되었던 것일까. 대략적으로 보면 1990년대부터 2000년대에 걸쳐 '리얼함'의 변용이 일어났다고 생각된다. 오늘날 리얼함을 담보하는 것은 날것 그대로의 '현실' 따위가 아니다. 이미 다양한 논자들이 '현실' 그 자체보다도 '리얼함'을 더 많이 논하고 있듯이. 예를 들어 오쓰카 에이지의 '만화, 아니메적 리얼리즘'이라는 말이 왜 요청되었는가에 대해서는 제5장에서 논한 바 있다. 실은 나도 오쓰카와 거의 동시기에 책에서 비슷한 지적을 한 바 있다. 허구 속에만 존재하는 히로인 '전투미소녀'의 리얼리즘은 그러한 관점 없이는 설명할 수 없다. 혹은 후술할 아즈마 히로키의 '데이터베이스 이론'이나 '게임적 리얼리즘'도 마찬가지 개념이다. 이것들은 모두 그러한 상황을 반영한, 일차적으로는 '현실'을 담보하지 않는 특이한 리얼함의 형식을 가리키는 말이다. 그것은 바꾸어 말하자면 마치 허구 내부에서만 자율적인 듯한 리얼함이다.

이와 비슷한 말로 '핍진성 verisimilitude'이 있다. 주로 문예 비평의 영역에서 쓰이는 말로, 현실의 모방도가 아니라 내용과 형식의 조합을 통해 시나 소설이 획득하는, 허구로서의 리얼리티를 의미한다. '만화, 아니메적 리얼리즘'의 상위 개념이라고 생각할 수도 있겠지만 여기에는 결정적인 차이가 있다. '핍진성'이 **오로지 소설의 형식이나 작품과 독자의 관계를 지속적으로 문제화하기 위한** 개념인 데 비해 '만화, 아니메적 리얼리즘'의 기반에는 독자 개개인보다는 독자 공동체 내부의 커뮤니케이션이 존재한다. 예컨대 '오타쿠'라는 공동체의 내부에서 교차하는 커뮤니케이션의 집적과 전통이 '전투미소녀'의 리얼리티를 떠받치고 있는 것처럼 말이다. 물론 '캬라 모에'의 작법에서도 이러한 커뮤니케이션의 기반이 중요하다.

지금까지의 논점에서 오늘날 '리얼함'을 구성하는 메커니즘이란 '무엇이 리얼한가'를 확인시켜 주는 재귀적 커뮤니케이션과 마찬가지라는 결론을 도출할 수 있다. 허구 내부에서 '리얼'이 자율적이기 위해서는 무엇보다도 그 허구 공간이나 캬라에 관한 커뮤니케이션이 선행되어야 한다. 물론 이는 '오타쿠'에만 한정된 이야기가 아니다. 이미 제1장에서 젊은이의 커뮤니케이션 대부분이 캬라의 재확인을 위해 이루어지고 있음을 지적했다. '캬라'는 매우 효율적인 커뮤니케이션 도구이기도 하다. 상대방의 캬라를 인지하는 일은 '관계성'을 인지하는 일 그 자체다. 캬라란 사전에 '관계성'이 기입된 기호이며, 그 때문에 '캬라의 리얼함'은 커뮤니케이션을 매개로 하여 끊임없이 재귀적으로 강화되는 것이리라.

캐릭터화의 자기장

여기서 다시 한번 확인하자. '모에'란 허구적 캐릭터로 향하는 감정이다. 어떤 대상이라 하더라도 캬라화(= 허구화)의 절차를 거치면 '모에'의 대상이 될 수 있다. 때로는 인간마저도 '의인화'됨으로써 캬라로 변환된다. 역사상의 인물에게 모에함을 느끼거나 단순한 '풍경'에 모에함을 느낄 수 있는 것도 그곳에 캬라화라는 특이한 환유 생성의 자기장이 성립되기 때문이다. 더욱 중요한 것은 그것이 개인적 감회에 그치는 한 '모에'가 성립하기 어렵다는 점이다. 나는 예전에 다음과 같이 썼다. "그들은 자신의 섹슈얼리티마저 예술화해 버린다. '그 캐릭터를 좋아하는 자신' 그 자체를 희화시켜 대상화해 보이는 말이 '○○ 모에'이다."(『전투미소녀의 정신분석』) 그렇다. '모에'란 대상을 캐릭터화함으로써만 성립하는 것이 아니다. 그것은 모에의 주체도 캐릭터의 자기장으로 끌고 와 버리는 말이다.

'~모에'라고 자칭하는 것은 자신의 기호에 대한 야유나 조소까지 캐릭터화하여 선제적으로 웃어넘김으로써('익살'이나 '재료'로 만드는) 섹슈얼리티 때문에 받을 상처를 방어하려는 몸짓이 아닐까. 즉 '모에'라는 말에는 공감과 마찬가지로 방어적 커뮤니케이션을 통해 강화되는 태생적 특질이 있는 것이 아닐까. '모에'에 의거한 커뮤니케이션은 자신이 그 캬라를 사랑할 수밖에 없는 이유를 재확인함과 동시에 자신과 캬라의 관계성, 혹은 자신의 캬라 그 자체를 확인한다는 의미에서도 재귀적인 커뮤니케이션의 연쇄나 다름없다.

모에와 '로리콘'

이제 다시 본래의 '모에' 이야기로 돌아간다면, 오타쿠 문화의 '로리콘' 수용에서도 흥미로운 점을 발견할 수 있다. 로리콘이라는 말은 1970년대 후반부터 80년대 전반에 걸쳐 급속도로 퍼져 나갔다. 로리콘 문화의 여명기에서 반드시 거론되는 것이 만화가 아즈마 히데오^{吾妻ひでお}의 존재이다. 아즈마는 소년을 대상으로 인기 작품을 양산했는데 SF적 요소를 배경으로 미소녀 캐릭터를 그려 오타쿠에게서도 절대적인 인기를 누렸다. 아즈마와 그 어시스턴트들은 1979년 코믹 마켓(일본 최대 규모의 만화 동인지 판매 모임)에서 로리콘 동인지 『시벨^{シーベル}』을 판매한다. 이것은 일본 로리콘 붐의 시초라 할 수 있을 '사건'이었다. 간단하게 말해 그 내용은 미소녀 캐릭터를 소재로 한 포르노그래피였다. 『시벨』 이후 80년대 초반의 코믹 마켓에서 수많은 로리콘 동인지가 판매되었으며, 이윽고 상업지도 그 길을 따름으로써 로리콘은 붐이 되었다. 다만 사사키바라 고^{ササキバラ・ゴウ}에 따르면 "이러한 표현 자체가, 당시에는 장난이나 패러디의 느낌이 혼재된 분위기에서 이루어졌다"고 한다.[2] 즉 로리콘 포르노의 붐은 청소년의 성적 기호가 변화한 데 이끌려 일어난 것이 아니라 패러디나 유머 같은 메타적인 몸짓에 성적 기호의 변화가 따라갔다고 보는 편이 사실에 가깝다. 이 점에 대해서는 미야다이 신

---

2 『'미소녀'의 현대사〈美少女〉の現代史』, 講談社現代新書.

지도 '해학의 스탠스'라는 말로 동일하게 해석하고 있다.3

물론 당시에는 '모에'라는 말이 존재하지 않았다. 그러나 로리콘 붐을 견인했던 기본적인 감정이야말로 '모에'가 아니면 무엇이었겠는가. 그것이 패러디나 유머라는 '해학의 스탠스'에서 생겨났다고 한다면 이는 '모에' 그 자체가 오타쿠 공동체의 커뮤니케이션에서 태어났다는 유력한 근거가 될 것이다. 이 경위는 자명해 보이며 정신분석적으로도 매우 중요한 의미를 지닌다. 왜냐하면 그것은 커뮤니케이션이 욕망에 선행한다는 사태에 대한, 가장 첨예하고 규모가 큰 사례일 수 있기 때문이다.

덧붙여 말하자면 '모에'라는 단어의 폭발적인 확산은 정확히 '캬라' 붐과 병행하여 일어난 듯 보인다. 앞서 논했던 것처럼 '캬라'라는 말은 일반적 용법과 오타쿠적 용법에서 미묘한 차이를 보인다. 그러나 우연히 용어가 일치했다는 점 덕분에 '캬라 모에'는 오타쿠 공동체 이외에서도 강한 침투력을 발휘할 수 있었다. 말이 침투와 확산을 견인한다는 사실. 그것은 정신분석적으로도 흥미로운 현상이라 할 수 있을 것이다. 어쨌든 '모에'의 수용은 오타쿠에 대한 편견을 완화시킨다는 점에서도 큰 의미를 지닐 수 있었던 것 같다. '모에'라는 말의 가능성은 아직 충분하게 발굴되지 않았다. 그것은 '캬라'의 가능성과 마찬가지로, 앞으로도 '허구'와 '현실'의 상호 침투를 한층 가속시킬 것이다. 그렇다. 예컨대 바로 '아키하바라'가 그랬던 것처럼.

---

3 『증보 서브컬처 신화 해체増補サブカルチャー神話解体』, ちくま文庫.

'아키하바라'의 재귀성

명저 『취미 도시의 탄생』의 저자 모리카와 카이치로는 "소녀는 건축이다!"라는 '명언'을 남겼다. 그것은 2004년에 개최된 베네치아 비엔날레 건축전의 기자 회견 당일의 일이었다. 일본관에 전시될 예정이었던 오시마 유키大嶋優木의 피규어 '신요코하마 아리나新横浜ありな'의 러프 스케치를 보고 감동한 모리카와가 이 멋진 언령言霊[4]을 탄생시켰다. 덧붙이자면 '신요코하마 아리나'란 신장 55미터의 '메이드 소녀'라는 말도 안 되는 설정의 캐릭터다. 이 피규어는 비엔날레 일본관의 '신위'[5]로 전시되었으며 카탈로그의 부록이기도 했다.

당시 나는 비엔날레의 커미셔너였던 모리카와에게 '작가'로 초청되어, 아티스트 가이하쓰 요시아키開発好明 및 마스카와 코헤이枡川浩平와의 공동 작품으로 '오타쿠의 방'이라는 작품을 출품했다. 일본관의 테마는 '오타쿠: 인격 = 공간 = 도시'였고 전시 공간은 그야말로 『취미 도시의 탄생』의 내용을 충실하게 재현했다. 아쉽게도 수상은 하지 못했지만 전시 콘셉트는 높은 평가를 얻어 다양한 미디어의 주목을 받았다. 또 이 전시는 제44회 일본SF대회에서 성운상星雲賞 자유 부문을 수상했다. 다음 해 2월

---

4 일본어의 '고토다마言霊'. 말에 혼이 담겨 있다는 의미이며, 말이 현실에 영향을 끼친다는 믿음에서 비롯되었다.—역자 주.

5 神位. 신사에는 통상 그 지역의 존경받는 인물이나 출신 위인 등을 신위로서 안치한다. 같은 의미에서 베네치아 비엔날레에 전시된 신사에는 신요코하마 아리나가 신위로서 안치되었다.—역자 주.

에는 도쿄도 사진미술관에서 일본관 전시의 귀국전이 개최되어 많은 관람객이 방문했다.

비엔날레의 커미셔너로서 모리카와를 지명했던 이는 『취미도시의 탄생』의 내용에 감명을 받은 건축가 이소자키 아라타^{磯崎新}였다. 이소자키의 혜안은 일본관에 대한 평가를 통해 분명해졌는데, 이는 그대로 저 책에 대한 평가에도 들어맞을 것이다.

'미래'의 상실

도시가 독방화한다. 모리카와의 주장을 굳이 한마디로 요약한다면 그렇게 될 것이다. "취미가 도시를 바꾸는 힘을 가지기 시작했다. 이는 도시의 역사에서 전대미문의 현상이다"라고 모리카와는 쓰고 있다. 아키하바라의 변천을 논하는 일이 갖는 중대한 의미를 깨닫게 된 건축학자로서의 고양감이 주장에서 엿보인다. 여기서 비엔날레 일본관의 테마가 '오타쿠: 인격 = 공간 = 도시'였음을 다시 한번 생각해 보자. "여기는 왜 이렇게 어린 여자아이를 그린 아니메 그림이 많은 거야?" 아키하바라를 방문한 서양 학생들이 제일 처음 던지는 질문이라고 한다. 그 그림들의 대부분이 실은 포르노그래픽한 요소를 포함하고 있다는 것. 심미안과 더불어 '실용성'을 측정하는 가치 기준으로서의 '모에'가 어느새 도시의 풍경을 바꾸어 버렸다. 그 자체가 하나의 논문과 같았던 일본관에는 나도 제작을 거들었던 아키하바라 시가의 미니어처가 전시되었다. 그곳에는 모리카와가 『취미 도시의 탄생』에서 주장했던 것이 상당히 충실하게 재현되었다.

먼저 아키하바라의 '형이하학적 풍경', 즉 현실 도시의 미니어처가 놓인다. 다음으로 전개되는 것은 두 가지 패턴의 '형이상학적 풍경'이다. 하나는 80년대까지 존재했던 '전자 상가 아키하바라'의 풍경이고, 다른 하나는 90년대 이후에 보이는 '오타쿠의 거리 아키하바라'의 풍경이다. 풍경이 변천한 데에는 몇 가지 요인이 얽혀 있다. 첫 번째는 양판점이 전국 각지에 진출하는 바람에 아키하바라가 가전제품 시장의 중심이 될 만한 매력과 고양감을 이미 상실했다는 점이다. 혹은 1997년 이후 에반게리온 버블을 계기로 '오타쿠적 취미의 구조'가 자생적으로 건물의 경관을 덧칠해 나갔다는 점도 있다. 모리카와는 이 경위를 '라디오 회관'의 플로어가 만화나 개러지 키트 전문점으로 채워져 나간 과정을 예로 들어 치밀하게 검증한다. 서술은 담백하지만, 검증하는 그의 모습에서 오타쿠적(강박적?)인 완벽주의가 유감없이 발휘되고 있다는 점은 이 책에서 눈여겨볼 부분 중 하나이다.

그러나 이 변천에서 가장 본질적인 열쇠를 쥐고 있는 것은 '미래의 상실'이다. 80년대 이후의 일본 만화에서 〈아키라アキラ〉나 〈기동경찰 패트레이버機動警察パトレイバー〉 혹은 〈신세기 에반게리온〉에 이르기까지 작품의 무대가 된 '근미래'의 도쿄는 마치 고도성장기의 도시 계획을 방불케 하는 레트로 퓨처적인 도시로 그려진다. 여기서 현재의 '상실된 도시, 도쿄'의 모습은 회피된다. 매력적인 디테일을 잃어버린 도쿄는 이미 '반경 1킬로미

터의 미니어처 가든에서 전개되는 듯한 반복적 일상'의 무대가 되는 익명적 공간에 불과하다.

거슬러 올라가자면 미래의 상실은 이미 1970년대 오사카 만국 박람회에서 결정적인 모습으로 나타났다. 당시, 건축에서 나타난 셸터 기능과 표상 기능의 괴리는 '축제 광장'과 '태양의 탑'이 분리됨으로써 멋지게 표현되었다. 그리고 그것은 건축 디자인의 종언을 고하는 것과 다름없었다. 이 분리는 90년대에 이르러 옴 진리교의 시설인 '사티안^{サティアン}'으로 반복되었다. 사티안은 디자인을 결여한 채 셸터 기능만 갖춘 조립식 건물에 지나지 않았으며, 그곳의 표상 기능은 교단이 있던 '후지가네^{富士ヶ嶺}'에서 가까이 보이는 후지산으로 분리, 빙의되어 있었다.

사티안의 발상에는 캐릭터에 대해 관심이 높고 공간에 대해서는 관심이 낮은 오타쿠 특유의 공간 감각과 겹치는 부분이 있다. 그 공간 감각이야말로 모에 그림(표상 기능)과 창문 없는 창고 같은 건축(셸터)이 늘어선 아키하바라의 경관을 이끌어 냈다. 또 미래의 상실은 모리카와의 용어에 따르자면 '비사회화^{非社會化}'로 이어진다. 이 과정은 도시에만 해당되지 않는다. 모리카와는 항공기 디자인의 변천을 예로 들고 있다. 초음속 여객기에서 점보제트기로 이행하는 대중화의 과정은 90년대 들어 드디어 점보제트기에 아이의 그림이 그려지는 상황에까지 이르렀다. 이는 아키하바라 거리에 아니메 그림의 미소녀가 넘쳐 나는 상황과 비사회화의 방향성을 공유하고 있다. 이를 두고 모리카와는 "'미래'가 캐릭터로 채워졌다"고 하면서 그곳에 중앙집권(관

官)에서 개인화(民民)로, 개인화에서 비사회화(개별個)로 나아간다는 기술관의 변천을 읽어 내고자 한다.

'오타쿠'적 도시론

비엔날레 전시에 관여함으로써 나는 '오타쿠적 공간'의 또 다른 특성을 깨닫게 되었다. 오타쿠적 토포스에서는 '메타 공간'이 항상 닮은꼴로 반복된다. 이는 무엇일까.

마치 집합 주택을 연상케 하는 렌털 쇼케이스 전시 옆에 침대 틀을 프레임 삼아 개인실 내의 개인실을 이미지한 '오타쿠의 방' 미니어처가 문자 그대로 집합 주택처럼 진열되어 있었다. '소유 공간'〈'개인실'〈'축제 공간'〈'거주 공간'〈'가상 공간'이라는 계층 구조가 여기에 있다. A〈B라는 표기는 'B는 A보다 더 메타적인 공간'이라는 것을 의미한다. 소유 공간이란 예를 들면 렌털 쇼케이스이며, 축제 공간이란 말할 것도 없이 코믹 마켓 회장, 거주 공간이란 아키하바라, 가상 공간이란 인터넷 게임의 세계다. 모든 단계에서 오타쿠적 공간은 '모에'의 모티브를 반복한다.

모리카와에 따르면 일본의 도시 개발 양상에는 3단계의 페이즈가 있다고 한다. 제1페이즈가 60년대의 '관' 주도형이며 제2페이즈는 80년대 버블 시기에 '포스트모던'의 캐치프레이즈 아래 '민' 주도형으로 개발되었던 것을 의미한다. 제1페이즈가 남성형 인격, 제2페이즈가 (외향적) 여성형 인격이라고 한다면 제3

페이즈를 관장하는 것이 '미래'를 상실한 (내향적) 남성, 혹은 오타쿠라는 제3의 젠더라는 것이 모리카와의 주장이다.

여기서 중요한 것은 오타쿠적 욕망 추구가 포스트모던의 자본주의적 욕망 추구와는 명확하게 차이를 보인다는 점이다. '제3의 젠더' 여부와는 관계없이 오타쿠가 현재의 공간을 통제하는 새로운 원리로서 '모에'가 무시할 수 없는 위치에 놓이게 된다. 내가 덧붙일 만한 관점이 있다면 '모에'가 공간의 메타적 구분을 무효화한다는 점이다. 보다 정확하게 말하자면 '모에'는 '메타 공간 같은 것은 존재하지 않는다'라는 하나의 진리를 드러낸다. 말할 것도 없이 이 지적은, 공간 또한 언어적으로 구성되어 있으며 언어에는 그것을 정초하는 어떠한 '메타 언어'도 존재하지 않는다는 정신분석의 준칙에 기반하고 있다.

모리카와가 그 용어를 쓰지는 않았지만 여기에는 분명히 '재귀적'인 작용이 있다. 만일을 위해 주석을 달아 두자면 '재귀적'이란, '개념'과 '현실'이 상호를 규정하는 관계에 놓여 있는 상황을 가리킨다. 『취미 도시의 탄생』의 취지에 따라 말하자면 '모에'가 도시를 변모시킴과 더불어 그 도시 공간을 경험함으로써 개인에게 '모에'가 재설치되는 관계성을 의미한다. '미래'나 '이상'이라는 외부를 상실했을 때 이러한 종류의 재귀성은 더욱 강화될 것이다. 정보 네트워크의 정비에 따라 사회의 유동성은 높아지며 가치 공동체는 상실되고 커뮤니케이션의 공동체만이 전경화된다. 이때 캐릭터에 모에를 느끼는 것은 그러한 개인 또한 캬라화하는 것을 의미한다. 그것은 동시에 '욕망' 그 자체를 개인의 동일성의 서술로 간주하는 일이며, 여기에도 이미 재귀성은 침투하기 시작했다.

물론 이러한 상황이 '오타쿠'에게 한정된 것만은 아니다. 실제로 모리카와도 아키하바라와 시부야의 도시 경관을 대비시키면서 서로 다른 재귀성의 작용을 시사하고 있다. 그러나 아키하바라의 특이성은 역시 충분히 강조할 필요가 있다. 왜냐하면 같은 책에서 '모에'와 '도시'의 재귀성을 매개하는 존재로서 '미소녀 캬라'가 강조되고 있기 때문이다. 이 중요한 매개항을 결여한 채로 '취미'와 '건축'의 재귀적 관계를 이만큼 설득력 있게 서술하는 것은 불가능하다. "소녀는 건축이다!"라는 모리카와의 말은 그야말로 이러한 상황을 가리키는 테제나 다름없다.

제9장
허구로서의 캐릭터론

데이터베이스 이론

아즈마 히로키는 일관되게 이 '캐릭터'의 문제와 맞닥뜨려 온 사상가다. 그는 현대문학에서 '상상력의 이환경화二環境化'에 대해 서술하고 있다.[1] 아즈마에 따르면 리얼리즘에는 두 종류가 존재한다. '자연주의적 리얼리즘'과 '만화, 아니메적 리얼리즘'이 그것이다. 덧붙여서 후자는 오쓰카 에이지가 도입한 말로, 이에 대해서는 이미 언급한 바 있다.

현대 일본 사회에서 많은 소설, 특히 라이트노벨이라 불리는 장르의 작품은 '자연주의적'인 묘사가 아니라 캐릭터의 데이터베이스를 참조하여 만들어지고 있다. 즉 현대의 소설에서는 현실을 그대로 모방하는 것을 목표로 삼은 리얼하고 정교한 묘사, '인간을 있는 그대로 담아 낸' 문체 같은 것이 예전만큼 중요하지 않다는 것이다. 아즈마 히로키의 독창성은 '만화, 아니메적 리얼리즘'을 지탱하는 자원으로 '데이터베이스'라는 개념을 도입했다는 점에 있다. 이 데이터베이스는 과거 모든 작품의 파편이 담긴 아카이브다. 장르나 작품별로 반듯하게 정리되어 있는 것이 아니다. 어떤 파편이 어느 작품에 속하는지도 모호해진 혼란스러운 공간이라는 이미지에 가깝다.

그것은 일종의 집합적인 기억으로서 작품 제작에 관여한다.

---

[1] 『게임적 리얼리즘의 탄생』, 講談社現代新書.
한국어판은 장이지 역, 『게임적 리얼리즘의 탄생 — 오타쿠, 게임, 라이트노벨』, 현실문화, 2012.

이미 일본의 서브컬처에서 1차 소재부터 완전히 새로 만들어지는 작품은 거의 존재하지 않는다. 대부분의 작가가 이 데이터베이스를 참조하면서 흡사 2차 창작과 같은 몸짓으로 새로운 작품을 생산해 나간다. 예를 들어 제5장에서 인용했던 신조 카즈마는 캬라의 진화에 대해 흥미로운 지적을 한 바 있다. 캬라에는 '안경 소녀', '츤데레', '메이드'라는 몇 가지 기본 유형이 있는데, 이 유형을 겹쳐 쌓음으로써 얼마든지 새로운 유형을 만들어 낼 수 있다. 때문에 이제는 옛날 만화에서는 있을 수 없었던 '안경을 쓰고 메이드이기도 한 젊은 마님' 캬라가 태연하게 등장한다고 한다. 그렇다. 조합이 욕망에 선행한다는 것. 이러한 상황을 설명하는 데 먼저 고려되어야 할 것은 '데이터베이스 이론'이리라.

그러나 이 논의는 윗세대 비평가로부터 격렬한 비판을 받았다. 데이터베이스화가 과거에 실컷 논의되었던 샘플링이나 커트 업Cut Up 혹은 시뮬레이셔니즘과 무엇이 다르냐는 이야기다. 분명 그러한 의문이 들어도 어쩔 수 없는 면이 있으며, 아즈마 또한 이러한 점에 대해서는 조금 설명이 부족했던 감도 있다. 그럼에도 불구하고 이 논점이 새로운 것은 '데이터베이스 참조'와 '과거 작품의 인용'은 의미가 전혀 다르기 때문이다. '인용'에는 고유명의 아우라 그 자체를 들여온다는 뉘앙스가 있다. 이때 오카자키 켄지로岡﨑乾二郎가 말한 것처럼 작품은 인용되면 일종의 고전으로서 완결되어 버린다.[2] 그러나 데이터베이스는 철저하게 익명적이다. 비록 그 파편의 원전을 추정할 수 있다 해도 원전 자

---

2 『예술의 설계芸術の設計』, フィルムアート社.

체가 또 다른 인용의 묶음인 경우도 있는 이상, 작가에 대한 리스펙트보다는 공공재의 가벼운 활용이라는 뉘앙스가 짙다.

아즈마의 '데이터베이스' 발상이 의의를 가지는 것은 캐릭터라는 특이한 표현물의 존재 이유를 설명할 때 반드시 '인간의 욕망'만을 전제로 할 필요가 없다는 점에 있다. 나는 예전에 저서 『전투미소녀의 정신분석』에서 '싸우는 소녀'라는 이해 불가능한 아이콘을 분석할 때 오타쿠의 섹슈얼리티 측면에서 해독을 시도했다. 극히 단순하게 설명하자면, 전투미소녀라는 표상물에는 보이지 않는 토대로서 다양한 오타쿠적 욕망의 형식이 응집되어 있다. 그러나 '전투미소녀'란 결국 허구적 공간 안에서 반전된 히스테리의 상징이며 트라우마의 결여와 전투 능력의 조합이라는 구조야말로 욕망의 원인을 구성하는 것이었다. 이 논의는 현재도 대체로 유효한 것으로 보인다. 그러나 그 시점에서는 알 수 없었던 요인도 적지 않다. 그 중 하나가 '데이터베이스'라는 발상이었다.

태초에 욕망이 있었다는 말로는 표상물이 성립하지 않는다. 오히려 인간의 욕망은 무수한 표상물에 이끌려 자신을 사후적으로 발견해 버리기도 한다. 이는 제8장의 로리콘 성립 부분에서 상세하게 논했다. 여기에서 그러한 '발견'을 유발하는 것이 오타쿠들의 데이터베이스다.

캐라의 세 가지 계界

캐릭터라는 문제가 매우 흥미로운 것은, 표현이라는 것이 '표상 불가능한 무엇인가'를 담보로 삼지 않고도 성립한다는 점을 분명히 보여준 점에 있다. 내가 자주 인용하는 정신분석가 자크 라캉의 용어로 말하자면 캐릭터의 성분은 철두철미하게 '상상적인 것'으로 이루어져 있다. 그것은 이미지의 산물에 지나지 않는다. 그럼에도 불구하고 캐릭터는 사람들을 끌어당겨 이야기를 생성하고 때로는 사람의 인생을 바꾸어 버린다.

혼란을 피하기 위해 여기에서 라캉의 용어에 대해 간단하게 설명해 두도록 한다. 라캉에 따르면 인간의 마음에는 상상계, 상징계, 실재계라는 세 가지 영역이 존재한다. 상상계라는 것은 비주얼 이미지의 세계, 상징계는 거칠게 말하자면 언어의 세계, 실재계는 현실의 세계가 아니라 볼 수도 만질 수도 없으며 말할 수도 없는 불가능의 세계. 이것이 라캉의 정리다. 이래도 아직 이해하기 어렵다고 하는 경우가 있으니, 영화 〈매트릭스〉를 예로 들어 보자.

매트릭스의 무대인 근미래 사회에서는 인간이 컴퓨터의 열원으로 '재배'되고 있다. 인간은 부화기처럼 생긴 특수한 곤충의 태내에서 잠들어 있으며, 컴퓨터가 만들어 낸 1999년의 가상 세계의 꿈을 꾸고 있다. 이 가상 세계가 '매트릭스'다. 사람들은 이 가짜 세계에서 일생을 보내지만 누구도 그것을 깨닫지 못한다. 이 절망적인 세계에서 '매트릭스'의 존재를 눈치챈 반란 조직이 컴퓨터의 지배와 싸운다는 것이 이 영화의 줄거리다.

여기에서 가상 세계 '매트릭스'는 거짓 이미지의 세계라는 의미에서 그대로 상상계에 대입할 수 있다. 그리고 인간이 매트릭스의 꿈을 꾸면서 잠들어 있는 '현실 세계'가 실재계다. 영화라서 실재계의 장면도 그려지지만 여기에서의 포인트는 매트릭스 안에 있는 인간이 실재계로부터 결정적인 영향을 받으면서도 그 존재를 깨닫지 못하며, 물론 그것을 보거나 만질 수도 없다는 점이다.

그렇다면 상징계는 어디에 있을까. 영화의 마지막에서 한번 죽었던 구세주 네오는 '각성'한다. 네오의 눈에 보이는 것은 이미 가상 세계의 환영이 아니다. 그는 이제 매트릭스를 만들어 내고 있는 프로그램의 소스 코드 그 자체를 조망할 수 있다. 여기에서 네오가 보고 있는 코드 시스템이 상징계에 해당한다.

예컨대 비평 업계에서 아니메보다 영화를 더 높이 쳐주는 경향이 있는 것은 영화가 표현 불가능한 깊이를 가지고 있다는 근거 없는 믿음이 있기 때문이다. 아니메의 제작 공정은 일반적으로 인간의 상상력으로 완벽하게 제어된다. 각본부터 그림 콘티, 캐릭터 설정에서 배경 묘사, 세계관과 테마, 모든 세부에 '의미'가 있다. 무의미한 묘사에 불필요한 노력을 기울이지 않기 때문에 이는 필연적인 귀결이기도 하다. 그러나 영화는 다르다. 물론 영화제작도 철저한 제어가 이루어지지만, 그렇다 하더라도 영화의 장면에는 종종 의도하지 않은 것이 섞여 들어가 버린다. 그것은 배우의 불가해한 표정이나 화면에 무심코 들어가 버린 스태프, 감독의 의도를 초월한 분위기 같은, 표상 불가능한 무언가다. 비평가에 따라서는 영화의 무의식이라고 부를 법한 그런 세부에서 영화를 평가하려는 이도 있다.

아즈마 히로키를 필두로 하는 젊은 비평가들은 작품의 심층이나 작가의 의도를 깊이 읽어 냄으로써 성립하는 작업을 더 이상 비평이라 부르지 않기로 한 모양이다. 적어도 그들은 작품을 표상 불가능성이라는 레벨에서 평가하려고 하지 않는다. 아니, 거기에 그치지 않고 그들은 상징적인 작용을 대할 때조차 철저하게 금욕적이다. 아즈마 히로키의 다음 문장에서 그러한 결의를 찾아볼 수 있다.

> 여기서 문제가 되는 것은 캐릭터의 본질보다도 캐릭터를 둘러싸고 전개되는 상상력의 환경이다(『게임적 리얼리즘의 탄생』).

인간의 상상력에서 태어난 캐릭터들이 인간의 상상력을 통해 수용되고 상상력의 환경에서 순환한다는 것. 이 환경에 대해 '폐쇄적이다', '타자성이 없다' 등의 비평을 하는 것은 너무도 쉬운 일이다. 그러나 사람들의 이야기 소비 형태 자체가 그러한 변용을 이루어 내고 있다면, 그것을 한탄해 봐야 소용없는 일이다. 그것은 '민도가 낮다' 같은 비판과 마찬가지로 비판자의 나르시시즘을 보여 주는 것이나 다름없다.

게임적 리얼리즘

아즈마는 최근의 게임과 라이트노벨에서 공통되는 한 가지 특이한 구조에 대해 논하고 있다. '게임과 같은 소설'(세이료인 류스이의 일련의 작품, 혹은 마이조 오타로의 『쓰쿠모주쿠』 등)이 늘어난 것뿐만이 아니다. 오히려 '소설과 같은 게임'[3]도 늘어났다는 것이다.

아즈마는 "기호를 사용하여 신체를 표현한다는 역설적인 과제에 도전하는 것"이 만화, 아니메적 리얼리즘이라고 한다면, 콘텐츠 지향 미디어(소설)를 이용해서 커뮤니케이션 지향 미디어(게임)의 경험을 표현한다는(그 반대도 있다) 역설에 도전하는 것이 '게임적 리얼리즘'이라고 한다. 이 방법에서 중시되는 것은 작품의 이야기적 주제가 아니라 그 구조다. 메타 이야기적인 독자/플레이어를 어떻게 이야기 속으로 끌어들일 것인가. 그것을 가능케 하는 '구조적 주제'란 아즈마의 이른바 '환경 분석적 독해'를 통해 생생한 실존적 메시지로 발견될 것이다.

변화하고 있는 것은 감정 이입의 장소다. 포스트모던 문학의 일부에서 "이야기와 현실의 반영 관계를 확보할 수 없기 때문에 캐릭터의 삶은 메타 이야기적인 인공 환경 혹은 데이터베이스로 확산되고, 여기에 호응하여 독자의 감정 이입의 장소도 캐릭터에서 플레이어로, 달리 말하면 이야기의 주체에서 메타 이야

---

[3] 시나리오의 분기가 거의 없는 게임: 〈쓰르라미 울 적에ひぐらしのなく頃に〉 등.

기의 주체로 이동해 버렸다"고, 아즈마는 말한다.

다만 여기서 아즈마가 지적하고 있는 '게임적 리얼리즘'의 개념, 특히 '플레이어 관점으로의 감정 이입' 그 자체에 대해서는 라캉주의자라면 어쨌든 그것이 '상징적 동일시'와 무엇이 다른지 따져 볼 필요가 있다. 설령 차이가 없었다 할지라도 아즈마의 지적에 새로운 점이 없었다는 뜻은 아니다. 게임적 리얼리즘의 융성이란, 예전에는 자연스러운 효과에 지나지 않았던 상징적 동일시를 구조적 주제가 되게끔 의도적으로 환기시키는 기법이 전경화된 현상이라고 이해할 수 있기 때문이다.

아즈마가 서술하는 캐릭터란 이미 이야기의 한 가지 레이어에만 복속되는 존재가 아니라는 점은 분명하다. 아니, 오히려 이렇게 말해야 할 것이다. 이야기의 모든 레이어에 캐릭터가 침투된 표현공간을 '캐릭터 소설'이라고 불러야 한다고. 그것이 과연 '문학'과 길항할 수 있는 공간인지 아직은 알 수 없다. 그러나 적어도 구태의연한 비평 언어만으로는 이 공간에 쳐들어갈 수조차 없을 것이다.

'데이터베이스'로부터

이 책에서 나는 아즈마 히로키의 데이터베이스 이론을 거듭 참조해 왔다. 그러나 실제로 나는 이 이론을 어디까지나 과도기적인 것으로 생각하고 있다. 이는 결코 아즈마의 공적을 깎아내리는 것이 아니다. 그는 현대의(제로년대의?) 상상력이 이미 '삶의 현실'이라는 환상에서 완전히 이탈했다는 것, 이미 우리가 가진 상상과 창조의 수단은 과거 작품의 무수한 파편을 조합하는 일밖에 없다는 것, 즉 모든 창조는 이제 하나같이 인용이라는 의식마저 희박해진 '2차 창작'이 되고 말았다는 사실을 노골적으로 지적했다. 이는 구세대가 좀처럼 놓아 버리지 못했던 자연주의적 리얼리즘과의 결정적인 결별 선언으로서 큰 의미를 지닌다. 또 하나의 획기적인 면은 조합된 파편이 오리지널의 작가성과 작품 세계라는 콘텍스트와는 거의 관계가 없는 형태로 인용되는 경향에 대한 지적이다. 데이터베이스 이론의 그러한 역사적인 의미는 결코 없었던 일로 치부할 수 없다. 아즈마의 그러한 작업의 의의를 높이 평가하면서도 다음 발걸음을 생각해 보자면 데이터베이스 이론을 넘어서야 한다.

물론 나는 아즈마의 데이터베이스 이론(혹은 환경의 설계, 공학화라는 말도 포함하여)이 일종의 비유임을 잘 알고 있다. 인간의 뇌 속에 본래적 의미에서의 데이터베이스가 존재한다고 믿어 버리는 것은 단순한 착각이다. 인간의 기억 조직은 기억과 상기의 양상조차 데이터베이스의 작동과는 상당히 다르다(상기는 반드시 변형을 포함하기 때문에). 간단히 말하자면 트라우마 같은 기억의 영향은 뇌에 의한 데이터 처리의 불가능성이라는 관점에서 보지 않으면 설명할 수 없다.

이상의 전제를 고려하여 내가 말하고자 하는 것은, 설령 비유일지라도 데이터베이스 이론을 극복할 필요가 있다는 것이다.

이번에는 '비유로서의 데이터베이스'의 문제점을 지적해 보도록 한다. 아즈마 히로키가 상정하고 있는 '데이터베이스'가 기묘한 것은 그것이 선행 '작품'의 데이터를 다루는 것인지, 선행 작품의 '세부'를 다루는 것인지가 모호하다는 점이다. 만약 그것이 작품의 데이터라면 '타이틀/작가/제작년도/줄거리/등장인물/평가/비평' 등의 항목으로 정리될 것이다. 그러나 아마 이런 식의 데이터베이스를 상정하고 있지는 않으리라.

그렇다면 작품 세부의 데이터베이스라고 할 때, 이번에는 어떤 레벨에서 '세부'를 분할할 것인가 하는 문제가 필연적으로 발생한다. 캐릭터로 말하자면 아즈마의 이른바 '모에 요소'라고나 할까. 그러나 가령 제4장에서 보았던 캐릭터의 눈에 대해서만 생각해 봐도 이 문제는 원리적인 곤란에 맞닥뜨리게 된다. 캐릭터의 '눈동자' 표현이 과연 세분화된 부품의 '조합'이라 할 수 있을 것인가. '눈동자의 의미'는 다른 부위와의 위치 관계를 통해 비로소 결정된다. 즉 캬라의 눈이 적절하게 기능하기 위해서는 그 조형 이상으로 복잡한 위치 정보를 빼놓을 수 없다.

어떤 캐릭터의 조형을 과거의 다양한 캐릭터가 지닌 부품의 조합으로 보며 '그럴싸하게' 이해하는 것은 결코 불가능한 일이 아니다. 그러나 그러한 인용과 조합은 진정 우연한 순차 조합'만'으로는 이루어질 수 없다. 오히려 그것이 리얼한 캐릭터로 존재하려면 얼핏 우연해 보이는 조합에서 사후적으로 필연성을 느낄 수 있도록 '요술봉'을 휘둘러 줘야 하기 마련이다. 즉 데이터의 단위는 인간의 인지 구조에 기초하여 지극히 자의적으로 결정되는 것이며, 그 분절 단위는 인용자와 인용 문맥에 따라 달라지고 만다. 결과적으로 데이터 분절은 항상 인용 후에 발견된다.

아즈마 히로키는 어딘가에서 그의 '데이터베이스'를 라캉의 이른바 '실재계'에 비견한 바 있다. 이 또한 '비유'로서 이해할 수는 있지만 정확하다고 할 수는 없다. 내가 이해하기로는 캐릭터에는 항상 RSI, 즉 실재계, 상징계, 상상계 각각이 작동할 수 있는 계기가 포함되어 있다. 무슨 말일까. 조형이 지닌 의미에서는 상상적인 것이, 그 조형을 가능케 하는 창조 과정에서는 상징적인 것이, 캐릭터가 이쪽을 돌아보는 응시와 그로 인해 환기되는 욕망의 위상에서는 실재적인 것이 작용하고 있다. 적어도 그것이 리얼한 캐릭터라면 하나같이 당연한 일이다.

앞서 언급했던 바와 같이 정신분석적으로 생각해 보자면 '캬라의 생성'이 일어나는 곳은 주로 '상징계'다. 이는 즉 다양한 정신적 '증상'과 같은 심급에서 일어남을 의미한다. 만일 그렇다면 데이터베이스는 상징계에 자리하며 이론의 정합성도 유지될 것이다. 데이터베이스에는 자율성이 없지만 상징계에는 자율성이 있다. 이러한 자율성이야말로 캐릭터를 낳는 창조성의 근원으로 여겨진다. 보충하자면 '실재계'는 완전한 불가능성의 영역이기 때문에 그것이 직접적으로 캐릭터라는 유의미한 존재를 만들어 내지는 못한다.

동일성의 콘텍스트

데이터베이스 이론에서는 작품과 캐릭터가 거의 동렬에서 논의된다. 거칠게 요약하자면 그 모두가 선행 작품의 거대한 집적=데이터베이스상에서 성립하는 피조물이기 때문이다. 그러나 여기에는 문제가 있다. 데이터베이스는 '얼굴'을 만들어 내지 못한다. 보다 정확하게 말하자면 '얼굴의 동일성'을 만들어 내지 못한다. 데이터베이스 이론은 캐릭터의 차이화에 대해서는 어느 정도 서술이 가능하다. 그러나 동일성의 성립에 대해서는 이것만 갖고 적극적으로 기술하기란 불가능하다.

제4장에서 상세하게 검증했던 바와 같이, 나는 캐릭터의 본질 중 하나를 '얼굴'이라고 생각한다. 물론 얼굴을 지니지 않는 캐릭터도 존재하지만, 대체로 그들에게는 어떠한 상호 유사성과 같은 인상을 부여하는 특징이 있다. 우리는 그것을 인식하면서 거기에서 일종의 '새로움'을 발견한다. 문제는 여기에 있다. 데이터베이스는 새로운 '얼굴'을 만들어 낼 힘이 없다. 그것이 무한한 행렬 조합을 제공할지도 모르지만, 그것만으로는 충분하다고 할 수 없다. 그중에서도 새로운 캐릭터의 '얼굴'은 단순한 데이터의 조합으로는 결코 태어날 수 없다. 물론 이는 실증할 수 있는 이야기가 아니라 그저 개인적 확신이다.

나는 저서 『문맥병』에서 '얼굴은 콘텍스트다'라는 명제를 반복해서 논증하려 했다. 우리의 얼굴 인식은 결코 '패턴 인식'일 수 없다. 얼굴의 동일성에 관한 인식은 패턴 인식의 정밀도를 아무리 높여도 유사할 수조차 없다. 즉 얼굴 인식은 그 얼굴의 소유자가 인식되고자 특별히 노력하지 않는 이상, 기계적 인식에 저항한다.

물론 얼굴을 인식하는 소프트웨어가 존재하지만 이는 완전히 패턴 인식에 의존하고 있다. 패턴 인식이 파악하는 동일성은 우리가 인식하는 동일성과는 위상이 다르다. 때문에 패턴 인식은 화장이나 변장, 혹은 노화 등의 형태적 변화에 간단히 속아 넘어간다. 얼굴의 동일성을 인식할 때 패턴을 초월하여 우리에게 도달하는 것. 나는 그것이야말로 콘텍스트, 고유성의 콘텍스트라고 생각했다. 그것은 콘텍스트이기 때문에 기계적 인식에 저항한다. 왜냐하면 현재의 컴퓨터로는 콘텍스트 인식이 그저 불가능하기 때문이다.

그렇다면 캬라의 얼굴에서 동일성은 패턴이 아닌 것일까. 이는 판단하기 매우 어렵다. 데이터의 조합이라면 거기에 패턴이 있을 것이다. 하지만 예를 들어 요모타 이누히코가 힘주어 말한 대로 만화란 무한히 '같은 얼굴'을 만들어 내면서도 어느 것 하나 완전히 동일한 얼굴은 아니라는, 지극히 특이한 표현 방법이다.[4] 이른바 차이에 대해 무제한으로 열려 있기 때문에 동일성을 유지하고 있는 것이 '캬라의 얼굴'이다. 이 '차이화에서 비롯된 동일성의 유지'를, '패턴'은 인식할 수 없다.

여기서 라캉주의자로서의 나는 '시니피앙의 비동일성'을 연

---

4 요모타 이누히코, 『만화원론漫画原論』, ちくま学芸文庫.
한국어판은 김이랑 역, 『만화원론』, 시공사, 2000.

상하지 않을 수 없다. 그렇다면 제3장에서 보았던 대로 캬라에게는 '목소리'나 '문자'에 비견할 수 있는 성질이 잠재되어 있다고 보아야 할 것이다. 얼굴을 반복하는 데서 새로운 얼굴이 만들어진다. 나는 캬라의 얼굴이 그와 같이 만들어진다고 생각한다. 현존하는 거의 모든 캬라는 어떠한 콘텍스트성 아래에서 반복됨으로써 만들어졌다. 나는 그렇게 확신한다. 겉보기에는 모에 요소의 집합체처럼 보이는 캬라도 적지 않지만, 그들은 결코 랜덤한 파편의 행렬 조합으로는 합성될 수 없다. 캬라를 성립시키는 것은 한편으로 이야기성, 다른 한편으로는 장르성, 또 다른 하나는 과거 도상의 역사에 기초한 조형성 등의 요소라 할 수 있다. 각론을 보충하자면, 만약 모에 캬라를 전혀 새롭게 창조하려고 시도할 경우 '눈동자'의 콘텍스트는 얼굴 이상으로 중요하다. 신체의 조형과 패션성에서 아무리 모험을 시도한들 '눈동자'에 어떤 식의 새로운 콘텍스트성이 없다면 그 캬라는 신선하다고 할 수 없다.

조형적 요소의 새로움과 낡음을 판정할 때 우리가 '과거의 데이터베이스를 참조한다'고 비유적으로 말할 수는 있다. 하지만 그것은 역시 비유에 지나지 않는다. 작가가 이미지를 조형하는 데 쓰는 아카이브가 있을 수 있다 해도 그것이 결코 정적인 데이터 저장고일 수는 없다. 일단 기억되고 어느 정도는 변형을 거쳐 반복 생성되는 이미지. 그것은 원래의 이미지와 거의 같은 형태이긴 해도 완전히 같다고는 할 수 없다. 즉 그것들은 데이터가 아니라 콘텍스트 그 자체다.

좀 더 섬세하게 표현하자면 그곳에는 완전한 새로움과 동시에 얼마간의 반복 회귀적 요소가 요구된다. 내가 명명한 '전투미소녀'물의 장르가 현재 뿌리 깊게 존속되고 있으며 그 속에서 어떠한 신진대사가 계승되고 있다는 것이 확실한 증거다. 예를 들면 2011년 2월 현재 방영 중인 아니메 〈마법소녀 마도카☆마기카魔法少女まどか☆マギカ〉에 등장하는 히로인 캐릭터들의 조형은 반복 회귀가 어떻게 새로움을 불러일으킬 수 있느냐는 점에서 볼 때 거의 교과서적인 작품이라 해도 좋다.

나는 거기에 단순한 데이터베이스라는 납작한 영역보다는 복잡한 구조와 자율적인 작동 원리를 동시에 가지고 있는 '아카이브'를 상정해 보고자 한다. 그렇다. 아즈마 히로키에 대한 비판적 문맥에서 이 용어를 이용한다면, 참조해야 할 것은 당연히 데리다의 강연 기록 『아카이브의 병アーカイブの病』(法政大学出版局, 국내 미출간)이다. 프로이트 박물관에서 이루어진 이 강연은 프로이트의 아카이브를 문제로 삼고 있다. 상세히 해설할 여유는 없지만 데리다는 그야말로 이 아카이브에서 아카이브 그 자체를 내면부터 물어뜯는 자율성, 즉 '아카이브의 병'을 발견한다. '아카이브에 대한 강박적이고 반복적, 노스탤지어적인 욕망을, 기원으로 회귀하고픈 억제하기 힘든 욕망, 고향을 잃어버린 마음, 절대적 시작이라는 가장 고대적인 장소로 회귀하는 향수'가 그것을 일으킨다. 때문에 아카이브는 망령적이지만 이미 여기에서 '망령'의 용법은 아즈마의 '유령'의 용법보다는 훨씬 복잡한 잔향을 품고 있다.

데리다가 "프로이트의 아카이브", 즉 정신분석의 아카이브에 대해 논한 내용은 아마 아카이브 일반에도 부연할 수 있을 것이다. 만일 우리가 새로운 캬라의 조형에서 느슨한 데이터베이스의 우연적인 행렬 조합보다는 작가의 충동성이나 억압, 향수나 강박을 감지할 수 있다면, 다음으로 검토해야 할 것은 '캬라의 아카이브'가 될 것이다.

캬라의 응시

캐릭터에 대해 고찰할 경우에도 라캉은 유익한 힌트를 준다. 그것은 무엇일까.

예를 들면 라캉은 회화와 표상을 구분한다. 왜일까. 회화에는 '응시'가 있지만 표상은 이미지에 불과하기 때문이다. 회화란 동물의 의태와 같다. 의태에는 응시 작용이 포함되어 있다. 즉 거기에는 보는 주체와 보이는 주체라는 두 가지 작용이 겹쳐 있는 셈이다. 나는 캐릭터의 리얼리티에 대해, 그것이 단순한 이미지를 초월한 존재가 되기 위해서는 이 '응시'의 기능을 빼놓을 수 없다고 생각한다. 즉 우리가 그 캐릭터를 리얼하다고 말할 수 있으려면 그곳에 시선의 교차가 생겨나야만 한다. 우리는 캐릭터를 보고 있으며 캐릭터도 우리를 보고 있다. 그것은 반드시 '눈이 마주친다'는 것만을 의미하지는 않는다.

덧붙여 말하자면 그곳에서 교차하는 것은 우리와 캐릭터의 시선만이 아니다. 작가의 시선이 더해지는 경우가 있기 때문이다. 그렇다. 캐릭터가 우리를 볼 때 저 너머에서 작가의 응시를 느끼는 경우가 종종 있다. 점점 오컬트 같은 느낌이 들지도 모르겠다. 그러나 애초에 '무엇이 리얼인가'라는 논의 그 자체가 오컬트 이야기 같은 것이다.

응시하는 것과 응시되는 것. 이러한 상호 작용이 어떻게 생기는가를 기법적으로 해명하기란 어려운 일이다. 아마 그것은 인지심리학적인 환원주의에는 결코 녹아들지 않는 것을 내포하고 있을 터이다. 이 '응시하는 것'의 문제를 깊이 살펴볼 때 이내 부딪치는 것이 자기 지시의 문제다. 서로 바라볼 수 있는 존재는 자기 지시 회로를 갖춘 '말하는 존재'나 다름없다. 여기에서 '인간'과 '캬라'가 다른 것은 자기 지시가 변화(≒성장)를 촉진하는가, 혹은 동일성의 재확인을 위해서만 사용되는가의 여부다. 그렇다. 캬라가 된다는 것은 커뮤니케이션의 소통성을 높이는 대가로 성장이나 성숙을 비롯한 모든 '변화'를 잘라 냄을 의미한다. 이 점에 대해서는 이어지는 '세카이계' 논의에서 다시 한번 검증하게 될 것이다.

세카이계

우선 '세카이계セカイ系' 소설에 대해 검토하겠다. 세카이계 소설은 캐릭터의 생성에 더없이 중요한 환경을 제공하기 때문이

다. 원래라면 소설의 캐릭터에서 논해야 할 주제일지도 모르지만, 캬라의 본질에 관한 논의이기 때문에 여기에서 전개해 보도록 한다.

먼저 '세카이계'에 대해 간단하게 해설해 보겠다. '하테나はてな 키워드[5]: 세카이계'의 해설이 간명하게 요약하고 있으니 거기에서 인용해 보자. "과잉된 자의식을 가진 주인공이 (그로 인해) 자의식의 범주만이 세계(세카이)라고 인식, 행동하는 (주로 아니메나 코믹의) 일련의 작품군의 카테고리를 총칭'하는 것으로, 대표적인 작품으로 〈신세기 에반게리온〉, 〈별의 목소리ほしのこえ〉, 〈최종병기 그녀最終兵器彼女〉 등이 거론된다. 포인트는 [너와 나→사회↔세계] 라는 세 단계에서 〈사회〉를 건너뛰고 〈너와 나〉가 〈세계〉로 직결되는 작품을 가리킨다고 정의"된다.

예전에 베쓰야쿠 미노루別役実는 피부 감각으로 서로를 느낄 수 있는 거리에 대해 '근경近景', 가족이나 지역 사회라는 공동체적인 대인 거리에서 구성되는 것이 '중경中景', 신비로운 것이나 점술을 믿는 등의 태도는 '원경遠景'으로 보았다. 지금은 근경과 원경을 매개하는 '중경'이 빠지는 바람에 근경과 원경이 네트워크를 통해 느닷없이 접속되는 경향이 전면화되고 있다. 아즈마 히로키는 같은 현상을 '상징계의 상실'이라 표현했다. 그곳에는 주인공들의 학교생활이라는 일상, 즉 상상계와 세계가 파멸할 위기라는 무한히 먼 저편에 있는 실재계가 갑자기 묶여 버린다. 그곳에는 '중경'에 해당하는 '사회'나 '이데올로기'가 존재하지

---
5 일본 IT 기업인 하테나はてな에서 제공하는 서비스. — 역자 주.

않는다.[6]

'세카이계'의 제창자는 '하테나 다이어리'의 블로거 '푸르니에 북마크ぷるにえブックマーク' 씨다. 그가 2002년 겨울 코믹 마켓에서 발표한 짧은 글 「세카이계セカイ系のこと」가 이 말의 출발점이다. 내용을 요약해 보자.

세카이계 작품에서는 주인공이든 적 캬라든 애초부터 매우 강하며, 비일상적인 사건에도 놀라지 않고 담담한 태도로 일관하고 히로인은 처음부터 주인공에게 호의적으로 먼저 접근한다. 그것은 (자주 이야기되는 것처럼) '만화, 아니메적 리얼리티에 입각'조차 하지 않으며 '느닷없이 천재에다 최강이며 인기 절정'이라고 말한다. 덧붙이자면 그는 주로 니시오 이신의 작품에 대해 논하고 있는데 그것은 만화, 아니메적 리얼리즘조차 아니라고 한다. 왜냐하면 만화, 아니메적 리얼리티는 주인공의 성장과 변화를 전제로 하고 있기 때문이다. 세카이계 작품에서는 등장인물이 성장하지 않는다. 즉 모든 것이 반빌둥스로만反Bildungsroman[7]이다.

제로년대의 라이트노벨과 아니메는 이런 작품이 석권하고 있다. 그것도 우노 쓰네히로宇野常寛가 초조해하며 "세카이계는 이미 낡았다"고 선고해야 할 만큼[8] 말이다. 그렇다면 우노가 지

---

6 졸저 『"패배"교의 신자들「負けた」教の信者たち』.

7 일반적으로 '교양 소설' 혹은 '성장 소설'로 번역되어 사용된다. 주로 주인공의 정신적 성장을 다룬다. 대표적인 작품으로는 괴테의 『빌헬름 마이스터의 수업시대』가 있다. ― 역자 주.

적하는 '결단주의'의 유행에 대해 생각해 봐야 할 것인가. 나 자신은 이 말에 아직 절실함을 느끼지 못하기 때문에 많은 이야기를 할 수는 없다.

라멜라 스케이프

내 가설로는 세카이계의 구조란 이미 제5장에서 논했던 메타 미스터리의 구조와 닮았다. 그것은 무엇일까.

세카이계의 근경과 원경, 그리고 메타 미스터리의 오브젝트 레벨(작품 내 세계)과 메타 레벨(작품의 외부). 이 양자 관계의 대립 구조에서 이미 분열이 싹트고 있으며 그것이 쉽게 다수성으로 이어진다는 것. 그렇다. 메타 미스터리의 막다른 골목이 저 1,200개의 밀실을 만들어 낸 것처럼 말이다. 어쨌든 세카이계이면서 동시에 다중 세계를 그리거나 혹은 장르와 상관없이 세계의 다중화를 그리는 경향은 최근 강해지는 추세이다. 그리고 이후 적지 않은 작가들이 복수화된 허구 공간을 즐겨 사용하게 된다. 한 가지 전형을 제시해 달라고 한다면, 인기 시리즈 〈스즈미야 하루히〉로 알려진 다니가와 나가루谷川流를 제일 먼저 거론해야 할 것이다. 이 라이트노벨 연작은 이미 시리즈 9편까지 출판되었고 2006년 봄에 제작된 아니메가 인기에 박차를 가해 누계 250만 부에 달했다고 한다.

---
8 『제로년대의 상상력ゼロ年代の想像力』, 早川書房.

아즈마 히로키는 〈스즈미야 하루히〉 시리즈를 "상당히 희한한 소설"이라 평하고 있다. 아즈마는 "라이트노벨의 기법이나 '세카이계' 등으로 불리는 오타쿠들의 자폐적 상상력을 패러디화한 기교적인 설정을 도입하면서도 이야기로서는 안정감이 있어 작가의 역량을 느끼게 한다. 일종의 메타 라이트노벨이기 때문에 초심자에게는 어려울 수도 있겠지만, '이런 기묘한 소설을 100만 명이나 읽고 있단 말인가' 하며 놀라기에는 좋은 예일지도 모른다"고 말한다.[9]

다니가와는 효고 현에서 태어나 한신 대지진 때 재해를 경험한 적이 있다고 한다. 그 직접적인 영향에 대해 다니가와는 별로 이야기하지 않는다.[10] 그러나 이 작품에서도 역시 공간의 다중화, 복수화가 자명하게 쓰이고 있다. 애초에 하루히를 지켜보는 'SOS단'의 동료들은 화자인 남고생 '쿈キョン'을 제외하면 각각 우주인(나가토 유키長門有希), 미래인(아사히나 미쿠루朝比奈みくる), 초능력자(코이즈미 이츠키古泉一樹)다. 그들 각각이 말하는 이 '세계'의 양상은 전부 다르다.

하루히의 존재도 '정보의 격류'를 일으키는 한편 '시간 진동'의 근원이자 세계의 존재를 꿈꾸는 '신'과 같은 존재라는데, 그 정체는 그들의 세계관마다 전혀 다르다. 일치하는 점은 하루히의 심기를 거스르면 세계가 위험해진다는 인식뿐이다. 복수의 정답이 제시됨으로써 하루히의 진상은 '불명'으로 남게 된 것일

---

9 「라이트노벨이라는 경이ライトノベルという驚き」, 『논좌論座』 2006년 8월호.
10 2006년 7월 11일자 요미우리 신문.

까? 그렇지는 않다. 해답의 분산과 다중화는 분명 그로 인해 유일한 일치점인 '하루히 = 세계의 중심'을 보강한다. 더 이상 믿을 수 없는 '세계'를 '리얼리티'에 계류시키는 유일한 거점으로.

이러한 다중화의 모티브를 사용하는 라이트노벨은 참으로 많다. 아니, 라이트노벨만 그런 것도 아니다. 최근 필요한 일이 있어 츤데레ツンデレ의 계보를 조사했을 때 대표적인 작품 다수가 다중 세계의 모티브를 다루고 있음을 알고 놀랐다. 구체적으로는 〈로젠메이든ローゼンメイデン〉의 'n의 필드', 〈작안의 샤나灼眼のシャナ〉의 '홍세紅世', 〈Fate/Stay Night〉의 '근원' 등이 그러하다. 바로 옆에 있고 서로 겹쳐 있으되 결코 일반인에게는 보이지 않는 세계.

최근에도 다카하시 겐이치로高橋源一郎의 『'악'과 싸우다「悪」と戦う』, 미시마상을 수상한 아즈마 히로키의 『퀀텀 패밀리즈クォンタム・ファミリーズ』[11] 등, 평행 세계 = 패러렐 월드를 무대로 한 문학 작품이 화제가 되고 있다. 그중에서도 무라카미 하루키는 이전부터 『세계의 끝과 하드보일드 원더랜드世界の終りとハードボイルド・ワンダーランド』[12]와 단편 「개구리 군, 도쿄를 구하다かえるくん、東京を救う」 같은 작품에서 평행 세계적인 모티브를 반복해 왔다. 다른 세계에서 세계를 구함으로써 돌아오는 이야기. 그리고 최신작 『1Q84』도 이야기 세계의 골격은 패러렐 월드였다.

---

11 한국어 번역은 이영미 역, 『퀀텀 패밀리즈』, 자음과모음, 2011.

12 한국어 번역은 김진욱 역, 『세계의 끝과 하드보일드 원더랜드 1, 2』, 문학사상사, 1996.

여기에서 『1Q84』에 대해 말하자면, 적어도 이야기의 구조는 『양을 쫓는 모험羊をめぐる冒險』보다 훨씬 뒤엉켜 복잡화되어 있다. '아오마메青豆'가 맞닥뜨린, 두 개의 달이 있는 다른 현실, 그 세계가 실은 '덴고天吾'가 쓰고 있던 소설 세계였다는 메타적 구조, 나아가 차원을 달리하는 존재라는 점이 시사되는 '리틀 피플'의 출현 등, 거기에는 지금까지의 어떤 작품과 비교해도 더 복잡한 세계 설정이 존재한다. 요컨대 여기에서는 묘사의 중층성이 후퇴하고 그 대신 세계의 중층성이 전경화하고 있다. 그것이 무의식적으로 이루어진 것인지, 의도적인 것인지는 알 수 없다. 다만 내 인상에, 무라카미의 '비유의 쇠약'은 아무래도 예의 '코미트먼트commitment'[13] 이후로 현저해진 느낌이 든다. 만약 그렇다면 복잡화된 세계 설정과 묘사의 쇠약이란 코미트먼트가 불러 일으킨 간접적 (부?)작용이라는 유추도 가능할지 모른다.

이와 같은 작품 세계의 중층화가 결과적으로 묘사의 평면성과 등장인물의 캐릭터화를 유발한다는 점에 대해, 일전에 나카가미 켄지中上健次의 작품을 소재로 검토했던 적이 있다.[14] 예를 들면 만년의 작품 『이족異族』의 플랫한 묘사는 나카가미 켄지적인 캐릭터를 등장시킨 '캐릭터 소설キャラクター小説'이라는 이야기

---

13 여러 가지 의미로 사용되지만, 여기에서는 '사회 참여'의 의미로 사용되었다. 이는 특히 옴 진리교의 사린 테러와 고베 대지진(1995) 이후의 무라카미 작품의 경향에서 확인할 수 있다. — 역자 주.

14 「라멜라 스케이프, 혹은 '신체'의 소실ラメラスケイプ、あるいは『身体』の消失」, 『사상지도思想地図 Vol.4』, NHK出版, 2009.

까지 나왔다.[15] 이러한 묘사의 변질이 의도적인 것인지에 대한 논의가 있는데 나는 그것을 형식적인 필연이라 하고 싶다.

라캉의 이른바 '상상계'는 중층적인 구조를 지녔으며 리얼리티란 레이어 간의 동기화가 가져오는 효과에 지나지 않는다. 상상계는 신체성과 상호적으로 근거를 제공하는 관계에 있으며 신체성 또한 중층적인 구조를 가진다. 중층성을 전제로 하는 허구 세계에서 '신체성'이 쇠약해지고 '캬라'가 전경화하는 것은 필연적인 흐름이다. '캬라'란 지금까지의 논의를 통해 '신체성을 제거한 인격적 기호'라 정의할 수 있다. 그렇다. 거기에는 '도상'이 딸려 올 수도 있겠지만 대체로 어떠한 신체성도 결여하고 있다. 캬라가 신체성을 결여하고 있기에 허구 세계의 레이어 사이를 자유자재로 이동하거나 임의의 레이어에 머물 수 있게 된다.

다시 사례를 기반으로 확인해 보자. '캐릭터 소설'에서 '묘사'는 거의 기능하지 않는다. 현재 가장 인기 있는 라이트노벨 작가 중 한 명인 니시오 이신의 작품에도 대개 '묘사'는 빠져 있다. 도상은 표지 일러스트라는 다른 레이어에 그려져 있으니 묘사는 필요 없다는 뜻인가 싶을 만큼 철저하다. 뿐만 아니라 니시오는 더없이 정성을 들여 작품 세계에서 '성장'과 '관계'의 조짐을 하나하나 배제한다. 그 뒤로 남은 것은 캬라의 특이한 이름과 캬라끼리 주고받는 '헛소리'밖에 없다.

알려진 대로 니시오 자신은 캐릭터 소설의 구조 그 자체를 자

---

15 아즈마 히로키×마에다 루이前田塁「아버지 살해의 상실, 어머니 모에의 과잉父殺しの喪失, 母萌えの過剰」, 『유레카』 2008년 10월호.

각하고 있는 작가 중 한 사람이다. 그만큼 그의 작품은 메타 레벨에서 지극히 복잡하게 뒤얽힌다. 그의 소설은 자신이 인정하듯이 캬라를 매개로 한 이야기 생성 시스템의 실험이며, 과감한 '형식의 모험'에 지나지 않는다.

이와 같이 중층화된 허구 공간 = 현실 공간을 나는 임시로 '라멜라 스케이프'라 명명했다(앞 논문). 라멜라 스케이프는 그 중층성으로 인해 과거 '신체성'이 담당하던 기능을 환경적으로 대행한다. 그곳이 기호적 동일성마저 결여한 캐릭터만이 리얼로 존재할 수 있는 장소라는 점은 앞서 언급한 '하츠네 미쿠'의 예를 보아도 분명하다. 즉 '라멜라 스케이프'에서 '묘사 = 신체성'의 쇠약과 '캐릭터'의 전경화란 거의 구조적인 필연성에서 생겨난다.

제10장
캐릭터란 무엇인가

캬라화된 정신분석적 매트릭스 ─ 일본 문화와 캐릭터

'캬라' 문제는 일본의 정신적 풍토와 깊은 관련을 맺고 있으며 그 때문에 정신 병리의 양상에도 깊게 관여하는 것으로 보인다. 일본에는 서구형 병리인 'PTSD'나 '다중인격(해리성 정체감 장애)'가 적다고들 한다(물론 이를 부정하는 연구자도 있다). 요사이 조금씩 증가하는 경향을 보이지만 그렇다 하더라도 발병 빈도는 유럽이나 미국에 비해 압도적으로 낮다. 둘 모두 심인성 질환인데 여기에는 분명히 사회적, 문화적인 상황이 영향을 끼치고 있을 것으로 보인다.

나는 이 문제가 일본의 캬라 문화와 밀접하게 관련되어 있다고 본다. 일본인은 자신을 캬라화함으로써 이러한 병리를 피해 가고 있는 것이 아닐까. 그러나 동시에 캬라 문화의 독특한 병리성도 존재할 텐데, 그것이 '대인 공포'나 '히키코모리' 문제가 아닐까 생각한다.

여기에서 말하는 캬라란 무엇일까. 그것은 첫째로 대인 관계를 위한 인터페이스이다. 종종 '대인 관계의 수만큼 인격이 있다'고 하는 것처럼 관계성을 전제로 생성되는 것이 캬라다. 물론 이게 다라면 페르소나나 가면 같은 식으로 얼마든지 바꾸어 말할 수 있으니 딱히 일본인 특유의 것이라고 할 수는 없다. 그러나 '페르소나'라고 말하는 순간, 그 배후에는 유일하고 진실된 주체 같은 것이 자동적으로 분리되어 나타난다. 그것은 물론 서구형의 주체 이미지이며 따라서 '배후에 있는 것'은 '공허한 주체'가 된다.

공허하기에 우리는 은유적인 복수의 페르소나를 '가질' 수 있다. 그렇다. 페르소나란 결여된 주체의 소유물로서 기능한다. 여기에서 페르소나의 복수성과 주체의 단일성이 동시에, 그리고 필연적으로 확보되고 만다. 때문에 주체와 페르소나의 관계는 항상 '1 대 다수'의 관계에 놓인다.

그렇다면 페르소나와 캬라는 무엇이 다른가? 가장 큰 차이는 '캬라'가 그 배후에 결여를 지니지 않는다는 점이다. 그것은 왜일까. 지금까지 논해 왔던 것처럼 '캬라'는 '환유'적인 기호이기 때문에 주체의 완전한 기호가 아니다. 그것은 항상 주체를 결손된 형태로 대표하는 기호다. 그 결과, 캬라는 항상 '주체의 전체성' 혹은 '주체의 복수성'을 배경으로 삼은 기호로 표상된다. 주체가 언제든 그것이 '될' 수 있는 생성적인 기호, 그것이 '캬라'이다. 따라서 주체와 캬라의 관계는 종종 '다수 대 다수'의 관계가 될 수 있다.

서구형의 주체가 늘 단일한 존재, 나아가 암묵적으로는 '결여의 흔적'으로 이미지화된다면, 그 유일한 주체가 상처를 입었을 경우의 피해는 막심하다. 일본인은 주체를 캬라로서 이미지화함으로써 사전에 주체를 복수화하거나 실체적인 집합체라는 전제를 이미지로서 공유할 수 있다. 종합적인 인격보다는 자신이 그 콘텍스트 안에서 상대적으로 어떠한 캬라를 연기할까를 중시한다. 때문에 '캬라가 겹친다'거나 '구린 캬라'로 여겨지는 것을 두려워하게 된다.

그렇다면 캬라를 교체하면 될 게 아닌가 싶을 수 있겠지만, 캬라의 호환성이라는 이 발상 자체가 캬라의 환유적 성격에 의존하고 있다. 주체가 단일하고 자립된 것이기 때문에 페르소나는 교체될 수 있다. 그러나 캬라는 단일한 주체의 소유물이 아니라 대인 관계의 문맥에서 그때마다 생성되는 것이기 때문에 통제할 수 없다. '이 캬라로는 안 되겠다'라든지 '이상한 캬라처럼 보이겠다' 하고 초조해하면 할수록 점점 '구린 캬라'가 되고 만다. 이와 같이 '캬라를 매개로 한 간주관성'이야말로 대인 공포나 히키코모리 문제의 근원에 있다.

그렇기에 커뮤니케이티브한 젊은이들은 자신의 캬라화에 성공한 사람이라 할 수도 있다. 그들이 자신을 둘러싼 상황에 대해서는 수다스러우면서 스스로에 대한 이야기에는 입을 다물고 마는 것은, 자신의 캬라만 확립되고 나면 자신에 대해 그다지 생각할 필요가 없기 때문이라고도 볼 수 있다.

지금까지 거론해 온 일본인의 주체 이미지를 나는 '캬라화된 정신분석적 매트릭스Characterized Psychoanalytic Matrix'라 부르고 있다. 물론 나는 주체가 항상 단일하며 본질적인 결여를 안고 있음을 보편적인 전제라 생각한다. 즉 완고한 부정신학 신봉자다. 이 점은 아마 일본인도 마찬가지일 것이다. 다만 상상적인 주체의 이미지로서 '캬라'가 존재한다는 이야기다. 요컨대 상징계와 상상계의 매듭과 같은 위치에 '캬라'가 있다고 생각한다. 이렇게 되면 정확히 '대상 a'의 위치가 됨으로써 이론적인 일관성을 유지할 수 있다. 예컨대 심적 외상이 상징계를 거쳐 작용할 때 그 작동 경로가 상당히 달라지는 것은 이로 인한 일이 아닐까. 서구형 주체에서는 시니피앙이 그대로 이미지화 내지는 환상화되는 루트가 우위에 있다고 한다면, 일본식의 주체는 이 루트 어딘가에 '캬라화' 과정이 개입하는 것처럼 보인다.

'동일성'의 콘텍스트?

지금까지 캐릭터의 현실을 살펴보았다. 그렇다면 캐릭터의 기능이란 과연 무엇일까. 일정한 '인격'을 표현한다. 특정한 도상과 일치한다. 모에와 욕망의 대상이 된다. 경제활동을 활성화한다. 이들 특징은 사실 캐릭터가 지닌 기능을 다양하게 서술한 것에 불과할 뿐 정의로서는 충분하지 않다.

나는 이 책에서 궁극적인 캐릭터의 정의를 생각해 왔다. 그리고 하나의 결론에 도달했다.

캐릭터의 정의. 그것은 '동일성을 전달하는 것'이다. 반대로 말할 수도 있다. 동일성을 전달하는 존재는 모두 캐릭터라고 말이다. 즉시 반론이 제기될 것 같다. 성격이라든가 내면은 어떻게 됐나, 혹은 외견적인 특징은 어쩔 것인가 등등. 그러나 걱정하지 않아도 된다. 그 전부가 이 '동일성'이라는 말에 이미 내포되었기 때문이다.

동인지 『만화를 넘기는 모험漫画をめくる冒険』(피아노 파이어 퍼블리싱)에서 멋지게 검증해 보인 비평가 이즈미 노부유키泉信行는

만화의 캐릭터에 대해 나와 상당히 가까운 생각을 가지고 있다.

> 영화와 같은 시간적 연속을 전제로 하지 않는 '만화'에서는 컷의 연결연속성을 보증하기 위해 어떤 다른 장치가 필요해집니다. 그런 것이 없다면 독자도 공간을 구별할 수 없게 된다고 할 수도 있습니다. 그래서 동일성을 담보하기 위해 '캬라'가 필요한 것이 아닐까……? '캬라, 컷, 대사'의 분류를 통해 이 점을 떠올릴 수 있었습니다. 그런데 기왕 '컷'의 본질을 파고들어 '공간'으로 재인식한다면, '캬라'도 그 본질을 파고들어 '동일성'으로 재인식하는 게 낫지 않을까? 이런 식으로 생각해 볼 수도 있습니다.
> (중략)
> 즉 '공간'과 '동일성'을 조합함으로써 자연스레 '시간과 운동'이 발생하며, 이후에 '대사'가 더해지면 현대적인 '스토리 만화'를 성립시키는 조건도 갖추어지겠지요. 그 다음 컷에서 이 캬라가 다시 그려진다면 그것도 역시 '동일물'로 간주될 것입니다. 단순한 도상을 그렇게 인식시키는 구조가 '캬라'의 성질입니다. (중략) 정리하자면 '캬라(동일성), 컷(공간), 대사'로 나열되는데, 정확하게는 '캬라라는 동일성, 그 동일물에 의해 관통되는 공간(컷), 그것들에 대한 대사'…… 같은 식으로, 뒤에서 앞으로 점점 부가되는 보완 관계도 생각할 수 있을지 모릅니다.[1]

---

1 「피아노, 파이어」 http://d.hatena.ne.jp/izumino/20091016/pl, 2018년 9월 현재 접속 가능. — 역자 주.

이즈미의 지적이 당장은 만화에 한정되어 있지만, 캐라=동일성이라는 명제는 실제로 보다 넓은 사정권을 지닌 문제다.

그렇지만 아직 반신반의하는 사람도 많을 것이다. 애초에 '동일성'은 '같은 대상'이라면 모두 갖추고 있어야 할 속성이다. 인간에게만 해당하는 것이 아니지 않았던가. 그게 그렇지가 않다는 말이다. 이것이 이 책에서 가장 중요한 '발견'이다. 아래에 간단히 설명해 보도록 하겠다.

다른 장소에서 같은 모델의 자동차를 발견했다고 치자. 이때 우리는 '자동차의 동일성'을 인식할 수 있을 것인가. 그저 '비슷한 자동차네'라고 생각하지 않을까. 그러나 다른 장소에서 외견이 같은 인물을 인식한다면 매우 자연스럽게 그(녀)를 동일한 인물로 여길 것이다. 이는 우리의 현실 인식에서 인간에게만 강한 고유성이 부여되어 있기 때문이다. 철학적인 문제로서야 물론 자동차뿐 아니라 사물의 고유성을 다룰 수는 있다. 그러나 우리의 일상에서 사물의 고유성은 그것이 인간과 관련되지 않는 한 거의 문제가 되지 않는다. 바꾸어 말하자면 개인의 고유성과 개인의 동일성은 종종 같은 의미임과 동시에, 실질적으로는 거의 인간이 점유하는 속성이다.

여기서 한 가지 기본적인 지적을 하고자 한다. '동일성'의 인식은 엄밀하게 말해 성립하지 않는다는 점이다. 우선 이 세계에 '완전한 동일성'은 존재하지 않는다. 철학적으로 엄밀하게 생각하자면 그렇게 된다. 수학과 과학 같은 '규칙 하에서의 동일성'이라면 가능하지만, '동일하다고 보기 위한 규칙'이 존재하지 않는 경우 A = A의 동일률마저 붕괴한다. 예를 들어 조현병이 그러한 사태다. 그곳에서는 '나는 생각한다, 고로 존재한다'라는 명제마저 성립하지 않는다. '생각하는 나'와 '존재하는 나'의 사이에서조차 불일치가 발생하기 때문이다. 그곳에는 철학은 물론이요 사고 그 자체가 성립하지 않는다. A = A는 철학의 기초다. '생각하는 나'와 '존재하는 나'가 일치한다는 전제가 없다면 인간은 자신에 대한 생각조차 할 수 없다. 자신에 대해 생각할 수 없다면 타자에 대해서는 더 말할 것도 없다. 내 몸의 구성도 시시각각 유동하는 이상, '내가 나라는 것'을 과학적으로 증명할 수는 없다. 지문이나 홍채의 패턴? DNA 감정? 그것은 '완전히 동일한 지문(DNA)을 가진 인물은 존재하지 않는다'라는 통계적 사실에 기반을 두고 '같은 지문(DNA)을 가졌다면 동일 인물'이라는 '약속'이지, 철학적인 의미에서의 동일성과는 관계가 없다.

다시 말하겠다. '무엇을 두고 동일하다 볼 것인가?'라는 규칙을 설정하지 않으면 동일성의 인식은 성립하지 않는다. 게다가 이 세계에는 우리가 그 동일성을 간단히 인식할 수 있는 복잡한 대상도, 동일성을 인식하기 어려운 단순한 대상도 존재한다. 이 구분은 정신분석학적, 혹은 기껏해야 인지심리학적이다. '동일성을 간단히 인식할 수 있는 복잡한 대상'이란 즉 '인간'이다. 우리는 '대상 항상성'의 세계에 살고 있다. 가령 아기에게는 이러한 인식이 없다. 성장과 함께 학습, 획득되는 것이 대상 항상성이다. 지금 눈앞에 있는 엄마와 어제 외출했던 엄마는 '같다'. 어제의 엄마는 오늘의 엄마와 '같다'. 웃고 있어도 화를 내도 엄마는 엄마다. 화장을 하든 하지 않든 엄마는 한 사람이다. 대상의 항상성, 즉 동일성이 시공을 넘고 소소한 외견적 차이(머리 모양, 복장, 나이 등)를 넘어 유지된다는 것. 이 인식은 철저히 인간 편중주의에 따라 학습된다. 이는 일단 성립하면 자명한 것이 되어 버리기 때문에 오히려 설명이 곤란해진다. 차이를 말하는 사상이나 철학은 얼마든지 있지만 동일률의 근거를 엄밀히 해명한 철학은 과문하여 들어 본 적이 없다. 아니, 오히려 이렇게 말해야 할 것인가. 동일률에는 철학적 근거가 없다. 그것은 철학의 전제이기 때문에 대상이 될 수 없다. 왜냐하면 동일률에 회의를 품는 순간, 사고 그 자체가 불가능해져 버리기 때문이다.

여기까지의 논의에는 그다지 이견이 없을 듯하다. 그러나 문제는 여기에서 시작된다.

내 생각에 동일성이란 실은 '인간'에게만 해당하는 개념이다. 어떤 존재가 시공을 넘어 동일하다고 인식되기 위해서는 그것이 '인간'이거나 혹은 인간과 연관된 것이어야만 한다. 즉 '집'이나 '자동차' 같은 비인간non-human적인 대상의 동일성은 그것이 누군가의 소유물이라든지 추억의 장소라는 속성을 지니지 않는 한 거의 의미를 가지지 않는다. 동일성이 성립하지 않는 것이 아니라 의미를 가지지 않는다는 점에 주의하기 바란다. 그런 한계 안에서 동일성이란 실은 '관계의 연속성'이기도 하다. 엄마의 동일성은 나와 엄마의 관계가 연속되는 한에서 유지되기 때문이다. '동일성'이 실질적으로 인간에게만 적용될 수 있는 개념이라는 '발견'이 충분한 이해를 얻기 위해서는 좀 더 설명이 필요할지도 모르겠다. 어쨌든 나 자신이 이 아이디어를 떠올리고 그것이 진리임을 느끼면서도 자기 자신조차 바로 설득하지 못했기 때문이다.

여기서 다시 한번 확인해 두자. '동일성'이 엄밀하게 정의할 수 있는 것은 아니다. 그럼에도 불구하고 우리의 세계는 '동일성'으로 가득 차 있으며, 애초에 동일성이 없었다면 우리는 사고조차 할 수 없다. 그 '동일성'의 개념이 '인간'의 속성 중 하나이며, 그 이상의 것은 아니라는 점.

여기까지의 결론에 납득할 수 있다면 나머지는 비교적 간단하다. 만일 캬라를 기호라고 한다면 그것은 무엇을 전달하고 있는 것일까? '동일성'이다. 정확히는 '동일성의 콘텍스트'다. 모든 캬라에 공통되는 것은 '동일성'을 전달하는 기능이다. 이 동일성은 시공을 초월한다. 시간적, 공간적인 차이를 넘어 일정한 동일성을 유지하는 존재. 이 점만은 거의 모든 캬라에게 공통되는, 잠재적이면서 본질적인 특징이다. 캬라의 기능에 철저히 초점을 맞추면 그와 같은 결론을 내릴 수밖에 없다. 반대로 시공을 초월해서 인식된 동일성은 모두 '캬라'가 된다.

지금까지의 캬라에 대한 이해는 '캬라는 이야기 공간을 손쉽게 초월한다'는 표현에 머물러 있었다. 하지만 그렇게 되면 서술이 뒤집히고 만다. 정확하게는 '이야기 공간을 초월한 〈강한 동일성〉'이 캬라다. 좀 더 말해 보자면 캬라의 조형이란 바로 '시공을 초월한 동일성이 성립하는 존재를 만드는 일'이다.

캬라로 본 '인간의 조건'

졸저 『문맥병』을 읽은 사람은 내가 "얼굴은 고유성의 콘텍스트 그 자체다"라고 한 것을 기억할지도 모르겠다. 이와 관련지어 말해 보자면 캬라에 '얼굴'이나 '인간'과 동등한 '고유성'은 없다. 중요한 것은 이름의 동일성 정도이며 그 이외의 속성은 상당히 유동적이기 때문이기도 하다.

'인간'과 '캬라'의 차이는 '고유성'과 '동일성'의 차이다. 이 책에서 지금까지 고찰한 바를 통해 그 차이는 이미 분명해졌다. 주요한 것을 열거해 보자.

- 캬라는 다중인격[DID]이다.
- 캬라에는 '아버지의 이름'이 없다.
- 캬라는 서술 가능한 존재이다.
- 캬라는 잠재적으로 복수형이다.
- 캬라는 갈등하지 않는다.
- 캬라는 성장하거나 성숙하지 않는다.
- 캬라는 각각 하나의 상상적 신체를 가진다.
- 캬라는 고유명과 익명의 중간적 존재다.

관점을 바꾸어 보면 인격의 통합성이나 갈등, 단독성과 고유성 및 서술 불가능성, 그리고 성장과 성숙의 가능성이야말로 캬라와는 다른 '인격의 깊이'이며 '인간의 조건'이라 생각할 수도 있다.

여기에 정신분석적 관점을 추가한다면 '인간에게는 욕망이 있지만 캬라에게는 욕구밖에 없다', '인간은 말을 하며 캬라는 기호를 출력한다', '인간과는 달리 캬라의 커뮤니케이션은 완벽하다' 등의 리스트를 더할 수 있겠지만, 그것은 아마 '인간과 동물의 차이'의 서술에 한없이 가까워질 것이다.

'동일성'의 기원

우리는 지금까지 캬라를 인격 내지는 성격에 준하는 무언가로서 이해하려고 했다. 그러나 이미 상황은 역전되었다. 이토 고의 구분에 따르면 캐릭터의 엘리먼트로서 '캬라'가 있다고 여기지만, '캬라의 성립'과 '동일성의 성립'은 지금까지 보아 왔던 것처럼 상호의존적이다. 바꾸어 말하자면 캬라의 한계를 고찰하는 일이 그대로 '동일성이란 무엇인가'라는 물음에 대한 고찰로 이어진다. 이 물음을 고찰할 때는 이미 이 책에서 지적해 왔던 다음의 사항이 중요하다. 이것들은 말하자면 '동일성'과 '인격'에 관한 철학적인 단편이나 마찬가지다.

- 캬라는 아이콘, 심볼, 인덱스 중 무엇이든 될 수 있다.
- 캬라는 '비세계적 존재'이다.
- 캬라는 '문자'다. 정확하게는 '문자의 유령'이다.

- 캬라에서는 의미 = 내면 = 도상의 일치가 보인다.
- '캬라가 살아 있다'는 말은 캬라의 '단 하나의 특징'에 의존한다.
- 캬라에는 (주체와 같은) 결여가 없다.
- 캬라는 환유적 존재이다.
- 캬라의 동일성을 담보하는 것은 '이름'이다.
- 캬라의 속성은 이름을 제외하면 유동성이 상당히 크다.

더욱이 캬라의 조형까지 논의를 진행하자면 '캬라 = 동일성'의 성립에서 무엇이 기법적으로 중요한가를 알 수 있을 것이다. 이들 단편은 '캬라 만들기의 힌트'로서 높은 비중을 가진다. 그런데 '동일성'이 인식될 때 '이름'과 '얼굴(응시)'이 결정적인 의미를 지니고 있으며, 특히 그 2차원적인 인식이 열쇠를 쥐고 있다는 지적은 중요하다. 여기에서는 동시에 '캬라 = 동일성'의 콘텍스트가 커뮤니케이션을 통해 학습되어야만 함을 시사하고 있다.

- 캬라의 이름과 캬라의 속성은 환유적인 관계에 있다.
- 캬라 조형의 기본은 '이름'의 환유적인 의인화이다.
- 그 때문에 속성을 결정할 때 이름을 부여하는 일이 선행할 수 있다.
- 캬라의 조형을 결정하는 것은 '얼굴'이며 '응시'이다.
- 캬라는 감정과 이야기의 인식을 보는 이에게 '강제'한다.
- 캬라의 외견 = 성격은 이야기의 복수성을 전제로 하고 있다.

- 캬라 인식의 배경에는 초상화의 기법적 완성과 관상학의 영향이 있다.
- 인지 프레임으로서의 캬라는 의미와 이야기를 중층적, 동기적으로 전달한다.
- 캬라는 '초평면적'인 존재다.
- 캬라 인지의 기본에 있는 것은 커뮤니케이션의 집적이다.
- 캬라의 인기를 결정하는 것은 노출도와 수용의 문맥이다.

캬라는 캐릭터의 엘리먼트이기 때문에 이른바 자기 동일성(아이덴티티)과는 관계가 없다. 왜냐하면 자기 동일성은 성숙과 통합의 결과로 만들어지는 것이기 때문이다. 캬라에게는 '강한 동일성'이 있다. '강하다'는 것은 '견고한'이라는 의미가 아니다. '부드럽고 강인한 동일성'이라는 의미이다. 그것은 캬라의 속성이 상당히 가변적, 유동적이면서도 동일성이 유지된다는 점에서도 엿볼 수 있다. 복수의 허구 세계, 복수의 가능 세계를 살아가는 '캬라'. 그것의 실마리가 되는 것은 모에를 유발하는 비주얼도 눈에 띄는 성격적 특성도 우수한 스펙도 아니다. 어떠한 공간에서도 결코 파괴되지 않는 '강한 동일성'. 이것이야말로 캬라의 가장 크고 유일한 특성이다.

캬라가 소속된 세계 또한 캬라의 속성의 일부다. 그렇게 보자면 소속된 세계가 바뀌어도 캬라의 동일성이 유지되는 것은 당연한 일이다. 이러한 특징을 여기에서는 '다세계 동일성$^{Multiversal\ Identity}$'이라 부르기로 한다. 이 책은 다세계 동일성을 아래와 같이 서술하고자 한다.

- 캬라는 확률적 존재이다.
- 캬라는 집합적 존재이다.
- 캬라는 복제 가능하며 전송 불가능한 존재이다(전송 = 복제가 되어 버린다).
- 캬라는 복제를 통해 한층 리얼해진다.
- 캬라는 가능 세계에 산다.
- 캬라는 반복 가능한 삶을 산다.
- 캬라는 (캐릭터와는 달리) '세계'나 '이야기'와 고유한 관계를 가지지 않는다.
- 캬라는 이세계를 넘나들면서도 동일성을 유지한다.
- 캬라를 인식하기 위한 전제로 '세계의 다중화'가 있다.

그렇다면 위와 같은 전제에서 아즈마 히로키 작 『캐릭터즈』의 다음 부분을 읽어 보도록 하자.

> 우리는 커뮤니케이션의 불완전성이 낳은 유령이다. 유령은 작자와 텍스트 사이뿐만 아니라 텍스트와 독자 사이, 그리고 독자와 독자 사이에도 존재한다. 그래서 캐릭터는 모두 현실의 누구에게도 부탁하지 않은 편지, 현실의 누구에게도 닿지 못한 편지, 현실의 누구에게 도달할지 모를 편지를 전부 품고 있다. S는 그것

을 유언이라 부른다.

그렇다. 여기에서 새로운 용어가 추가되었다. 전송 불가능한 캬라는 커뮤니케이션 네트워크 곳곳에 복제로서 체류하며, 오리지널과 준(準)동일적인 관계를 가진 '유령'이 된다.

어떤 불확실성의 요소든 흡수하여 성립하는 캬라의 동일성은 분명 라캉 이론의 범주를 넘어섰다. 그런 의미에서는 아즈마 히로키가 시사하는 것처럼 캬라 = 동일성 = 유령이라는 등식이 성립한다고 할 수 있을지도 모른다.

그 자신과 동일한

이 논점에 기초하여 캬라의 기호론을 다시 한번 생각해 보자. 원래 기호는 어떠한 실재물을 지시하는 기능을 가지고 있다. 그렇다면 캬라는 무엇을 지시한다고 할 수 있을까. 그 답은 다음과 같다. 캬라는 그 자신과 동일하며 그 자체를 재귀적으로 가리키는 기호라고 말이다.

여기까지 읽어 온 사람이라면 그렇게 기이한 대답이라 생각하지 않을 것이다. 말할 것도 없이 캬라는 실체가 없다. 그것은 애초에 기호적인 존재이다. 이것이 '캐릭터'였다면 그(녀)가 속한 이야기 세계의 상징이라는 관점도 성립한다. 그렇다. 라스콜

리니코프가 『죄와 벌』의, 안나 카레니나가 『안나 카레니나』의 상징이라는 관점이다. 여담이지만 서구 소설에서 캐릭터의 고유명이 이야기의 타이틀이 되는 경우가 많은 것은 캐릭터 = 이야기라는 '굴레'가 전통적으로 강하기 때문일지도 모른다.

그러나 이미 거듭 말해 왔듯이 캬라와 세계의 연결은 비교적 느슨하다. 즉 캬라가 단일한 허구 세계를 상징한다기에는 소속된 곳이 너무 다양하다. 그렇다면 '캬라'란 늘 '그 자체로 일치하는 기호'로서 오로지 '동일성'만 전달하는 기능을 담당하게 된다. 이러한 캬라의 '대상 항상성'은 아마 발달의 가장 초기에 획득될 것이다. 예를 들면 멜라니 클라인의 이른바 '좋은 유방'과 '나쁜 유방'이 각각 다른 캬라로서 인식될 가능성도 있다. 아니, 애초에 우리가 그러한 두 가지 이상의 캬라를 어떻게 통합하여 고차원의 동일성을 인식하기에 이르는가는 완전히 미지의 영역이다.

제7장에서 나는 하츠네 미쿠의 파생 캬라를 예로 들면서 캬라의 동일성에서 '이름'의 중요성을 지적했다. 이름도 외견도 조금씩 다른 이들 캬라를 이어 주는 느슨한 동일성, 준동일성이라고도 할 만한 동일성은 이미 검증해 왔던 것처럼 환유적인 연속성으로 보증된다. 혹은 아무리 격렬한 변형을 거쳐도 'DOB 군'의 동일성이 파괴되지 않았던 것은 무라카미의 작품이라는 콘텍스트의 동일성과 환유적인 연속성이 유지되었기 때문이다.

아니, 오히려 이렇게 말해야 할지도 모른다. 우리가 캬라를 인식하는 것은 동일성 그 자체의 인식 때문이 아니다. 거꾸로 캬라와 그 동일성을 뒷받침하는 콘텍스트 쌍방을 동시에 받아들이는 것. 그렇다면 캬라의 리얼리티란, 캬라의 안정된 동일성을 파괴할지도 모를 차이화의 프로세스에 항상 지속적으로 노출된다는 점에 있는지도 모르겠다.

캬라인가, 혹은 인간인가

이 책에서 거듭 인용해 온 아즈마 히로키의 논의는 요컨대 '인간'을 '캬라'에 가깝게, 혹은 동일시하는 일을 조준하여 전개되고 있는 것처럼 보인다.

가장 초기의 「솔제니친 시론」부터 소설 『퀀텀 패밀리즈』에 이르기까지 그의 관심은 일관되게 '확률적'인 실존의 문제에, 혹은 가능 세계 내지는 패러렐 월드적인 다세계 해석을 전제로 한 '동물화'에 쏠려 있었다. 예를 들면 아우슈비츠의 비극에 대해 아즈마는 다음과 같이 말하고 있다.

> 어떤 사람은 살아남고, 어떤 사람은 살아남지 못했다. 그저 그뿐이며, 거기에는 어떠한 필연성도 없다. 그곳에서 '어떤 사람'은 고유명을 가지지 못한다. 진정 무서운 것은 아마도 이 우연성, 전달 경로의 확률적 성질이 아닐까. 한스가 살해되었다는 것이 비극이 아니다. 오히려 한스든 누구든 상관없었다는 점, 즉 한스가

살해당하지 않았을 **지도 모른다**는 것이야말로 비극이다. 리오타르와 볼탕스키의 추모 작업은 고유명을 절대화함으로써 그 공포를 피하고 있다(『존재론적, 우편적』).

이 문제의식은 미소녀 게임과 같은 서브컬처를 논할 때에도 전혀 흔들리지 않는다.

내 생각에 원래 멀티 엔딩 노벨 게임에서(그리고 원래는 우리가 살고 있는 이 리얼한 세계에서도) '트루' 엔딩 같은 것은 존재할 수 없습니다. 나기사渚와 우시오汐를 잃은 인생도, 나기사 그리고 우시오와 함께 행복한 가정을 이룬 인생도 모두 토모야에게는 진실일 수밖에 없지요. 불행한 인생에도 행복한 인생의 가능성이 맹아로서 존재하고 또 그 반대도 존재한다는 것이 멀티 엔딩 노벨 게임이 제시하는 세계관이며, 그것은 원리적으로 '주인공이 노력하면 행복을 거머쥘 수 있다'는 일반적인 이야기와는 이질적인 것입니다. (중략) 우시오는 클라나드CLANNAD에서 구원받음과 동시에 구원받지 못하지요. 그런 양가성이야말로 미소녀 게임이 가진 매력의 핵심 아닐까요?[2]

---

[2] 아즈마 히로키「와상언론 하테나 피난판渦状言論はてな避難版」, http://d.hatena.ne.jp/hazuma/20090317/1237217360, 2018년 9월 현재 접속 가능. — 역자 주.

이상의 논의는 한스를 캬라로 여기지 않는다면 상호간 모순을 일으킬 수 있다. 인간은 한 번밖에 살 수 없지만 캬라는 몇 번이든 살 수 있다는 반론은 의미가 없다. 그 점을 염두에 두면서 다음으로 나아가 보도록 하자.

분명 여기에도 '캬라에 대한 옹호'가 일관적으로 확인된다. 고유성과 익명성의 중간을 확률적으로 살아가는 캬라의 존재. 그러나 이미 다중인격의 임상을 거친 우리가 그 생을 무조건 긍정할 수는 없다. 욕구에 따라 확률에 노출되어 살아가는 '캬라'들의 동물적인 삶을 긍정할 것인가. 성숙의 가능성을 '캬라'의 통합에 걸고, 고유한 삶을 사는 '인간'의 회복을 소망할 것인가. 나의 대답은 이미 알고 있을 것이다. '인간'의 우위는 바뀌지 않는다. 그것은 딱히 정신과 의사로서, 혹은 정신분석에 의거하는 자로서의 '공식 견해'라는 뜻은 아니다.

제2장에서 인용한 철학자 워초프의 말을 빌리자면 이는 '패턴'의 문제라고도 할 수 있다. 대상이 존재한다면 주체는 반드시 그에 앞서 존재한다는 그 이론 말이다. 그의 이론에 기대어 보자면 내가 여기서 말하는 '우위'란 '인간'이 '캬라'보다 논리 필연적으로 선행한다는 정도의 의미다. 이 패턴은 어떠한 인간중심주의와도 관계가 없다. 그렇다면 어째서 그렇게 말할 수 있는 것인가.

그 대답은 곧 '동일성'과 관계되어 있다. 나는 이 책에서 '캬라 = 동일성'이라는 정의를 '발견'했다. 그리고 동시에 '동일성'의 개념은 언제나 '인간'으로부터 근거를 부여받는다는 가설을 제시했다. 그 모든 것이 참이라면 모든 '캬라'는 그 존재를 전면적으로 '인간'에 의거하게 된다. 다르게 표현해 보자면 '인간' 없이는 '캬라'가 존재할 수 없지만, '캬라'가 없어도 인간은 성립한다. 즉 사회와 시대라는 '환경' 여하에 상관없이 '인간'은 항상 '캬라'의 상위개념으로서 요청된다.

이와 같이 생각해 보자면 '고유명' 내지는 '고유성'의 위치도 저절로 정해질 것이다. 알려진 바와 같이 이들에 대해서는—그것이 이미 품고 있는 '잉여' 때문에?— 하나같이 확정적인 서술이 불가능한 것으로 보고 있다. 그러나 모든 '고유명'이 요청하는 요소가 적어도 두 가지 있다. 하나는 '단독성', 다른 하나는 '동일성'이다.

아무리 특권적인 고유명이라 해도 그 '동일성'이 재인식되지 않는 이상 존재하지 않는 것과 마찬가지다. 그러나 또한 그 '단독성'이 상실된다면 오리지널과 카피의 구별, 고유 명사와 일반 명사의 구별도 존재하지 않게 되며, 고유명의 고유성은 손상되고 만다. 때문에, 조금 더 추측해 보자면 다음과 같이 생각할 수 있다. '고유명'에서 '단독성'을 제외한 것이 '동일성'인 게 아닐까 (이때 '잉여'는 '단독성'과 '동일성' 양쪽에 각각 다른 형식으로 깃들게 되지만, 지금은 그에 대해서는 깊이 들어가지 않도록 하겠다). 중요한 것은 '인간'-'단독성' = '동일성'(= '캬라')이라는 등식의 성립 가능성이다. 적어도 다중인격에 대해서라면 이 등식은 성립할 것이다. (일견) 인격의 단독성을 잃어버린 인간은 복수의 '동일성'(= '캬라')으로 분해되어 버리기 때문이다. 이 부분을 상세하게 검증할 여유는 없지만 적어도 임상의 측면에서 보자면 내 가설의 정당성은 지지되는 셈이다. 그리고 이 가설을 따르자면 역시 '캬라'는 '인간'의 서브 카테고리에 놓이며 하위 개념에 해당하게 된다. 다시 한번 확인해 두겠는데, 이는 가치 판단의 문제가 아니라 임상적 혹은 집합론적인 판단이다. 이 관점에서 보자면, 예를 들어 '인간인가 캬라인가'라는 물음은 '틀린 문제'가 된다. '캬라'가 항상 '인간'에 포함되어 있는 이상 무엇을 고른다 해도 우리는 '인간'을 고르는 셈이기 때문이다.

이리하여 우리는 '캬라'를 둘러싼 긴 여정을 거쳐 다시 '인간'으로 돌아오게 되었다. 이제 이야기할 수 있는 것은, '인간'의 서브 카테고리로서의 '캬라'를 깊이 아는 것이 '고유성'이나 '동일성'이 무엇인가라는 철학적인 질문을 던지는 것과 마찬가지라는 점이다. 그러한 우회로를 거칠 때마다 우리의 '인간'관은 거듭 갱신될 수 있을 것이다.

'동일성의 엘리먼트'로서 '캬라'를 이해하는 것. 나의 다음 관심사는 '강한 동일성'이라는 관점에서 '캬라(=유령)'를 위한 새로운 윤리관을 모색하는 것이다. 이 앞에는 허구의 고유성에서 '인간'의 조건에 이르는 철학적 문제, 저작권에서 표현의 규제에 이르는 법적 문제, 혹은 창조와 환경에 관한 비평적 문제 같은 무수한 테마가 잠재되어 있다.

이루어질 수 있다면, 나의 문제의식이 널리 공유되어 젊은 세대에 의해 비판적으로 계승되기를 바란다.

참고 문헌

東浩紀 『存在論的、郵便的』, 新潮社, 1998年
　　　　『動物化するポストモダン』, 講談社現代新書, 2001年
　　　　「ライトノベルという驚き」, 『論座』, 2006年8月号
　　　　『ゲーム的リアリズムの誕生』, 講談社現代新書, 2007年
　　　　「スーパーフラットで思弁する」, 『文学環境論集 L』, 講談社, 2007年
東浩紀・桜坂洋 『キャラクターズ』, 新潮社, 2008年
東浩紀×前田塁 「父殺しの喪失、母萌えの過剰」, 『ユリイカ』, 2008年10月号
泉信之 「ピアノ・ファイア」,
　　　http://d.hatena.ne.jp/izumino/20091016/p1
伊藤剛 『テヅカ・イズ・デッド』, NTT出版, 2005年
伊藤弘インタビュー 「ホットワイアード・ジャパン」
　　　http://www.hotwired.co.jp/clickart/interview/990324/textonly.html
大塚英志 『キャラクター小説の作り方』, 講談社現代新書, 2003年
　　　　『物語の体操』, 朝日文庫, 2003年
　　　　『アトムの命題』, 角川文庫, 2009年

岡崎乾二郎 『芸術の設計』, フィルムアート社, 2007年
荻上チキ 『ネットいじめ』, PHP新書, 2008年
小田切博 『キャラクターとは何か』, ちくま新書, 2010年
木堂椎 『りはめより100倍恐ろしい』, 角川書店, 2006年
斎藤環 『若者のすべて』, PHPエディターズ・グループ, 2001年

『「負けた」教の信者たち』, 中公新書ラクレ, 2005年

『戦闘美少女の精神分析』, ちくま文庫, 2006年

「多重人格のプロクセミックス」, 『身体をめぐるレッスン1』, 岩波書店, 2006年

『文学の断層』, 朝日新聞出版, 2008年

『心理学化する社会』, 河出文庫, 2009年

『関係の化学としての文学』, 新潮社, 2009年

「ラメラスケイプ、あるいは『身体』の喪失」, 『思想地図 vol.4』, NHK出版, 2009年

ササキバラ・ゴウ 『＜美少女＞の現代史』, 講談社現代新書, 2004年

白岩玄 『野ブタ。をプロデュース』, 河出書房新社, 2004年
新城カズマ 『ライトノベル「超」入門』, ソフトバンク新書, 2006年
清涼院流水 『コズミック―世紀末探偵神話』, 講談社, 1996年
清涼院流水スーパーインタビュー 『ファウスト Vol.1』, 2004年

瀬沼文彰 『キャラ論』, STUDIO CELLO, 2007年

竹熊健太郎・夏目房之介ほか 『別冊宝島EX マンガの読み方』, 宝島社, 1995年

土井隆義 『キャラ化する／される子どもたち』, 岩波ブックレット, 2009年

内藤朝雄 『いじめの社会理論』, 柏書房, 2001年

西尾維新 『新本格魔法少女りすか』, 講談社, 2004年

『ニンギョウがニンギョウ』, 講談社, 2005年

西尾維新インタビュー 『季刊 Comickers 2003秋号』, 美術出版社

西尾維新インタビュー 『ミステリー迷宮読本』, 洋泉社, 2003年

西尾維新インタビュー 『波状言論』, 2004年1月B号

西尾維新インタビュー 「王道を逆立ちして行く」, 『ユリイカ』, 2004年9月増刊 「総特集 西尾維新」

西尾維新インタビュー 『活字倶楽部』, 2004年冬号

橋本英治ほか 「観相学的断片、あるいは、キャラクターの同定への試論」, 『神戸芸術工科大学紀要「芸術工学2009」』 所収

濱野智史 『アーキテクチャの生態系』, NTT出版, 2008年

三並夏 『平成マシンガンズ』, 河出書房新社, 2005年

宮台真司 『増補 サブカルチャー神話解体』, ちくま文庫, 2007年

宮本大人「漫画においてキャラクターが『立つ』とはどういうことか」,『日本児童文学』49巻2号, 2003年

森川嘉一郎『趣都の誕生』, 幻冬舎, 2003年

森口朗 『いじめの構造』, 新潮新書, 2007年

安永浩 『「宗教・多重人格・分裂病」その他4章』, 星和書店, 2003年

米盛裕二 『パースの記号学』, 勁草書房, 1995年

四方田犬彦 『「かわいい」論』, ちくま新書, 2006年

　　　　　　『漫画原論』, ちくま学芸文庫, 1999年

TINAMIX INTERVIEW SPECIAL 阿部和重×砂 司会: 東浩紀「車から老いへ」

http://www.tinami.com/x/interview/03/page9.html

グルンステン, ティエリ『線が顔になるとき』, 古永真一訳, 人文書院, 2008年

ダーリング, マイケル「過去+現在＝未来」,『村上隆作品集 召喚するかドアを開けるか回復するか全滅するか』, カイカイキキ, 2001年

パトナム, F.W.『解離』, 中井久夫訳, みすず書房, 2001年

ハヤカワ, S.I.『思考と行動における言語』, 大久保忠利訳, 岩波書店, 1985年

プリンス, モートン『失われた＜私＞を求めて』, 児玉憲典訳, 学樹書院, 1994年

ホール, エドワード.T.『文化を超えて』, 岩田慶治・谷泰訳,

TBSブリタニカ, 1979年

　　　　『かくれた次元』, 岩田慶治・谷泰訳, みすず書房, 1993年

ホックニー, デイヴィッド『秘密の知識—巨匠も用いた知られざる技術の解明』, 木下哲夫訳, 青幻舎, 2006年

マクラウド, スコット『マンガ学』, 岡田斗司夫訳, 美術出版社, 1998年

후기

이 책은 흔치 않은 난산의 산물이다.

재교 교정지를 오토바이 택배에 넘기고 나서, 문득 어떤 생각이 들어 컴퓨터의 메일함을 확인해 보았다. 이 책의 편집을 담당해 주신 지쿠마 쇼보의 이시지마 씨로부터 캐릭터 책의 기획을 타진하는 메일을 받은 것은 무려 2003년 6월이었다. 나 스스로도 어이가 없는 노릇이지만, 이 책은 완성까지 8년 가까운 세월을 필요로 한 셈이다.

의사로 일하면서 부업으로 글을 쓰는 나는 글을 새로 쓰는 일이 큰 고역이다. 지금까지 꽤 많은 책을 내긴 했지만 책을 새로 쓰는 데는 평균 2 - 3년이 걸린다. 그렇다 하더라도 8년은 너무 길다. 물론 그사이 계속 글을 쓴 것이 아니라 실질적으로 최근 2년 안에 대부분의 글을 쓰긴 했지만 말이다. 굳이 변명을 하자면 이만큼 장기간을 필요로 했던 것은 그 나름대로 의미가 있었다고 생각한다. 집필 그 자체는 어찌 되었든, 이 8년이라는 시간 동안 나는 '캐릭터란 무엇인가'를 계속해서 생각해 왔다. 내가 좋아하는 아리스토파네스의 비유를 들자면, 끈에 매달린 딱정벌레처럼 이 질문을 머리 주위에 빙빙 돌렸다.

그런데 생각해 보면 내가 캐릭터에 대해 고찰하게 된 것은 그보다 더 이전으로 거슬러 올라간다. 이 책에서도 그 일부를 소개한 바 있는「CPM: 캬라화된 정신분석적 매트릭스」의 아이디어에 대해 잡지에 썼던 것은 분명 1999년이었다(『젊은이의 모든 것』, PHPエディターズ・グループ에 수록). 혹은 2000년에 출판된 『전투미소녀의 정신분석』(太田出版)도 거의 일본 고유의 캐릭터나 다름없는 전투미소녀가 어떻게 성립했는가를 정신분석적으로 검토한 책이었다. 그 후에도 이 책을 계기로 아즈마 히로키 씨 등과 협업을 하거나 게임 잡지에서 10년 이상 서브컬처 시평 연재를 계속하고 있다. 바꾸어 생각해 보면 나는 계속 서브컬처, 즉 캬라의 영역에 어중간하게 걸쳐 있었다. 그뿐만이 아니다. 부업의 편안함에 빠져 재미있어 보이는 의뢰를 절조 없이 받아들이고 말았던 나는 지금까지 문예 비평이나 미술 비평과도 깊은 관계를 맺어 왔다. 하나같이 최근 서브컬처와 눈부시게 융합을 이루고 있는 영역이다. 여기에서도 나는 거듭하여 캐릭터의 문제를 거론하게 되었다.

이렇게 놓고 보니 이 책은 최근 10년 남짓한 기간 동안 내가 '캐릭터'에 대해 계속해 온 생각들의 총결산인 셈이다. 만약 내가 조금 더 부지런해서 의뢰를 받고 2 – 3년 이내에 이 책을 완성시켰다면 내용적으로는 훨씬 폭이 좁아졌을 것이다. 특히 이 책의 중심적인 아이디어라고 할 수 있는 '캬라 = 동일성'이라는 발상은 아주 최근에야 '강림'했다. 이 발상도 이토 고 씨부터 구레사와 타케미暮沢剛巳 씨의 저작에 이르기까지 최근 계속 출판되고 있는 '캐릭터 서적'에 의해 촉발되지 않았다면 없었을 것이다. 담당 편집자 이시지마 씨에게는 정말 미안한 일이지만 개인적으로는 최고의 타이밍에 이 책을 출판할 수 있었던 행운을 음미하고 있다.

마지막으로 몇 가지 감사를 전하며 이 책을 매듭짓고자 한다. 우선 아즈마 히로키 씨에게. 마지막 장에서는 비판적인 톤으로 인용했지만, 이는 아즈마 씨의 '데이터베이스 이론'이 현재의 캐릭터 분석에서 압도적인 영향력을 가지고 있다는 '상황'하에서 이루어진 비판이다. 아즈마 씨와 나는 거의 같은 대상 — 그야말로 '캐릭터'에서 '정신분석', '기본 소득'에 이르기까지 — 에 관심을 기울이면서 그로부터 항상 상반된 해석을 이끌어 내는 관계였고, 그의 발언에서 늘 자극을 받아 왔다. 이 책과 관련하여 그와 직접적인 소통이 있었던 것은 아니지만 그 '존재' 자체에 감사하고 싶다.

무라카미 타카시 씨에게. 2010년 12월 아사히 컬처 신주쿠의 기획에서 나는 무라카미 씨와 토크 이벤트에 참가했다. 이벤트 준비를 위해 그의 최근작 『예술 투쟁론^{芸術闘争論}』(幻冬舎)은 물론이고 지금까지의 작업을 복습하면서 다시금 현대 미술계에서 '무라카미 타카시'라는 존재의 특이성에 눈을 떴다. 거대한 존재는 그 거대함으로 인해 특이성이 은폐되어 버리기도 한다. 무라카미 씨는 자신의 평가를 역사에 맡기려는 듯하지만, 나는 이 책에서도 말했던 것처럼 '슈퍼 플랫' 개념을 '캬라'라는 관점에서 다시 업데이트할 수 있다고 생각한다. 이벤트의 발언에서도 큰 인상을 받았다. 여기에 감사를 표하고자 한다.

 마지막으로 편집을 담당해 준 이시지마 히로유키 씨에게. 8년 동안 기다리느라 수고 많으셨습니다. 보통이라면 잊어버려도 이상하지 않을 기획의 실현을 끈기 있게 기다려 주신 그 자세에는 정말로 고개를 숙일 수밖에 없습니다. 연재나 단발적으로 쓴 제 원고를 부지런히 체크하여 적확한 감상 메일을 써 주시는 등, 큰 격려를 받았습니다. 막판의 몰아치기는 조금 고되기도 했지만, 덕분에 겨우 납득이 가는 모양새를 이루었습니다. 정말로 감사드립니다.

2011년 2월 26일 나카카루이자와中軽井沢에서

사이토 타마키

문고판 후기

 이 책이 출판된 것은 2011년 3월. 그렇습니다. 그 대지진이 있었던 달이지요. 이 해는 지진 쇼크도 있었고 자택도 경미하게나마 피해를 입어서 단독 저서는 두 권밖에 내지 못했습니다. 비교적 절조 없이 책을 계속해서 내 왔던 저에게는 꽤 적은 편이었습니다. 다만 이 책의 '후기'에도 썼던 것처럼 이 책은 완성까지 상당한 시간을 필요로 했습니다. 그것만으로도 이 책에 애착이 있지만, 안타깝게도 기대한 만큼 널리 읽히지는 않았던 모양입니다.

 누차 말씀드리지만 이 책은 제 '회심'의 저작이라고 할 수 있습니다. 특히 '캐릭터라는 것은 동일성(만)을 전달하는 기호'라는 정의는 제게 '자신 있는 작품'입니다. 교실에서 쓰이는 '캐릭터', 코미디언의 '캐릭터', 산리오와 지자체 캐릭터 등의 '캐릭터', 그리고 만화와 애니메이션 등 픽션 속의 '캐릭터'. 이 책에서는 대개 개별적으로 다루어지는 캐릭터의 개념 전체에 적용 가능한, 말하자면 '캐릭터의 통일장 이론'을 목표로 삼았습니다. 이 정의야말로 이론의 중심적인 아이디어입니다.

 이 아이디어에 대한 산발적인 비판과 반론을 본 적은 아직 없는데, 그것은 그저 읽히지 않았기 때문인지 혹은 정의가 너무 완벽해서 오히려 아무래도 좋은 이야기가 되고 만 것인지, 지금은 아무것도 알 수 없습니다. 이 문고판은 좀 더 널리 읽힐 것을 목표로 하고 있기 때문에 앞으로 본격적인 비평과 반론이 나타나기를 기대하고 있습니다.

그러면 이 문고판의 후기에는 이 책의 단행본이 출판된 이후의 일이나 저의 심경 변화 등에 대해서 조금 기록해 둘까 합니다. 무엇보다 강조하고 싶은 것은 이 책을 둘러싸고 아즈마 히로키 씨와의 대담이 2011년 4월에 이루어졌다는 것입니다. 이 대담은 〈지금, 『캐릭터와 일본인』을 생각하다いま、『キャラクターと日本人』を考える〉라는 타이틀 아래 니코니코 생방송으로 방영되었습니다.

이 책의 기획 중 하나는 아즈마 히로키 씨의 데이터베이스 이론을 비판적으로 극복하는 것이었습니다. 본문에도 썼던 것처럼 아즈마 씨의 이론은 제로년대의 서브컬처에 큰 영향을 미쳤습니다. 그 의미에 대해서는 이 책에서 다루기도 했고, 익히 알려진 리믹스나 시뮬라크르와는 다른 관점을 도입했다는 점에 대해서 지금도 높게 평가하고 있습니다. 그런 다음 창조적 작업이 데이터베이스만으로 이루어지지는 않는다는 것을 지적하고 싶었습니다.

그러나 지진 직후라고 할 만한 이 시기는 아무래도 타이밍이 너무 좋지 못했습니다. 아즈마 씨가 대담을 쾌히 승낙했지만 안타깝게도 당일에는 이 책의 내용이나 주장을 거의 다루지 못하고 오로지 지진 후 그의 심경 변화에 화제가 맞추어져 버렸습니다. 당시의 상황을 생각해 보면 부득이한 일이기도 했고, 그것이 불만이었다면 제가 적절히 끌고 나가면 됐겠지만 저 또한 굳이 화제를 돌리지는 않았습니다. 그렇기에 새삼 그 일에 대해 왈가왈부는 않으려 합니다. 그러나 대담 후에도 이 책에서의 '비판'에 대한 아즈마 씨의 응답이 없었다는 점에 일말의 아쉬움은 금할 수 없었습니다. '인간'을 압축해서 '캬라'가 만들어진다 해도 그 반대는 불가능합니다. '캬라'를 합성하거나 증폭한다 해도 '인간'이 되지는 않습니다. 그런 의미에서 '인간'은 '캬라'의 상위 개념입니다. 캬라란 동일성을 전달하는 기호라는 정의에는 그러한 전제도 있습니다. 그렇기에 캬라의 창조에는 비유적인 의미라도 '데이터베이스' 개념이 적절하지 않습니다. 사후적으로 정보를 고쳐 쓰거나 구조를 덮어쓸 가능성을 지닌 '아카이브(데리다)' 개념이 비유로서 더 적절할 것입니다. 아시는 바와 같이, 이 논의는 아즈마 씨의 고유성 비판과 저의 고유성 옹호라는 대립으로 귀결됩니다.

아즈마 씨의 최신 저작 『약한 연결弱いつながり』(幻冬舎) 등을 읽으면 그래도 그가 제법 둥글어졌구나, 라는 생각이 듭니다. 이 책은 한마디로 말하면 '관광에 대한 권유'입니다. 노이즈 없는 사이버 공간과 노이즈가 가득 찬 '현장'과의 왕래. 인간은 확률적 존재에 불과하다는 그의 사상은 흔들림이 없지만, 여행자가 됨으로써 고유성을 에뮬레이션해 보자는 인생론으로도 읽힙니다. 이 책과의 관련성을 말하자면 캬라에서 내려와 캐릭터가 되어 보자라는 느낌이겠지요.

주제를 바꿔서, 지진 후의 작품 중에 제가 개인적으로 주목하고 싶은 것은 〈걸즈 앤 판처(이하 '걸판')〉과 〈마법소녀 마도카☆마기카(이하 '마도마기')〉입니다. 이 두 작품은 제가 쓴 '전투미소녀'론과 '캬라'론, 두 가지 관점에서 보아도 흥미롭습니다.

제가 살고 있는 미토 시에 인접한 오아라이 정을 무대로 한 아니메 작품 〈걸판〉은 오아라이의 관광에 제법 공헌을 하고 있는 것으로도 알려져 있습니다. 지금도 오아라이 정 곳곳에 캬라의 간판이 있으며 가고시마 임해 철도에는 〈걸판〉이 그려진 열차가 신나게 달리고 있습니다.

〈걸판〉은 말하자면 '전차의 의인화'입니다. 여고생이 '전차도'를 겨룬다는 말도 안 되는 설정에서 비롯되어 현실에는 절대 있을 수 없는 전차끼리의 추격이나 직접 대결이 반복해서 그려지고 있습니다. 그것도 의인화가 아니면 할 수 없는 게임이겠지요. 성대 마이크를 통해 나누는 이야기나 캐터필러와 장갑이 스쳐서 일어나는 불꽃, 전차의 중량 표현 등 세부적인 고증도 대단합니다. '있을 수 없는 것을 리얼하게 그려 낸다'는, 전차 사랑이 넘치는 작품입니다.

비키니 아머에 검이나 중화기가 80년대적인 전투미소녀라고 한다면, 시대는 점점 '의인화'에 가까워지는 듯합니다. 예를 들어 〈스트라이크 위치스〉는 전투기의 모에 의인화, 〈우폿테!〉는 총기의 소녀 학원물, 이외에도 MS(모빌슈트) 소녀, 메카 소녀, 기갑소녀 등이 있으며 그것의 궁극적인 형태는 인기 게임 〈함대 컬렉션(이하 칸코레〉)이 될 것입니다. 지금은 〈칸코레〉를 "AKB48의 캬라 소비 모델이 브라우저 게임으로 피드백된 작품"이라는 관점으로 보고 있지만, 게임을 충분히 플레이하지 않고 작품을 논하는 것은 그리 바람직하지 않기 때문에 여기까지만 해 두겠습니다.

〈걸판〉이라는 작품은 전투미소녀 캬라를 소비하는 욕구의 하나로서 '스펙으로 대화하는 기쁨'에 눈을 뜨게 해주었습니다. 전차의 스펙으로 이야기를 나누는 즐거움과 모에를 말하는 즐거움은 상당히 가깝습니다. 아마 '모에'라는 것은 '설명 가능한 사랑'이겠지요. 일반적으로 사랑은 설명 불가능한 감정이라고 들 하지만, 모에의 기쁨은 그 대극에 서 있습니다.

"흐릿한 눈을 한 얀데레풍 히로인의 복근이 근사하다"라든지 "안경을 쓴 츤데레 반장 같은 소꿉친구는 너무 반칙 같다"라는 모에 언어는 "티거 전차의 매력은 아슬아슬하게 결함품을 면한 과잉성"이라거나 "90식 전차는 수랭식 2행정 V형 10기통 터보엔진 소리가 모에스럽다"와 같이 스펙을 말하는 기쁨과 명백하게 그 근본이 통하고 있습니다. 이 "말할 수 있다"라는 부분이 '성지聖地'와의 상성으로 이어지고 있을지도 모릅니다.

〈마도마기〉에 대해서는 유리카의 논고에도 쓴 적이 있는데, 이만큼 '캬라'에 대해 의식적인 마법소녀물은 이전에 없었다고 생각됩니다. 최근 〈에반게리온〉에 필적할 만큼 인기를 모으고 있기에 해설은 필요 없겠지요. 이 작품은 말하자면 전혀 새로운 '꿈 결말夢オチ'의 형식을 만들어 냈다는 점에서 획기적인 작품이었습니다.

히로인 마도카가 마지막에 올리는 기도는 "모든 마녀를 태어나기 전에 없애고 싶어. 모든 우주, 과거와 미래의 모든 마녀를 내 손으로"였습니다. 이는 마녀화의 에너지에 의존해 온 세계의 설정 그 자체를 바꾸어 버리는 기도임과 동시에 과거와 미래, 그리고 모든 평행 세계에서 '카나메 마도카라는 캬라'를 말소하는 행위이기도 합니다. 캬라의 소멸은 죽음보다 무서운 일입니다. 단순한 죽음이라면 다른 시간, 다른 평행 세계에서 그것을 피할 '가능성'이 아직 남아 있습니다. 그러나 '캬라의 소멸'은 그러한 모든 가능성마저 봉인해 버리는 궁극적인 배제입니다.

이야기 최대의 패러독스, 즉 '세계 설정을 완전히 바꾸어 버릴 만한 기도'를 이루기 위한 대가로 캬라로서의 마도카가 실질적인 자살을 선택한다는 것. 굳이 '자살'이라고 부르는 것은 그 소원이 이루어진다면 마녀화의 과정으로 향하게 될 마도카 자신도 그 자기 지시적인 소원의 효과에 의해 말소되어 버리기 때문입니다. "어떤 세계에서도 동일성을 가지는 것"이라는 캬라의 특성을 자각하고 있는 캬라는 그녀가 처음일 것입니다. 캬라의 자기희생은 그러한 점에서는 거의 의미가 없지만, 세계 설정의 변화가 캐릭터 하나의 소멸이라는 대가를 치름으로써 성립한다는 발견은 '정합성 있는 꿈의 결말'로서도 빼어난 것이었습니다. 여기에는 '확률적 존재'에 한정되지 않는 '캬라의 고유성' 문제가 잠재되어 있는데, 우선은 여기까지만 해 두도록 하겠습니다. 어찌 되었든 캬라의 의의를 생각할 때 〈마도마기〉가 가장 중요한 작품이라는 것은 틀림없습니다.

　마지막으로 또 하나의 '작품'을 다루면서 이 긴 후기를 마치고자 합니다. 후나바시船橋 시에 일터를 둔 사람으로서 '후낫시'라는 마스코트 캐릭터를 무시할 수 없습니다. '후낫시'는 치바현 후나바시 시의 비공인 캐릭터로 지금은 누구나 알고 있는 존재이지만, 원래는 2011년 11월에 후나바시 시민 한 명이 개인적으로 시작한 캐릭터였습니다. 이는 후나바시 시의 명물인 '배'를 모티브로 삼은 캐릭터인데, 부모는 평범한 배나무이며 형제는 274그루, 후낫시는 그중 4남으로 2000년에 한 번 나타나는 '배의 요정'이라고 합니다.

　이 캐릭터에는 종래의 마스코트 캐릭터에 없었던 몇 가지 흥미로운 특징이 있습니다. 먼저 첫 번째로 인디 계열이라는 점이 있습니다. 조금 더 자세히 말하자면 아웃사이더 아트 계열이기도 합니다. 항상 눈을 치켜뜨고 더러운 인간계를 봐 왔기 때문에 흰자위가 회색이 되어 버렸다는 등, 사랑스러움에 담긴 일말의 광기야말로 그 인기의 중심이라는 것은 틀림없습니다. 이에 더해 '그'는 복제도 전송도 불가능합니다. 일반적으로 캬라는 인형탈 같은 것이라 '안쪽의 사람'이 바뀔 수 있는데, '후낫시'는 안쪽의 사람이 독특한 가성으로 떠들어 댑니다. 그리고 2단 점프나 공중제비, 헤드뱅잉 등의 격렬하면서 날렵한 동작이 특징적인, '안쪽의 사람'과 일체화된 캐릭터입니다. 이는 즉 캬라인 주제에 고유성을 갖고 있다는 의미에서 마스코트 캬라는 물론 캬라의 임계에 아슬아슬하게 걸쳐 있다고 해도 좋을 존재입니다. '후낫시'에 대해서는 훗날 여유가 있으면 고찰해 볼 예정인데, '카나메 마도카'와 함께 지진 이후에 등장한 캬라 중에서 가장 중요하다고 할 수 있는 캐릭터가 아닌가 생각합니다.

이번 문고판 출판에서는 단행본이 나올 때도 힘을 쏟아 주신 이시지마 히로유키 씨에게 많은 도움을 받았습니다. 감사의 글을 남깁니다. 여기에 더해, 이후의 캬라 논의를 향해 저자의 등을 떠밀어 주는 격조 높은 해설을 제공해 주신 오카자키 켄지로 씨, 멋지고 매력적인 미소녀 캬라 작품을 그려 주신 JNTHED 씨, 전체를 멋진 디자인으로 통일해 주신 고바 타카노부 씨께도 감사를 전합니다.

2014년 10월 9일 미토 시 유리가오카에서
사이토 타마키

해설: '캐릭터'라는 능력

오카자키 켄지로

1

지금 학교 교실에서 벌어지고 있는 일. 말하자면 캬라의 전제적 지배 = 스쿨 카스트. 이 책의 권두에 쓰여 있는 사태는 실제로 일어나고 있는 것일까. 우선 놀라기 바란다. '사실이 그렇다'고 말하지는 말기를 바란다. 이 책은 세간에서 일어나고 있는 일들을 추인하기 위해 나온 것이 아니다. 그런(사이토 타마키가 자주 쓰는 말로 하자면) '재귀적'인 해석을 받아들이지 않고 다른 해석을 부여해서 세계에 되던지는 것이 이 책의 의의다.

권두에 있는 교실에 대한 서술을 읽고, 필자는 나 자신과 관련 있는 디자인 역사에서의 다음과 같은 사건을 떠올렸다.

19세기에 디자인은 큰 변화를 맞이했다. 생산자가 볼 때 상품이 유통되는 시장이 비약적으로 확대되었다. 반대로 소비자가 볼 때도 구매할 수 있는 상품의 종류가 비약적으로 확대되었다. 상품의 종류를 분류, 게재한 카탈로그 문화가 꽃을 피웠다. 소비자로서는 정보가 압도적으로 늘어났지만 일개 노동자로 돌아가면 노동의 범위는 현저하게 제한되어 있었다. 아니, 근대적인 분업의 결과 노동의 범위는 한정되어 단순 반복이 강요되었다. 이러한 상황에서 노동자가 자신을 표현하고 또 그에 대한 타자의 응답을 통해 자신을 확인할 수 있는 방법은 그저 상품을 골라 구입하는 일뿐이었다. 상품은 경향에 맞추어 분류되며 그 경향은 양식이라 불리게 되었고, 선택하고 취하는 능력은 취미라 불리며 개개인에게 속성처럼 갖춰져 있는 것이라 간주되었다. 말할 필요도 없지만, 처음부터 개개인의 취미가 존재하는 것이 아니다. 상품으로 분류된 양식이 그것을 택한 개인의 취미, 속성을 결정한다.

'캬라'란 다분히 대리적인 존재다. 19세기적인 논의라면 '캬라'란 내포로서는 취미이며 외연으로서는 상품의 양식이다. 외연, 즉 상품 없이는 취미가 있을 수 없다. 한편으로 '개인의 능력으로서 취미를 갖춘다'는 것은 외연인 상품과 내포인 취미를 일치시키는 것을 규범으로 삼는다. 즉 취미에 따라 개인 그 자체의 인격도 상품과 마찬가지로 규범화, 양식화된다.

아마 '캬라'는 이와 같이 발생되었을 것이다. 그것은 개성의 위상을 결정할 수 있는 상품 질서다. 제1장에서 사이토가 서술하는 교실의 학생들은 마치 편의점 진열대에 가지런히 놓인 상품을 떠올리게 한다. 공간이 한정된 진열대에 놓이려는 상품들의 경쟁이 치열하다는 것은 잘 알려져 있다. 그 냉혹한 경쟁 원칙을 편의점 카스트라고 부른다면 학교에서 일어나고 있는 것이 스쿨 카스트라는 것도 쉽게 이해할 수 있다.

취미는 결국 상품에 의해 규정된다. 그렇기에 취미는 손쉽게 사회에 대응하기 위한 방편이 된다. 그렇지만 취미 판단이라 불리는 것은 이게 전부일까. 카테고리화된 상품에 규정되지 않는 판단이야말로 취미 판단의 가능성이었던 것이 아닐까. 19세기에는 이러한 논의가 있었다. 예를 들면 건축에서 개성이 넘치는 다양한 타입, 양식의 건축이 카탈로그화되었고 그것을 고르는 일이 거주자의 개성을 표현하게 되었다. 그렇지만 여기에는 명확하게 트릭이 있다. 먼저 사람은 동시에 둘 이상의 집에(구매할 수는 있어도) 살 수 없다. 외견상 같은 집(예를 들면 아파트 단지)이라도 거주자는 반드시 자신이 사는 집에서 무엇과도 바꿀 수 없는 고유성을 발견한다(그렇지 않으면 집으로 돌아가지 못한다).

건축가는 어떤 집이든 수만 가지 양식의 패턴으로 나누어 그릴 수 있지만 그러한 이상, 클라이언트에게 이 집이 당신에게만 어울리는, 무엇과도 바꿀 수 없는 집이라는 점을 설득할 수 없다 (즉 팔리지 않는다). 어떻게 하면 그것을 설득할 수 있는가. 이 고유성을 19세기 영국에서는 '캐릭터'라고 말했다.[1]

'캐릭터'란 결코 카탈로그에 등록할 수 없으며 도면상에도 제대로 표현할 수 없다. 왜냐하면 그것은 대상이 아니라 집이 실제의 환경에 세워지고 거주자가 그곳에서 산다는 행위(퇴적된 시간)를 포함한 콘텍스트와 연관되기 때문이다. 재미있는 것은, 그럼에도 불구하고 이 시간을 포함한 콘텍스트가 발생하기 전에 그 '캐릭터'가 파악되고 만다는 점이다(그렇지 않으면 집을 산다는

---

1 자세한 것은 콜린 로Colin Rowe 「고유성과 구성—혹은 19세기 건축 언어의 변천」, 『마니에리슴과 근대 건축』, 彰国社 수록. 한국어판은 『근대건축론집』, 세진사, 1997 참조.

결심이 서지 않으며 집에 산다는 행위도 이루어지지 않는다). '캐릭터'라는 개념에는 이렇게 사후적으로 발생할 시간이나 경험이 이미 엮여 있다.

2

아마 독자들이 소화하기 힘든 것이 있다면 『캐릭터의 정신분석』이라는 제목을 달고 있으면서도 사이토가 '캐릭터'와 '캬라'를 구별하며, 대부분을 '캬라'에 대한 분석으로 일관하고 있다는 점이리라. 왜냐하면 '캐릭터'와는 엄밀하게 분화된 '캬라'야말로 일본의 정신적 풍토의 특성을 보여주고 있다고, 사이토가 생각하기 때문이다. 그렇다면 '캬라 문화'는 '일본'이라는 콘텍스트에 구속된, 말하자면 일본이라는 특수성 = '캐릭터'에 의존하여 그 안에 유폐되어 있다고도 할 수 있을 것이다.

사이토는 이 책에서 '캬라'를 해리성 정체감 장애의 교대인격에 대응시키고 있다. 그 이론을 제2장과 제9장에서 상세히 밝히고 있는데, 이 책을 읽기 위해 필자가 그어 본 보조선을 굳이 기록하자면, 교대인격은 시간을 가지지 않는다(포섭되지 않는다)는 점을 이야기할 수 있을 것이다.

시간을 가지지 않는 한 복수의 '캬라'를 걸쳐 입을 수도 있으며 서술될 수 있는 그것들의 속성도 변하지 않는다. 그렇기에 '캬라'는 몇 번이든 동일한 상태로 반복될 수 있다. 또, 그 '캬라'와의 관계도 앞으로 관계할 것이다, 혹은 관계했다는 시제와 상관없이 항상 현재로서 재생될 수 있을 것이다. 반대로 동일성을 담지한 반복의 법칙이 파괴되었을 때, 예컨대 교실의 아이들이 자신에게 할당된 '캬라'에서 일탈했을 때, 즉 불가역적인 시간이 도입되었을 때 이지메가 발생한다.

따라서 사이토는 '캬라'가 반성하지도 성장하지도 않는다고 말한다. 이러한 성격으로 인해 '캬라'는 원래부터 하나가 아니라 항상 다른 복수의 '캬라'를 잠재시키고 있다. 그렇다기보다 복수의 캬라가 질서 있게 구획을 지어 사는 장소가 먼저 존재한다. 예컨대 복수의 '캬라'로 교대 가능성이 확보되었다 하더라도 '캬라'들은 결국 그 하나의 질서에 의존하며 거기에서 나올 수 없다. 그것은 결코 허구가 아니라 오히려 하나의 현실이며 정치적 질서다. 사이토가 유럽과 미국의 카툰 캐릭터가 현실과는 동떨어진 자율적인 허구 공간을 지님에 비해, 일본의 망가는 허구의 형식으로서(완전히 자율적이지는 못한) 현실과 불안정한 관계를 지니고 있다고(현실과의 관련을 끊을 수 없다고) 쓴 것은 아마 그러한 의미일 것이다. 하지만 그 현실은 무시무시하게 하이 콘텍스트적인 공간, 즉 거추장스러울 만큼 장황하게(과잉되게, redundant) 법칙이 중첩된 장소이다. 즉 그 장소는 하나의 콘텍스트로 닫혀 있다.

3

이에 비해 '캐릭터'는 장소에 의존하지 않으며 스스로 독자적인 콘텍스트를 내포시켜 생성될 수 있는 능력을 가진다. 허구의 힘이다. 기존 질서의 속박에서 이탈해 있다. 로우 콘텍스트이다.

그리고 고유의 공간을 갖추었기에 어디에나 전송될 수 있다. 한편 '캬라'는 전송할 수 없다. 전송된다면 별개의 것, 복제물이 되어 버린다. 즉 다른 공간 혹은 다른 시간을 연결하는 지속성이 성립하지 않는다.

사이토는 하나의 결론으로서 다음과 같이 썼다. "'인간' 없이는 '캬라'가 존재할 수 없지만, '캬라'가 없어도 '인간'은 존재한다. (중략) '인간'은 '캬라'의 상위개념이다." 이 말은 뜻밖으로 들릴지도 모른다. 그렇지만 이 책을 주의 깊게 읽으면, 여기서 사이토가 '인간'이라 부른 것의 조건이 자율적인 콘텍스트―허구 공간을 만들어 낼 수 있는 힘을 지닌, 그것을 내재화한 것. 즉 단독으로 '캐릭터'로서 설 수 있는 것을 의미함을 알 수 있을 것이다(필자는 그렇게 읽을 수밖에 없었다). 이는 하나의 '예술 작품이 되어라!'는 말에 가깝다. 혹은 '초인이 되어라!'는 말과 비슷하다.

따라서 사이토의 이 테제는 다음과 같이 바꾸어 말할 수 있다. "예술 없이는 '캬라'가 존재할 수 없지만, '캬라'가 없어도 '예술'은 존재한다. 즉 '예술'은 '캬라'의 상위 개념이다." 물론 예술이라는 것, 인간이라는 것의 조건은 "화형을 당하든 익사하든 폭파되든 다음 컷에서는 멀쩡하게 돌아다닌다"는 불가능성에 삶을 내걸 권리에 있다. 건축가도 예술가도 이와 같이 작품을 만들어야만 한다. 자책을 담아, 필자는 그렇게 생각했다.

캐릭터의 정신분석
만화 · 문학 · 일본인

제1판 1쇄 2021년 07월 15일

지은이 사이토 타마키
옮긴이 이정민
편집 하성호
펴낸이 연주희
펴낸곳 에디투스
등록번호 제2015-000055호(2015.06.23)
주소 경기도 성남시 분당구 황새울로351번길 10, 401호
전화 070-8777-4065
팩스 0303-3445-4065
이메일 editus@editus.co.kr
홈페이지 www.editus.co.kr
제작처 영신사

ISBN 979-11-91535-03-7 (03180)